教育部人文社会科学研究青年基金项目12YJC630218资助

政府资助对企业创新行为的激励机制及其优化研究

THE MOTIVATION SYSTEM OF CORPORATE INNOVATION
AND THE IMPROVEMENT OF GOVERNMENT SUBSIDY

王 雪／著

西南财经大学出版社

·成都·

图书在版编目(CIP)数据

政府资助对企业创新行为的激励机制及其优化研究/王雪著.
—成都:西南财经大学出版社,2017.12
ISBN 978-7-5504-3167-6

Ⅰ.①政… Ⅱ.①王… Ⅲ.①政府投资—作用—企业创新—研究—中国 Ⅳ.①F279.23

中国版本图书馆 CIP 数据核字(2017)第 193209 号

政府资助对企业创新行为的激励机制及其优化研究
ZHENGFU ZIZHU DUI QIYE CHUANGXIN XINGWEI DE JILI JIZHI JIQI YOUHUA YANJIU

王雪 著

责任编辑:孙婧 廖韧
助理编辑:张春韵
责任校对:田园
封面设计:墨创文化
责任印制:封俊川

出版发行	西南财经大学出版社(四川省成都市光华村街55号)
网　　址	http://www.bookcj.com
电子邮件	bookcj@foxmail.com
邮政编码	610074
电　　话	028-87353785　87352368
照　　排	四川胜翔数码印务设计有限公司
印　　刷	四川五洲彩印有限责任公司
成品尺寸	185mm×260mm
印　　张	11.5
字　　数	290 千字
版　　次	2017 年 12 月第 1 版
印　　次	2017 年 12 月第 1 次印刷
书　　号	ISBN 978-7-5504-3167-6
定　　价	88.00 元

1. 版权所有,翻印必究。
2. 如有印刷、装订等差错,可向本社营销部调换。

目录

1 序篇：企业创新行为及其激励

11 篇一：政府激励与企业创新行为

13 政府激励的诱导效应与企业创新

48 政府激励的阈值效应与企业创新

77 篇二：融资约束与企业创新行为

79 关系型债务与企业创新行为

109 融资约束、银行关联与企业创新

137 篇三：管理团队与企业创新行为

139 高管人力资本、激励方式与企业创新

序篇：

企业创新行为及其激励

1 导言

创新是一个国家的核心竞争力。要想在日益激烈的国际竞争中占据主导地位,这个国家就必然要注重高新技术企业的发展。21世纪是以技术创新为重要特征的经济时代,各国政府均采取措施大力支持高新技术企业的发展,借以增强综合国力和国际竞争力。我国政府近年来出台了一系列高新技术企业认定政策和促进企业研发创新的优惠政策,旨在推动企业自主创新,提升国家创新能力。这一系列的相关政策是否起到了激励作用呢?这些政策是如何影响高新技术企业的研发投入以及企业绩效的呢?探讨背后的影响机制并提出相应的建议有着重要的现实意义,可促使政府完善相关政策,激励企业提升科技创新能力。

2016年5月30日,习近平总书记发表重要讲话[1],强调要把科技创新摆在更加重要的位置,吹响了建设世界科技强国的号角。在我国,企业、学校和政府所属研究机构是我国研发活动的三大主体。国家统计局、财政部和科学技术部联合发布的《2015年全国科技经费投入统计公报》显示了我国研发经费的投入情况。2015年我国的研发投入强度[2]达到了2.10%,研发投入总量突破1.4万亿元,保持了9.2%的同期增长速度,研发经费投入仅次于美国,位居世界第二。2015年全国企业投入的研发经费达10 881.3亿元,比上年增长8.2%,对全社会研发经费增长的贡献达71.1%,成为全社会研发投入的引领者。

创新是一国经济增长和发展的动力。创新的本质是一种创造性破坏,是生产要素的重新组合,这种创造性的破坏是推动经济增长的原动力[3]。自熊彼特创新理论提出以来,如何提高企业创新能力成为企业家、学者和政府普遍关注的焦点问题。2016年二十国集团(G20)领导人峰会把"创新"作为主题,针对世界经济当前所面临的深层次结构性问题,对创新驱动经济增长这一政策共识进行了一次集中发力,将经济转型升级发展提到了前所未有的高度。新经济增长理论提出,创新是促进经济增长的重要内生变量,而研发是驱动创新、推动科技进步的最直接来源[4]。

随着社会的发展,研发投资已经成为衡量企业是否具有核心竞争力的标准。按照"四个全面"的战略规划,"我们需要充分发挥市场在国家资源配置方面的调节作用,需要简政放权,放宽政策、放开市场、放活主体,形成有利于大众创业、大众创新的良好氛围"[5]。要推动产业结构的发展和维持可持续发展战略,必须要增强企业创新能力,而研发投入则是实施创新的途径。企业在运营过程中也越来越重视研发投入,也取得了丰厚的成果,截

---

[1] 全国科技创新大会、中国工程院第十三次院士大会、中国科学院第十八次院士大会、中国科学技术协会第九次全国代表大会,于2016年5月30日在北京隆重召开。

[2] 研发投入强度是指研发投资经费与国内生产总值的比值。

[3] SCHUMPETER J A. The Theory of Economic Development: An Inquiry into Profits, Capital, Credit, Interest and the Business Cycle [M]. Cambridge: Harvard University Press, 1934: 66-223.

[4] ROMER P M. Endogenous Technological Change [J]. Journal of Political Economy, 1990, 98 (5): 71-102.

[5] 由国务院发布的《国务院关于大力推进大众创业万众创新若干政策措施的意见》。该意见明确规定现阶段我国应该充分发挥市场在资源配置中的决定性作用,需要加大简政放权力度,放宽政策、放开市场、放活主体,形成有利于创业创新的良好氛围。

至2015年年底，我国有效发明专利为147万件。其中，在我国境内的有效发明专利已经超过80万件，人均比例较高，每千人拥有发明专利量达到63件。随着国家的重视及企业自身发展的需要，研发投入将成为企业关注的重点与寻求生存的唯一途径。

创新是经济发展最根本的动力。在所有创新主体中，最重要的是企业创新，特别是技术创新。只有企业拥有自身的核心技术，生产出高附加值的产品，才能使企业获得持续发展的动力。研发投入是企业技术创新的源泉，研发活动是实现由模仿创新到自主创新的关键。经济全球化趋势和市场开放程度的不断加深，使得中国企业的发展面临前所未有的挑战。从经济行为的角度来看，参与全球化经济竞争的主体不是国家而是企业，且赢得竞争的关键在于是否掌握创新能力。虽然近年来涌现出华为等一批创新能力较强的中国企业，但就中国企业整体而言，依然存在着技术创新能力弱、核心技术依赖外国企业支持的弊端。因此，通过加大研发投入提高创新能力、实现自主创新，日益成为中国企业摆脱外部技术依赖的出路。

2 企业创新与研发活动

2.1 研发活动

研究与开发（research and development），在国际上一般用"研发"一词作为其简称，本书也采用"研发"一词来代指研究与开发。普遍意义上的研发指的是企业或国家为增加其科学技术领域的知识总量，和通过这些科学技术进行创造以及将这些科学技术运用到新的生产活动中的一系列行为。联合国教科文组织（UNESCO）在1971年出版的《科学应用与发展》中将研发定义为："为增加知识总量以及运用这些知识去创造新应用，进行的系统的、创造性的工作。"

研发活动包括三大类研究活动：基础研究（basic research）、应用研究（applied research）和试验发展（experiment development）。

基础研究是为了认识现象，获取关于现象和事实的基本原理的知识。基础研究一般是指对自然现象的观察和探索，对自然规律的揭示与研究，对新的自然原理、方法进行的研究活动。它往往是在自然科学领域由相关科学家和研究者进行的自主创新的探索和定向性的基础研究活动。其对基础科学的研究数据、相关文献资料以及相关信息的贡献较大，为其余两类研究活动奠定了理论与物质基础。

应用研究是为获得新知识而进行的创造性的研究。它主要针对某一特定的实际目的或目标。应用研究指的是在特定的目的下，为了获得与生产活动相关的新的知识技能而从事的创造性研究，在基础研究之上进行相关科学研究。

试验发展把通过基础研究和应用研究所获得的知识转变成可以实施的计划，包括产生新的产品、材料和装置，建立新的工艺、系统和服务。试验发展是指将上述两种研究的成果通过具体的实践方案转化为可以为人类生产活动创造实际意义的行为过程。它是研发活动的最终阶段。

我国对研发的定义和分类与UNESCO基本相同。但近年在科技活动尤其是科技统计方面,有逐渐向经济合作与发展组织(OECD)的标准靠拢的倾向。《中国统计年鉴》中将研发定义为:在科学技术领域,为增加知识总量以及运用这些知识去创造新的应用而进行的系统的创造性活动(出自国家统计局《2015年中国统计年鉴》)。

2.2 企业创新与研发投资

以研究对象为分类标准,研发活动可分为基础研究、应用研究以及试验发展三类。研发投资即各组织内部开展这三项活动产生的直接支出。研发活动作为技术创新的核心环节,是企业开展技术创新的首要步骤,而研发投资是研发活动顺利进行的先决条件。

在2007年新会计准则颁布前,企业进行研发活动产生的相关支出作为期间费用处理。而新会计准则对研发费用的处理进行了明确的规定:将其划分为研究和开发两个阶段,企业在研究阶段产生的相关费用计入当期损益;而在开发阶段的支出,只有在确保满足规定的条件后才可以计入资本,即确认为无形资产(2007年《企业会计准则第6号——无形资产》)。因此,自2007年后,企业的财务报告中对研发费用的披露程度相应有所提高。企业的研发支出是指在研究与开发过程中所使用资产的折旧、消耗的原材料、直接参与开发人员的工资及福利费用、开发过程中发生的租金以及借款费用等。2007年新会计准则规定,企业在进行无形资产核算时,需增加一级科目"研发支出",用以核算在该过程中产生的各项费用。

目前,我国企业研发费用的披露途径主要有:资产负债表中关于研发的项目;利润表中管理费用的二级科目会涉及研发费用;公司董事会报告中披露的研发费用以及财务报表附注中现金流量表下"支付的其他与经营活动有关的现金流量"一项中披露的研发费用。由于企业的财务报告等的不同,因此在披露研发费用时对其的命名也各不相同,如研发支出、研发费用、科技开发费用、开发支出、技术研发费等,这些均指代研发费用。

目前主要有两种衡量研发投资的指标。刘运国和刘雯(2007),张兆国(2013),卢馨和郑阳飞等(2013)分别用研发投资费用/企业总资产、研发投资费用/主营业务收入衡量企业研发投入强度,冯文娜(2010)等通过企业研发人员总量和企业其他研发资源配置情况来衡量企业的创新能力水平。

3 企业创新与研发投资现状分析

3.1 我国总体研发投资现状

3.1.1 研发投资总量逐年增加

据国家统计局公布的数据显示,2014年我国研发投入总量为13 015.6亿元,比2013年增加1 169亿元,增长比例为9.9%;研发投入强度为2.05%(研发投入经费/GDP),比2013年提高0.04个百分点。研发投入强度连续两年超过2%,且呈持续上升态势,表明我国研发投入水平进一步加大,各界对创新活动的重视程度不断提高(见图3-1)。

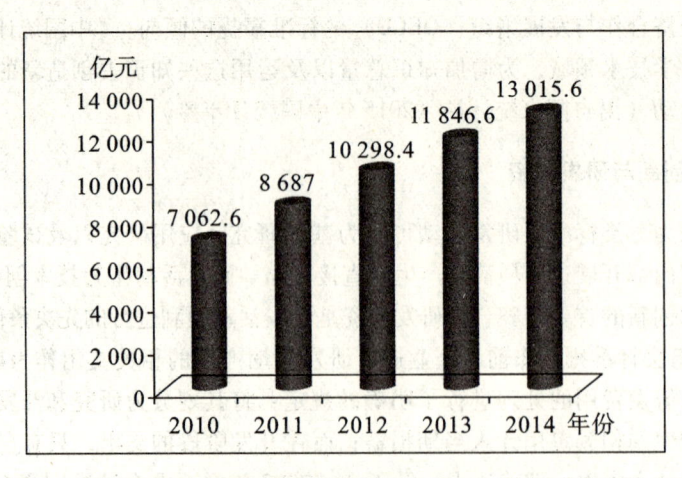

图 3-1　我国研发经费投入情况（2010—2014 年）
数据来源：国家统计局《全国科技经费投入统计公报》

3.1.2　研发投资强度与发达国家存在差距

对于我国而言，创新是实现经济转型的重要战略。2006 年国务院发布的《国家中长期科学和技术发展规划纲要（2006—2020 年）》指出："面对新的国际形势，需要把提高自主创新能力作为调整经济结构、转变增长方式以及提高国家竞争力的中心环节，把建设创新型国家作为面向未来的重大战略选择。"[①] 党的十八大以来，国家将实施创新驱动发展战略摆在了国家发展全局战略的中心位置，而研发投资则是创新战略实践的核心组成部分。来自科学技术部的统计显示，2014 年我国研发经费总量为 13 015.6 亿元，占 GDP 的比例为 2.05%。2011—2014 年我国的研发经费增长速度达到 12.4%，是全球研发经费大国中增长最快的国家。

根据世界银行统计的世界发展指标中"科学技术"类数据显示[②]，中国研发投入总量的持续上升使中国超越了世界研发大国英国、德国和日本，成为仅次于美国的世界第二大研发投入大国。但从研发投入强度来看，2013 年世界研发投入强度最大的国家是以色列，其研发投资占到了 GDP 的 4.21%，美国、德国和日本等科研强国的这一比例均达到了 2.8% 以上（见图 3-2），而我国同期该比例为 2.08%。科技部在《科技统计报告》中公布的数据显示，2013 年我国规模以上工业的研发支出仅为 0.8%[③]，与世界主要经济体和高科技国家的差距仍相当显著。

---

①　摘自 2006 年国务院发布的《国家中长期科学和技术发展规划纲要（2006—2020 年）》，来源于中华人民共和国科学技术部网站：http://www.most.gov.cn/mostinfo/xinxifenlei/gjkjgh/200811/t20081129_65774.htm
②　数据来源于世界银行网站：http://data.worldbank.org.cn/topic/science-and-technology
③　数据来源于中华人民共和国科学技术部网站：http://www.most.gov.cn/mostinfo/xinxifenlei/kjtjyfzbg/kjtjbg/kjtj2015/201508/P020150817343595781483.pdf

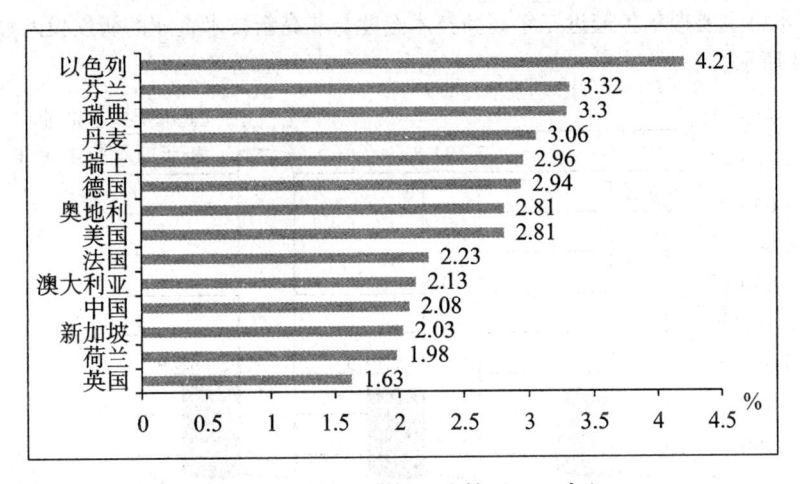

图 3-2 研发经费投入比较（2013 年）

数据来源：世界银行网站

3.1.3 企业研发投资主体地位突出

作为微观经济活动的主体，企业在建设创新型国家中发挥着越来越重要的作用，企业作为研发投资经费投入主体的地位在不断增强。2013 年，我国研发投资经费中企业投入的资金为 8 838 亿元，占总研发投资经费的 74.6%，远远超过其他类别的研发投资资金来源（见图 3-3）。因此，企业研发实力的提高对我国整体研发创新能力的提高意义重大。

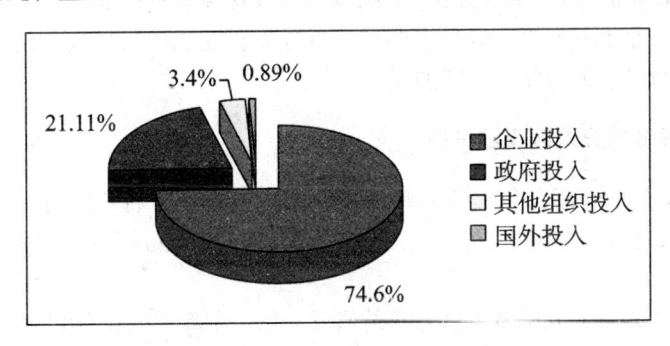

图 3-3 研发投资的资金来源构成（2013 年）

数据来源：中华人民共和国科学技术部网站

3.2 研发投资的分行业现状分析

本章节提及的研发投资，是指在统计年度内，我国实际用于基础研究、应用研究和试验发展的经费支出。依据中国证监会 2012 年修订的《上市公司行业分类指引》对行业的划分①，借鉴已有研究对高新技术行业的划分，本书将全部行业分为高新技术行业和非高新技

---

① 证监会 2012 年修订的《上市公司行业分类指引》有：C26 化学原料和化学制品制造业，C27 医药制造业，C31 黑色金属冶炼和压延加工业，C33 金属制品业，C35 专用设备制造业，C36 汽车制造业，C37 铁路、航空航天和其他运输设备业，C38 电气机械和器材业，C39 计算机、通信和其他电子设备制造业，C40 仪器仪表制造业，I 信息传输、软件和信息技术服务业。本书根据已有研究文献将部分行业划分为高新技术行业。

序篇：企业创新行为及其激励 | 7

术行业①。本书主要搜集了最近三年高新技术企业与非高新技术企业的研发投入数据，整理后如图3-4所示。

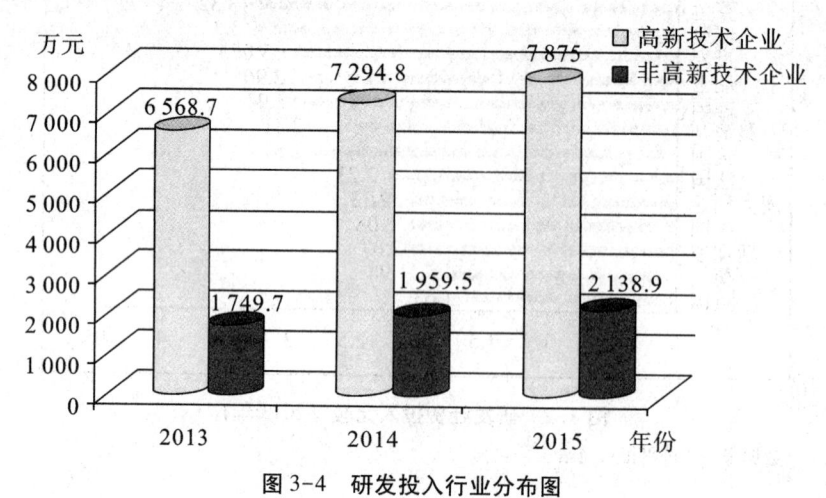

图3-4 研发投入行业分布图

数据来源：国家统计局

如图3-4所示，2013年我国高新技术企业研发投入为6 568.7万元，2014年为7 294.8万元，2015年为7 875万元。总体来看，近三年我国高新技术企业研发投入总量持续增加，近三年我国高新技术企业研发投入呈上升趋势。非高新技术企业，2013年研发投入为1 749.7万元，2014年为1 959.5万元，2015年为2 138.9万元。高新技术企业与非高新技术企业研发投入均呈上升趋势。数据表明我国近三年行业总体研发投入增加，随着国家政策的不断重视，研发投入力度会不断加强。

3.3 研发投资的分地区现状分析

《国务院发布关于西部大开发若干政策措施的实施意见》将我国分为东部、中部、西部、东北部②四大地区。本书主要搜集了2013年至2015年地区研发支出的数据，如图3-5所示。

从图3-5中可以看到我国各地区各年的研发支出。东部地区在2013年为6 437.3万元，2014年为7 827.7万元，比2013年增长1 390.4万元；2015年度研发支出为7 097.9万元，比2014年降低了729.8万元。中部地区，2013年为3 258.5万元，2014年度研发支出为3 948.1万元，增长额为689.6万元，比2013年增长21.16%；2015年度研发支出为3 630.5万元。西部地区，2013年度研发支出为1 420.5万元，2014年度研发支出为1 731.7万元，增长额为311.2万元；2015年度研发支出为1 560.1万元，比2014年降低了171.6万元。东北地区，2013年度研发支出为730.4，2014年度研发支出为662.5万元，降低了67.9

---

① 王华，黄之骏．经营者股权激励、董事会组成与企业价值：基于内生性视角的经验分析田［J］．管理世界，2006（9）：102-116．

② 《国务院发布关于西部大开发若干政策措施的实施意见》将我国的经济区域划分为东部、中部、西部和东北四大地区。东部包括：北京、天津、河北、上海、江苏、浙江、福建、山东、广东和海南。中部包括：山西、安徽、江西、河南、湖北和湖南。西部包括：内蒙古、广西、重庆、四川、贵州、云南、西藏、陕西、甘肃、青海、宁夏和新疆。东北包括：辽宁、吉林和黑龙江。

万元；2015 年度研发支出为 727.2 万元，比 2014 年度增加了 64.7 万元。我国东部地区研发支出最多，其次是中部和西部，最后是东北部。

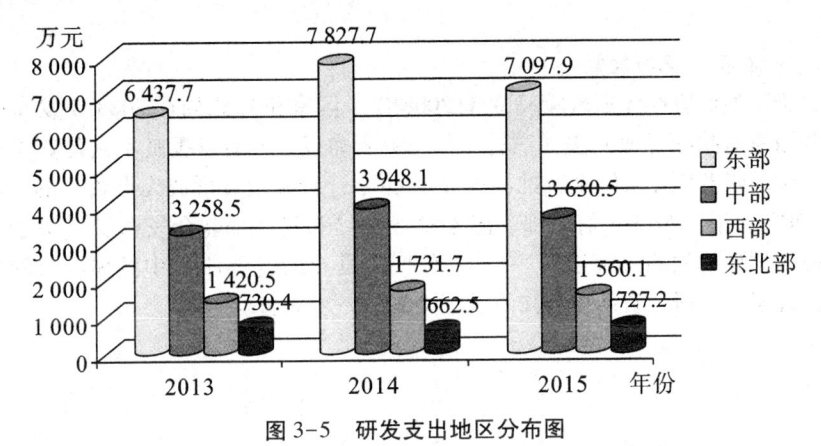

图 3-5 研发支出地区分布图

数据来源：国家统计局

3.4 研发投资的政府支持

企业研发投资活动由于其风险大和研究结果具有不确定性的特点，不可避免地会产生市场失灵和投资不足的问题。基于这些问题，各国政府普遍制定鼓励企业研发活动的相关政策，我国也是如此。政府纠正市场失灵的主要方式有：①直接建立研发科研机构；②制定鼓励进行研发活动的主体的公共政策。这些政策可以分为两类：直接提供研发补助和对企业研发活动提供税收优惠。下面，笔者将对中国政府对企业研发投资的支持政策做简要梳理。

3.4.1 研发补贴政策

国家层面的研发补贴主要以多元出资主体为主，即国家财政为特定科研项目提供部分财政拨款，企业投入相应的配套资金。以重点支持农业科技企业创新创业的"星火计划"为例（如图 3-6 所示），2013 年"星火计划"中央政府投资 1.885 5 亿元，同时带动了包括各级地方政府配套资金和企业自筹资金在内的总计 456.2 亿元的其他资金投入。其中，该项目 2013 年以企业承担为主，且其承担部分的比例达 62.6%。

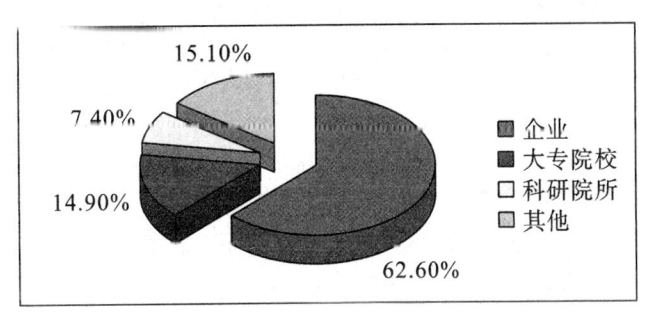

图 3-6 2013 年"星火计划"项目按承担单位分布

数据来源：科技部《国家科技计划年度报告 2014》

序篇：企业创新行为及其激励 | 9

类似的项目还有：促进高新技术产业健康发展的"火炬计划"，培育和发展战略性新兴产业的"国家重点新产品计划"和为决策提供研究参考和智力支持的"国家软科学研究计划"。

3.4.2 研发税收抵扣政策

我国关于税收的整体优惠政策确立于 2008 年。国家税务总局在 2008 年发布的《企业研究开发费用税前扣除管理办法（试行）》[①] 中明确规定：研发投资不满足资本化条件费用化部分，按当年费用化实际金额的 50% 加计扣除；研发投资形成无形资产的，按照无形资产成本 150% 摊销。2015 年财政部、国家税务总局和科技部联合发布了《关于完善研究开发费用税前加计扣除的政策通知》[②]，对 2008 年发布的《办法》中具体项目的抵扣规定进行了具体说明，使研发费用税前扣除政策得到进一步完善。

[①] 国家税务总局. 关于印发《企业研究开发费用税前扣除管理办法（试行）》的通知：国税发〔2008〕116 号 [A/OL]. (2008-12-10) [2017-02-16]. http://www.chinatax.gov.cn/n810341/n810765/n812171/n812675/c1190645/content.html.

[②] 财政部，国家税务总局，科技部. 关于完善研究开发费用税前加计扣除政策的通知：财税〔2015〕119 号 [A/OL]. (2015-11-02) [2017-02-18]. http://www.chinatax.gov.cn/n810341/n810755/c1878881/content.html.

篇一：
政府激励与企业创新行为

政府激励的诱导效应与企业创新

1 引言

近年来政府研发支出不断增长，给予企业研发补助和税收优惠的力度不断加大。然而研发成果以及技术创新具有公共物品的特征，一项科技成果的产生可能要花费大量的人力和资金。但科技成果形成之后，却很容易快速地被竞争对手模仿，竞争对手便可以低成本地使用这些成果从而增加其企业竞争力，即企业研发支出会产生大量溢出效应。因此从事技术研发的公司预期收益低于社会平均收益，这从根本上抑制了企业研发的积极性，导致了企业技术创新的动力不足，进而导致社会创新知识的供给缺乏。

"搭便车"现象严重削弱了企业进行技术创新的动力，因此政府必须为企业研发支出提供良好的政策环境。所以许多国家对企业进行研发补助，旨在最大限度地激励企业进行技术创新活动。许多国家也都把强化企业自主科技创新作为国家战略，把科技投资作为战略性投资，大幅度增强对企业的科研激励，并超前部署和发展前沿技术及战略产业，实施重大科技计划，着力增强企业和国家的创新能力和国际竞争力。

在这样的背景下，全面地研究政府政策对于企业研发行为的影响，从而发现促进企业技术创新的最佳财政激励方式，对于提高企业的自主创新能力、提高整个国家的竞争力具有重大意义。

建设创新型国家不仅需要企业积极地投入技术创新活动中，也需要政府的人力支持。政府的政策引导，对于激发的技术创新动力有着举足轻重的作用。政府政策扶持的目的，在于引导企业成为技术创新的主体。然而对于企业而言，研发活动是一项长期的投资活动，成本高，耗时长，是否能够取得最终的科技成果，也具有很强的不确定性。因此需要政府采用各种补助方式，来支持企业的研发活动。然而，政府的各种补助，是否能够激励企业增加研发支出？产生的是促进作用还是抑制作用？对于不同行业、不同产权性质的企业，政府的补助产生的效果是否相同？政府的经济资源是有限的，这就要求政府在资金投入之前，能够寻找到一种最优的方式，在投入资源总量一定的条件下，对企业研发的激励作用达到最大。那么，采用哪一种补助方式才是最有效的？

至今为止，研究学者们仍然就政府资助对企业研发支出的作用存在着争议。例如有研究显示，政府研发补助能够补充企业的研发资金，增强企业研发的信心，激励企业投入更多的研发资金；也有研究显示，政府研发补助替代了企业的研发，从而通过开发新产品、新技术、新市场等增加企业价值。当企业有良好的研发项目但资金紧张时，补助能够促进企业开发新产品，从而增加盈余；还有政府研发补助用于开发短期见效、技术含量低的项目，提高了企业短期的绩效；也有企业未将政府的研发补助用于研发和创新活动，而是挪作他用①。所以在总体效果上很难明确地说政府研发补助对企业科技研发产生了什么样的影响。就此，中西方理论界做了大量的实证研究，但由于各项研究所涉及的研究背景、计量方程以及估计方法存在着差异，所得出的估计结果也并不一致。

随着近几年来的发展，我国上市公司都已经普遍地接受了政府各种形式的补助。政府资助不仅覆盖面广，而且呈逐年增长趋势。政府、企业和学术界大多数都赞同政府资助对企业研发支出具有促进作用。但政府资助的形式多样，有财政直接拨款、财政贴息、税收返还以及无偿划拨非货币性资产等。当前很多研究是将政府资助总额作为研究对象，这样并不能探寻出政府引导企业进行科技创新的最佳政策选择。采用什么样的补助方式更能有效促进企业的研发以及科技创新活动，不仅需要理论研究，更需要实证研究去证实。因此本书希望通过对近几年上市创业板和中小板企业的实证研究，发现政府资助对企业研发的有效激励机制，为政府对企业研发的补助方式的选择提供有效的政策建议。

虽然目前国内的研究者们已经普遍认识到政府对企业研发激励的必要性，但是从具体政策工具选择的角度来进行研究的人很少。且虽然以往许多关于政府资助对企业自主创新影响的研究得出了一些有益的结论，但国内关于研发支出的研究大多采用工业企业数据，基于行业层面而得出结论。而对企业研发支出行为的深入分析应该建立在大量微观数据的全面实证观测基础上。由于中小板市场服务的是发展成熟的中小企业，而创业板主要服务于成长型的、处于创业阶段的企业，特别是那些具有自主创新能力的企业，因此本书选择了中小板和创业板上市公司作为样本。且中小板和创业板公司中85%以上都是制造业和信息技术行业。而这些行业尤其是信息技术行业，为了在市场上具有竞争力，非常重视技术创新。考虑到这一方面，本书针对中小板和创业板上市公司研发行为所做出的大样本研究，也是对以往研究的一个有益补充。

2 概念界定与文献综述

2.1 政府资助的概念界定

政府资助指企业从政府无偿取得货币性资产或非货币性资产，但不包括政府作为企业所有者投入的资本②。政府资助的类型包括与资产相关的政府资助和与收益相关的政府资助，二者的会计处理方法有所不同。与资产相关的政府资助，确认为递延收益，在相关资产使用寿命内平均分配，计入当期损益。与收益相关的政府资助，用于补偿以后期间的相关费用或损失的，确认为递延收益，在确认相关费用的期间，计入当期损益；用于补偿已发生的相关费用或损失的，直接计入当期损益。

政府资助形式有很多种，有财政拨款、财政贴息、税收返还以及无偿划拨非货币性资产等。从政府资助的意图的角度来看，包含研发补助、创业补助以及上市补助等。

对于政府资助与研发支出之间的关系的研究，以往学者有的单独研究研发补助对支出的影响，有的单独研究税收政策对研发支出的影响。也有的学者将研发补助进一步分

---

① 用于与企业研发不相关的各类支出，比如生产投入、管理支出以及投资等。
② 参见《企业会计准则第16号——政府补助》。

类进行研究，如唐清泉、李懿东、卢珊珊（2008）将政府研发补助分为直接补助和间接补助。直接补助被定义为专项应付款中为了促进企业技术创新的部分，间接补助被定义为补助收入中为了促进企业技术创新的部分。然而由于中小板和创业板上市公司年度报告中，很少有补助收入科目和专项应付款科目，按照此种做法进行分类将导致严重的数据缺失，不能够保证数据的完整性。因此本书并未采取此种方法对政府资助进行分类。本书综合了以往研究者的研究方法，将政府资助分为三类：政府研发补助、税收优惠和一般性政府资助。在分别回归分析了各类政府资助对研发支出影响的基础上，再对各类政府资助对研发支出影响的效果进行对比分析，从而总结出政府资助对研发支出的有效诱导机制。

2.1.1 政府研发补助

政府研发补助是指政府划拨给企业的，专门用于企业研发以及科技创新活动的补助资金。

虽然要获取最能够体现出政府对企业科技创新方面补助力度的金额数据，最标准的做法是翻看企业当年的政府资助批文，逐个分情况来确认本期收到政府针对企业研发创新方面补助的金额。但由于本书样本量较大，且政府资助形式多样，有的为一次性拨款，有的为分批划拨；有的政府资助在收到时直接计入企业当期损益中，有的则是计入递延收益，在以后期间逐年结转至损益。因此一一查看批文的方式不可行。基于企业的政府资助无论是何种形式的，无论是直接计入当期损益，还是先计入递延收益再分期结转至当期损益，其最终结果均是要计入企业的损益之中。因此本书采取的做法是，选取结转至当期损益的政府资助金额来衡量当期的政府资助力度。

我国政府对企业的科研创新补助主要体现在两方面：一是政府对企业的专项补助，应当计入"专项应付款"科目，并不影响企业的当期利润；二是一般性的财政补助，计入"营业外收入"科目，影响企业的当期利润。按照准则的规定，专项补助属于政府作为投资人的投资，并不作为政府资助的内容①。因此，这里只研究一般性政府资助。政府资助可能直接或者通过递延收益科目的结转，最终计入利润表的"营业外收入"，对当期的收益有直接的影响，所以上市公司都非常关注。

本书中的政府各类补助的金额取自企业财务报告附注中营业外收入下的政府资助明细。其中研发补助为包含新产品开发、科研、研发、科技、创新、技改、专利申请等字眼的政府资助。直接的研发补助有多种，比如专利资助资金、科技进步奖、科技项目专项资金、863计划专项资金、科技小巨人奖等。

2.1.2 政府税收优惠

税收优惠是一种税收激励政策，属于政府资助方式的一种。是国家在税收方面对纳税人和征税对象给予的各种优待的总称。政府通过税收优惠政策，按照既定的目的，免除或者减轻纳税人的税收负担。税收优惠较之于研发补助更具有普遍性，被世界各国普遍采用。

普遍存在于高新技术企业中的税收优惠为税收返还，是指政府按照国家有关规定采取先征后返（退）、即征即退等办法向企业返还税款，这属于以税收优惠形式给予的一种政府资助。国家税务总局《关于软件产品增值税政策的通知》第一条规定"增值税一般纳税人销售其自行开发生产的软件产品，按17%税率征收增值税后，对其增值税实际税负超过3%的部分实行即征即退政策"。因此，信息技术类行业尤其是软件行业，每年接受的政府在税

---

① 吕久琴. 上市公司的政府补助、自主研发与企业价值研究 [D]. 上海：复旦大学，2011.

收方面的优惠金额很高。

在数据搜集过程中可以发现，软件企业的政府资助明细显示，其大多和研发技术创新相关。因此税收优惠，尤其是增值税的退税，从能够体现政府对科技扶持的角度讲，信息技术行业更加具有研究意义，这也是本书选择中小板和创业板上市公司为样本的原因之一。中小板和创业板上市公司很多都是软件类和高科技类的公司，获得的税收优惠大多数与企业的研发和科技创新活动相关，因此本书将税收优惠定义为政府对企业研发的间接补助。

2.1.3 一般性政府资助

本书中提到的一般性政府资助，是指政府资助中，除了税收优惠以及明确指定用于科研方面以外的资助，即政府资助总额扣除了税收优惠和研发补助之后剩余的部分。由于中小板市场服务的中小企业是发展成熟的，创业板则主要服务于处于创业阶段的高成长性的企业，特别是那些具有自主创新能力的企业，多数为制造及技术类的企业。一般性的政府资助，虽然没有针对企业的科技创新活动，但是接受的一般性补助越多，企业的资金就越宽裕，也越有利于企业将充裕的资金用于科技创新活动。因此可近似将这种资助看作政府对企业的科技创新给予的间接补助。

本书中的政府研发补助、税收优惠以及一般性政府资助的数据，均来自于企业财务报告附注中营业外收入下的政府资助明细。此外，本研究不严格区分补助、资助等术语，也不严格区分科研创新补助与研发补助等概念。

目前关于政府影响企业研发支出的政策方式主要有三种：①政府进行研发投入，即公共研发部门（比如政府的科研机构和高校）来从事研发活动；②政府对企业进行研发补助，即政府让企业成为研发活动的主体，企业利用政府提供的补助资金来从事研发活动；③政府为企业提供研发方面的税收优惠，比如税率优惠以及税收返还等。本书就从这三个层次来对以往研究的相关文献进行归纳和梳理。

迄今为止，中西方学术界就此问题进行了大量的实证研究，研究者们就政府对企业研发支出的诱导作用的效果存在着争议。研究结果主要分为三类：一是政府对企业研发支出具有正向的诱导作用；二是政府对企业的研发支出具有负向的诱导作用；三是政府对企业研发支出的诱导作用不显著。

2.2 政府研发补助对企业创新的影响

关于政府资助对企业研发支出的影响的研究结论主要有三点。一是政府对企业的研发补助弥补了企业研发的成本，降低了研发的风险，从而起到了激励企业进行研发活动的作用。二是一些企业实际并没有进行研发的积极性，但是为了骗取政府的研发补贴，进行了一系列的释放虚假信号的活动，比如聘请并不会参加企业研发活动的研发人员来兼职，或者购买一些可以享受税收优惠的研发设备，但并不将其用于研发活动。这种情况下，政府给予企业的研发补助的增加并不能使企业在研发上的支出相应增加，体现为政府资助对企业研发支出的负向影响。三是研究结果显示二者之间并不存在显著的相关关系或相关关系的方向不确定。

2.2.1 政府研发补助对企业研发支出具有正向作用

Globerman 和 Buxton（1975）利用行业截面数据进行回归分析，得出政府研发补助与企业研发支出之间存在互补效应的结论。Levy 和 Terleckyi（1983）对政府资助与企业研发支出的关系进行了宏观层次的研究，结果发现政府合同补助对企业研发支出有显著的促进作用，其他方式的补助对当期研发支出并没有显著促进作用，但对滞后三年的研发支出具有影响。Levin 和 Reiss（1984）则采用结构方程来进行研究，结果显示政府每增加 1 美元的研发补助，企业平均来说会增加 0.13 美元的研发支出，即政府研发补助与企业研发支出显著正相关。同年 Scott（1984）从微观的角度，使用 1974 年美国商业截面数据进行了研究，结果也显示政府资助和企业研发支出之间具有互补作用。

Holemans 和 Sleuwaegen（1988）选择比利时企业为样本，使用 1980—1984 年的面板数据对政府资助与企业研发支出关系进行了实证研究；随后 Antonelli（1989）又对意大利企业的面板数据进行了实证研究。这几位学者所使用的样本量与实证研究的方法并不相同，但研究结果却一致显示政府资助和企业研发支出具有互补的效应。

Hamberg（1966）将 405 个样本企业区分为 8 个不同行业来分析政府资助对企业研发支出的影响，研究结果发现，在其中 6 个行业，补助对研发都具有促进作用。

Busom（1999）的研究使用的是 1988 年西班牙企业的数据。研究结果发现政府研发补助具有内生性，并且规模较小的企业更倾向于获取政府资助。总体上来说政府研发补助激励了企业的研发支出。

Dominique 和 Bruno（2001）应用 17 个 OECD（经济合作与发展组织）国家的数据进行研究，研究发现政府的研发补助和税收优惠都能够促进企业增加研发支出，但政府研发补助和税收优惠对企业研发支出的作用是相互替代的。

朱平芳、徐伟民（2003）利用上海市大中型企业的面板数据，实证研究了政府科技激励政策对工业企业自筹的研发支出及专利产出的影响。研究结果发现，政府的科技拨款和税收减免对大中型工业企业自筹研发支出具有促进作用，且政府的拨款补助越稳定，激励效果越好；政府的拨款资助和税收减免是互为补充的，提高其中一个的强度能够增强另一个的效果，但此效应是以政府税收减免为主的。政府的科技拨款对企业的专利产出具有缓慢而间接的作用，企业自筹的研发支出对专利产出有着显著的正向作用。

程华、赵祥（2008）采用浙江省民营科技企业数据，运用实证的研究方法检验政府科技资助对企业研发支出的影响。他们的研究结论是：政府科技资助对企业研发支出的促进作用具有滞后性；规模越大的企业，研发支出对政府资助的敏感性越强；政府科技强度影响政府科技资助对企业研发支出的激励效果，科技资助强度越大，对研发支出的激励效果则越好。另外，企业的研发强度也影响政府科技资助对企业研发支出的激励。

唐清泉、卢珊珊、李懿东（2008）以国家创新系统为背景，通过实证检验直接补助和间接补助对企业研发支出的影响，讨论了不同补助方式下政府的不同角色，最终得出了研究结论：间接补贴能更有效地引导企业成为自主创新主体；直接补贴更适用于有公共品性质的行业，而间接补贴则适用于竞争性的行业。政府在引导企业进行科技创新活动中的角色应当定位于：政府需要对企业创新活动进行引导，但不应当直接干预，适当尊重市场机制对企业研发活动的调节作用。

解维敏、唐清泉、陆姗姗（2009）阐述了政府为什么要对企业研发行为进行干预及其干预的经济后果。他们在此基础上提出研究假设，并以中国证券市场 2003—2005 年的上市公司为样本，对政府研发补助与上市公司研发支出之间的关系进行了实证检验。结果发现，在控制了其他变量的影响后，政府研发补助与上市公司进行研发支出的可能性显著正相关，即政府研发补助刺激了企业研发支出。研究结果总体上支持政府研发补助与公司研发支出行为正相关的研究假说，即认为政府对企业进行创新补助以提高企业自主创新能力是必要的。

刘振（2009）以中国上市高新技术企业①的面板数据，对三种类型的政策补助与技术投资和规模投资之间的关系进行了实证研究。研究结论为：直接的货币补助政策不仅能够激励企业增加技术投资，而且能够激励企业适当减少规模投资；税收返还和所得税优惠政策不仅能够激励企业增加技术投资，而且能够激励企业适当增加规模投资。

朱云欢、张明喜（2010）利用相关数据对政府资助对企业研发支出的影响进行了实证分析。研究发现政府资助在一定程度上补偿了企业研发外部性带来的成本和收益风险，且税收优惠比一般性的政府资助更能够诱导企业的研发支出。

2.2.2 政府研发补助对企业研发支出具有负向作用

外国少数学者如 Lichtenberg（1988）研究发现，政府研发补助对企业研发支出具有"挤出效应"。他从微观层面出发，分析了厂商的追踪数据（他认为追踪数据更能反映政府研发补助对企业研发支出的动态影响）。同时他将模型中政府研发补助作为内生变量，因为他认为企业会根据政府的补助强度来确定企业的研发支出。研究结果发现政府对企业研发补助的增加，反使得企业减少了自身的研发支出，政府研发补助替代了企业研发支出。

刘楠、杜跃平（2005）认为，通过政府资助对企业创新进行激励不总是有效的。他们通过建立模型，分析了事前和事后补助方式对于企业创新激励的机理，认为事前补助不会产生提高努力程度的激励。他们还认为事前补助是一种较差的政策性工具，政府不宜采用。

郭斌（2006）对我国软件业进行了实证分析。研究表明对于当时的状况而言，政府部门为了推动我国软件业的研发活动而直接给予资金支持，并非是一种有效的做法，通过税收优惠、政府采购等间接性政策工具来支持软件产业研发活动也许更值得推荐。

安同良、周绍东、皮建才（2009）认为，政府将研发补助作为激励企业进行自主研发创新的主要政策手段。但是他们发现，现实中许多企业为了骗取政府资助，聘请研究员和高校学者到本企业挂名，但实际上其研发活动并不活跃。他们从企业和研发补助政策制定者的动机角度出发，考察了两种类型的自主创新企业：原始创新企业和二次创新企业对政府研发补助的不同反应。结论是：政府直接对企业进行研发补助，往往由于信息不对称和企业的逆向选择行为，而达不到预想的激励效果。

逯东、林高、杨丹（2012）则基于政治关联视角，以 2009—2010 年创业板中的高新技术企业作为研究样本，讨论了政府资助、研发支出和市场价值三者的关系。他们的研究发现，政治关联确实能够帮助创业板公司获得更多的政府资助，但是有政治关联组中，政府资助与研发支出显著负相关；无政治关联组中，政府资助的回归系数不显著。由此得出结论：创业板的高新技术企业并没有有效地将政府给予的资源投入到技术研发上，却反而削弱了企业的研发创新能力，未能带来企业市场价值的提高。因此他们认为政府资源的配置存在严重的失效。

2.2.3 政府研发补助对企业研发支出影响方向不确定

Goldberg（1979）在他的研究中引入了行业虚拟变量，从而控制不同行业间的差异。研

---

① 以高新技术为主营业务的企业称为高新技术企业。高新技术的范围主要包括：微电子科学和电子信息技术，材料科学和新材料技术，光电子科学和光机电一体化技术，生命科学和生物工程技术，能源科学和新能源、高效节能技术，生态科学和环境保护技术，地球科学和海洋工程技术，基本物质科学和辐射技术，医药科学和生物医学工程以及其他在传统产业基础上应用的新工艺、新科技。参见：王九云，李凯英. 促进科技创新与企业发展税收优惠政策与适用 [M]. 北京：法律出版社，2008.

究结论为：当期政府研发补助和滞后一期研发补助，对企业研发支出分别产生了替代效应和互补效应。

Link（1982）将企业研发支出分为三部分：基础研发、应用研发和试验发展。研究结果发现，政府研发补助对企业基础研发支出具有替代效应，对企业试验发展支出具有互补效应，而与企业应用研发支出则没有显著的相关关系。

Levy（1990）利用 OECD 国家的面板数据进行研究，对补助效果为互补或替代并未得出绝对结论，而是发现不同国家政府研发补助与企业研发支出之间的关系是不同的。

吕久琴、郁丹丹（2011）利用 2007—2008 年上市公司作为样本，利用 721 家上市公司的数据，以信息不对称理论为基础，实证检验了政府科研创新补助对企业当年、下一年研发支出的影响。结果发现，政府科研创新补助对企业研发支出具有显著的"挤出"效应。后又将样本分为补助组、研发组、补助研发组分别进行研究，结果发现：补助组的补助激励效应最差；补助研发组公司如果没有追加研发，补助则替代研发，如果追加了研发，补助能够显著激励下一年的研发。因此得出结论：如果政府通过给予企业补助去认可企业的研发项目，补助就可以激励企业进行研发支出。并且研究还发现补助、研发对企业价值并没有增加作用。

2.3 政府税收优惠对企业创新的影响

税收优惠政策是政府激励企业进行研发的一个有效手段。关于政府税收优惠对企业研发支出的影响也是相关文献所关注的主要问题。总体而言，许多实证研究结果均支持税收优惠能够促进企业研发支出的结论。

2.3.1 税收优惠促进企业研发支出

Dagenais 等（1997）运用实证方法对加拿大政府激励企业研发支出的税收优惠体系进行了研究。研究发现政府每给予企业 1 加元的税收优惠，企业的研发支出将增加 0.98 加元，表明政府的税收优惠可以激励企业进行研发活动。

Hall 和 Van Reenen（2000）的研究发现，税收优惠可以降低企业研发活动的边际成本。因为税收优惠不会使研发支出的真实成本增加，因此不会对企业的研发支出产生挤出效应。

Guellec 和 Van Pottelsberghe（2003）分析了 17 个 OECD 国家的数据，结果表明税收激励对于企业研发支出有一个负的价格弹性，研发的税收激励政策促进了企业的研发支出。

我国许多学者从高新技术企业的角度对我国现有的税收优惠政策进行了评价和分析，研究了与技术创新相关的税收优惠政策对高新技术企业的研发支出的影响：

黄辉煌（2007）选取福建省 2002—2006 年数据，对高新技术企业内部研发支出与减免税收之间的相关性进行了线性回归分析。研究发现二者之间的关系具有高度的敏感性，在此基础上得出结论：完善和落实我国创新相关的税收优惠政策能够促进企业的研发支出，从而促进科技进步。

匡小平、肖建华（2007）通过实证分析发现，所得税方面的优惠对企业提高研发支出水平、提升自主创新能力具有显著的激励作用，而流转税的激励效果欠佳。

夏杰长、尚铁力（2008）从理论和实证两个方面分析了当时的税收优惠政策对激励企业创新活动的有效性，对我国企业的研发支出与税收支出之间的关系进行了实证研究。研究发现，二者之间存在负相关关系，并且增值税的税收优惠对企业研发支出的影响具有滞后性。

杨红、蒲永健（2008）以重庆大中型工业企业为研究对象，通过实证分析发现，政府的科技拨款和税收优惠可以促进企业研发支出，且二者之间具有互补效应，其中以政府对企业的税收优惠政策为主。

李嘉明、乔天宝（2010）回顾和总结了高新技术企业税收优惠理论及实证两方面的研究成果，通过建立税收对高新技术企业发展的短期和中长期效应模型，实证检验了不同税种的优惠对高新技术企业发展的现时营利能力和未来发展能力的影响。研究发现所得税和增值税优惠都可以促进高新技术企业的发展，所得税的优惠可以更好地促进企业未来发展。

2.3.2 税收优惠对企业研发支出促进作用不足

Mansfield 和 Switzer（1983）对加拿大部分企业进行了实证研究，发现政府对企业研发方面的税收激励对企业研发支出产生的影响比较微小。随后在1985年又通过随机抽样的方式选取了55家加拿大公司并与其高管进行面谈，通过询问发现研发的所得税优惠政策对企业研发支出的激励效果是有限的。

David 等（2000）将政府对企业的直接研发资助和税收激励进行了对比，发现研发补助能够提高企业的边际收益，而税收优惠能够降低企业研发支出的边际成本。税收优惠只能激励企业进行研发活动的短期行为，缺乏长期激励作用，而且税收优惠并不能显著促进企业的研发支出。因此得出结论：直接的财政补助可能是激励企业进行研发支出的更佳政策选择。

孙伯灿等（2001）采用了现场访谈法和问卷调查法对我国高新技术企业的税收和费用负担水平、高新技术企业上缴的税外费用和税收的比例、高新技术企业在投产前八年的盈亏状况、现行的税收优惠政策实际功效、发展高新技术企业的税收与收费政策障碍等问题进行了实证研究。研究结果表明随着高新技术企业的发展，中国当时的税收优惠政策有些已经不再适用：有的激励作用已明显减弱，有的则已经成为高新技术企业发展的障碍。

吴秀波（2003）总结了国外对政府研发相关的税收激励政策的评估方法以及研究结论，在结合了外国的研究成果的基础上对政府税收优惠政策对企业研发支出的激励效果做了具体分析。研究结论指出，我国当前税收措施对于研发支出刺激强度有限，税收优惠是影响企业研发支出的重要因素但并非主导因素，营利潜力和软件环境更为重要。

张桂玲、左浩泓（2005）梳理和归纳了我国当时与企业科技创新相关的税收优惠政策。他们通过总结发现，我国的税收优惠政策比较偏重于生产投入的环节，对于研发环节的税收优惠则相对薄弱，对企业开展研发活动给予的支持严重不足。因此得出结论：我国的税收优惠政策对我国企业的自主创新激励作用不足。

孔淑红（2010）选取了我国30个省份2000—2007年的面板数据，对我国的与科技创新相关的税收优惠政策与企业科技创新的关系进行了实证研究。研究结果发现，税收优惠从总体上来说对科技创新并没有起到明显的促进作用，但在中部地区税收优惠对技术市场成交额有明显促进效果。

3 政府研发补助的理论分析与政策背景

3.1 政府研发补助的理论分析

3.1.1 政府激励企业研发的相关理论

3.1.1.1 公共物品性

知识技术具有公共物品的性质,企业进行技术创新活动所形成的科技成果无法据为己有,这是由技术知识的特征决定的。好的技术成果的使用能够使企业在市场上拥有竞争力,这会使得其他企业进行模仿,使进行研发的企业不再独占富有竞争力的技术。如果企业研发的技术产品不是自用而是进行出售,发明者就更难以阻止其他人进行使用和模仿。而企业研发所形成的科技成果被其他企业模仿和使用,其他企业的成本便相当于零。

知识技术产品的公共品特性决定了政府必定要采取措施介入,对企业的研发活动提供政策支持。因为其公共品特性意味着企业进行研发的科技成果会被其他企业不承担任何成本地进行共享,这势必导致企业研发积极性的降低,不利于整个社会的科技进步。为了不降低企业研发的积极性,国家也制定了相关的保护政策,比如国家制定了知识产权保护的制度,保证企业研发的技术成果为其私有。但是知识产权保护也是有一定期限的,一旦保护的期限到期,技术产品又会变成公共物品而为他人免费使用。而企业研发形成的科技成果若被社会普遍使用,能够有利于整个社会的科技进步。因此,知识产权保护制度不利于研发成果的扩散和整个社会资源的最优配置。因此政府通过补助的方式,在一定程度上弥补企业进行研发所付出的成本,这对于激励企业进行科技创新是十分必要的。

3.1.1.2 外部性

外部性(externality)是指某一经济主体在从事某些经济活动的过程中,给他人带来利益或者损失,却没有获得相应的回报或承担相应的义务的现象。此说法来源于马歇尔在其1980年出版的《经济学原理》中"外部经济"的概念。外部性无法由市场自行解决,只能采取非市场的方式予以矫正。

外部经济理论认为,某些产业或厂商能够产生巨大的外部经济,促进相关产业的发展。但是由于这些外部经济不能够被有关厂商所独占,这些产业或者厂商就不能发展到社会最优状态。如果政府能够给予这些产业或者厂商足够的支持和保护,就可以促进这些产业或者厂商的发展。政府研发补助和税收优惠就是政府介入市场来矫正外部性的重要的政策工具。

美国有研究表明,企业研发活动的私人收益率约为10%,但社会收益率则高达50%(罗森,2003);Mansfield等研究发现60%的专利在四年内会被模仿;Levin的研究结果也发现,三年时间内过半的创新产品被模仿。研发的外部性及其溢出效应极大地损害了竞争性企业投入研发活动的积极性,导致了研发创新竞争蜕变成一种"等待博弈"。企业不想自主地去进行研发活动,都希望能够"搭便车"而坐享其成。

3.1.1.3 市场失灵

市场失灵理论认为,完全竞争市场是资源配置的最佳方式,但在现实中完全竞争市场只是理论上的假设。现实中的市场在运行的过程中不能够保证资源的充分配置,即市场无法对某一产业或某些企业的调节效果达到社会最优，这时候就需要政府的力量进行干预，以确保社会利益的最大化。新古典经济学家认为政府有必要干预企业的技术创新活动，因为技术创新活动中存在着"市场失灵"。

3.1.1.4 信息不对称

信息不对称，是指在市场经济活动中，各类人员对有关信息的了解是具有差异的；掌握信息比较充分的人员往往处于比较有利的地位，而信息缺乏的人员则处于不利的地位。

信息不对称的存在，也是政府需要对企业研发活动进行政策性补助的重要依据。这是因为研发活动在技术上的不确定性很大，企业投入研发项目承受的风险很高。企业为研发项目进行融资时，经常由于研发项目具体内容属于企业机密性信息，无法完全提供给金融机构，导致金融机构缺乏和项目相关的内部信息而不愿意为企业融资。二者之间的信息不对称限制了企业在资本市场上对研发资金的筹集，企业进行研发活动的能力和积极性也相应降低。

3.1.2 政府激励企业研发的理论分析

政府之所以要对企业的技术创新活动给予补助来进行政策干预，是由于以技术和知识为特征的研发具有公共产品的溢出特性，在满足企业自身的对科技成果需求的同时，很容易被其竞争对手所模仿。技术成果存在的溢出效应，使企业进行技术创新活动所形成的科技成果不能够归自己独有，这也就导致企业缺乏进行技术创新活动的动力。所以企业的技术发展战略倾向于模仿战略而不是领先战略，导致原始创新以及基础教育投入不足，不能产生社会最优信息产量，这一点仅仅靠市场的运行并不能解决。又因为研发活动的外部性，对整个社会来说是正面的，是可以增加社会效益的，因此需要政府的支持性的政策干预，给予企业一定的研发补助或者税收优惠，使这种外部性能够提升整个社会的效益。

由以上理论分析的结果可知，政府对企业创新活动进行干预有着必要性，因此关于政府资助与企业研发支出的关系也成了学术界研究的热点和重点。David 等（2000）、Hall（2002）认为企业的研发活动具有很强的不确定性，且信息不对称的存在使得企业较难为研发活动进行融资，因此导致了企业研发支出的水平较低。所以政府应当采用直接研发补助或税收优惠等措施来对企业的研发活动提供支持。

许多研究结果已经发现，政府对企业研发活动的政策干预，有助于激励企业加大研发支出。也有研究结果发现，政府的研发补助对企业的研发支出具有挤出效应，会替代企业原有的研发经费。政府研发政策的效果，尤其是研发补助的政策效果，对企业进行技术创新活动，到底是积极的促进作用还是消极的替代作用，以及哪一种补助方式对企业研发支出的促进作用更强，是政府在制定科技激励政策时所要考虑的最基本问题。

3.2 我国政府对企业研发进行补助的政策背景

随着我国社会经济的快速发展，我国综合国力不断增强，并逐步融入国际市场，国家逐渐加强了对科技创新的重视。改革开放以来我国对研发的投入力度不断加大，但是与发达国家相比仍有很大差距。科技进步是转变经济增长方式的核心所在，是提升国家竞争力的关键。因此提高企业自主创新能力、加大研发支出力度势在必行。为企业研发活动提供一个良好的政策环境也成为政府关注的问题。

为了最大限度地鼓励企业进行研发活动，提高技术创新能力，我国从 20 世纪 80 年代开始，制定且实施了一系列的鼓励企业进行科技创新的科技激励政策，其中包括一系列的研发补贴政策，并形成了与研发相关的税收政策体系。

3.2.1 直接的研发补助政策

从企业的政府资助明细可以看出，政府除了对企业特定研发项目进行科研补助外，国家也开展了一系列的技术创新计划。其中包括国家科技攻关计划、科技产业化环境计划、火炬计划、863 计划（中国高科技研究发展计划）等。另外，还有针对科技型中小企业的中小企业技术创新基金等。

3.2.1.1 国家 863 计划

国家 863 计划即国家高技术研究发展计划。邓小平根据思维科学家提出的要跟踪世界先进水平、发展中国高技术的建议，在 1986 年 3 月做出重要批示。同年 11 月启动了 863 计划，旨在提高我国自主创新能力。该计划是以政府为主导，以一些有限的领域为研究目标的一个聚焦于基础研究的国家性计划。863 计划管理办法规定 863 计划的经费由中央财政专项拨款，集中用于支撑关系到国家长远发展和国家安全的战略性、前沿性以及前瞻性的高技术研究开发活动。863 计划下设各种专题和项目，项目经费单独核算以确保专款专用。

3.2.1.2 科技型中小企业技术创新基金

该基金是用于促进科技型的中小企业进行技术创新的专项基金。其中包含了财政拨款和贷款贴息等方式来支持科技型中小企业的研发活动。在中小板和创业板企业财务报告的政府资助明细中，该基金也是具有普遍性的。

3.2.1.3 火炬计划

在企业财务报告政府资助明细中，同火炬计划相关的财政补助也比较多见。火炬计划是一项发展中国高新技术产业的指导性计划，于 1988 年 8 月经中央政府批准，由科学技术部组织实施。其宗旨在于贯彻改革开放的总方针，发挥我国科技力量的优势和潜力，以市场为导向，促进高新技术成果商品化、高新技术商品产业化和高新技术产业国际化。

另外还有星火计划、国家科技支撑计划以及国家自然科学基金等一系列的国家性的技术创新计划，这些计划有力地推动了高科技产业的迅速发展。

3.2.2 促进企业研发的税收优惠政策

以上介绍的直接研发补助一般为专款专用，企业不得随意挪于其他项目。这一方面促进了企业在某个项目上的研发支出，另一方面款项在使用上的限制也在某种程度上限制了企业研发的积极性。针对这一情况，政府在对企业研发进行补助时，除了直接的科技补助外，还提供间接补助的方式。比如唐清泉、卢珊珊、李懿东（2008）的研究发现，在引导企业成为创新主体方面，间接补助比直接补助更有效。原因是直接补助具有计划的特征，必须专款专用，因此企业没有额外增加研发支出的动机。而间接补助则没有指定用途，允许企业根据市场的需要来安排其具体投放到哪个项目。也就是说企业可以根据市场需要来自由选择项目，因而在政府间接的研发补助的诱导下，企业会根据自身需要，投入大量资金进行研究开发。于是得出结论：为了能够使企业在市场中成为自主创新的主体，政府应更多地采用间接补助的方式来诱导企业的研发活动，而不是令企业依赖于政府的研发补助。

间接补助包含了税收优惠以及其他政府资助，本书将政府资助分为研发补助、税收优惠和一般性的政府资助三类进行研究。

我国企业研发方面的税收优惠政策包含以下几个方面：

（1）税率优惠。一般企业所得税适用税率为 25%。高新技术企业经认定后，自获利年度起两年内免征所得税，两年后减按 15% 的税率征收企业所得税。对于国家规划内的重点软件生产企业，减按10%的税率征收企业所得税。

（2）研发费用的税前加计扣除。企业的研发费用，分资本化和费用化两种方式进行处理。资本化的研发费用，按照所形成的无形资产成本的150%进行摊销；费用化的部分计入当期损益，在100%加计扣除的基础上，再按当年金额的50%加计扣除。

（3）研发设备的加速折旧。《国家中长期科学和技术发展规划纲要（2006—2029）》规定，企业用于研发活动的仪器设备，单位价值在30万元以下的可以一次或者分次计入成本费用，30万元以上的则可以采取加速折旧的办法计提折旧。

（4）增值税优惠。对符合国家规定条件的企业技术中心、国家工程中心、技术研究中心等，进口规定范围内的科学研究和技术开发用品，免征进口关税和进口环节增值税；对承担国家重大科技专项、国家科技计划重点项目、国家重大技术装备研究开发项目和重大引进技术消化吸收再创新项目的企业，进口国内不能生产的关键设备、原材料及零部件，免征进口关税和进口环节增值税[①]。

由以上可以看出，税收优惠政策可以增加企业缴纳所得税的税前扣除，可以加速研发仪器设备的折旧，这样企业多发生研发支出就可以多抵扣，多购买研发仪器设备便可以增加企业所得税税前扣除，因此能够增加企业进行技术创新活动的热情。因此说税收优惠也能够参与到资源配置中，可以缓解市场失灵的影响。且进行了研发的企业都能够享受到税收优惠，这也使得税收优惠作用的范围比较广泛，成为政府鼓励企业进行科技创新活动的一个主要的补助方式。

3.2.3 政府一般性的补助政策

除了直接的研发补助和促进研发的税收优惠政策外，政府对企业还有许多其他形式的补助。虽然没有指定用于研发和企业创新活动，但其对于企业的资金以及其他形式的各种补助，均增加了企业可以自由使用的资金或者增加了企业的财务能力。企业在资金充裕、财务能力较强的情况下，若出现了预期收益性较高的研发项目，其开展研发活动从而进行研发支出的可能性会大大提高。因此，其他一般性的政府资助与企业的研发活动之间，可能也存在着一定的相关关系。

以上为我国政府鼓励企业研发的多种补助政策。可见为了降低企业从事研发活动所要承担的成本与风险，激励企业研发从而提高我国企业的创新能力，政府已经采取了一系列的补助措施。然而许多企业在获取了政府的研发补助后提高了短期业绩。企业究竟有没有将资金用于研发活动，从而提升企业的创新能力？还有许多企业的研发活动严重依赖政府的补助，政府资助是否替代了企业的研发支出？更有企业通过传递虚假信号的方式骗取政府研发补助，实际上却并未用于企业研发。以上一系列问题均提醒我国政府，在对企业的研发活动进行补助之前，明确政府资助对企业研发支出的诱导作用具有关键的意义。

---

① 资料来源于《中华人民共和国企业所得税法实施条例》和《国务院关于实施〈国家中长期科学和技术发展规划纲要（2006—2020年）〉若干配套政策的通知》。

4 政府资助对企业研发影响的研究设计

4.1 研究假设

由第三部分的理论和制度背景分析可知,研发具有正的外部性。从事研发活动的企业,并不能独享由研发成果带来的收益,因为没有进行研发的企业可以通过模仿等来从研发企业的研发成果中获取利益。在研发上的支出对研发企业而言,是一种不能使研发企业独享研发成果收益的成本,且研发活动具有高风险性,因此会降低企业进行研发的积极性。然而研发成果的正外部性对于整个社会而言是有利的,如果政府通过补助的方式来弥补企业研发上的一些成本,就可以提高企业研发的积极性,从而提升整个社会的福利。

国外学者如 Levy 和 Teriecky(1983)、Levin 和 Reiss(1984)以及 Hamberg(1966)等的研究均表明了政府资助对企业研发支出具有正向影响;国内学者如程华、赵祥(2008),解维敏、唐清泉、陆姗姗(2009),刘振(2009),以及朱平芳、徐伟民(2003)等也实证检验并发现了政府资助有助于促进企业研发支出。由此可见,政府干预企业的研发活动是必要的,政府的补助一般会缓解企业研发支出资金的不足,并且可以提高企业进行研发支出的积极性。基于以上理论与制度背景分析和以往学者的研究,本书提出以下假设:

假设1:无论是否加入了其他影响因素,政府研发补助对企业研发支出均具有促进作用。政府对企业进行研发补助是政府支持企业进行技术创新活动的政策工具之一,且为其中比较重要的方式,对企业进行技术创新活动起着重要的促进作用。

如今税收优惠政策已经成为我国政府激励企业进行研发和科技创新活动的一项主要的政策手段,其中包含研发支出的加计扣除、增值税超税负退税以及高新技术企业的税率优惠等。由前文可以看出,我国政府税收优惠的力度已经高于对企业研发补助的力度。国外学者如 Dagenais 等(1997)、Guellec 和 Van Pottelsberghe(2003)的研究结果均显示,税收优惠对企业的研发支出具有促进作用;国内学者如高小颖(2004),匡小平、肖建华(2007)等的研究也表明税收优惠对研发支出具有激励作用。在理论分析及以往学者研究的基础上,本书提出第二个研究假设:

假设2:无论是否加入了其他影响因素,政府税收优惠对企业研发支出均具有促进作用。税收优惠政策也是政府支持企业发展高新技术的重要政策工具之一,政府的减税让利能够在一定程度上降低企业研发的风险,激励企业投入研发活动,对我国企业增加对研发方面的支出起着积极的促进作用。

除了直接的研发补助和促进研发的税收优惠政策外,政府对企业还有许多其他形式的补助。虽然这些补助没有指定用于研发和企业创新活动,但其对于企业的资金以及其他形式的各种补助,均增加了企业可以自由使用的资金或者增加了企业的财务能力。企业在资金充裕、财务能力较强的情况下,若出现了预期收益性较高的研发项目,其开展研发活动从而进行研发支出的可能性会大大提高。因此,其他一般性的政府资助与企业的研发活动之间,也可能存在着正相关关系。因此本书提出下面的研究假设:

假设3:无论是否加入了其他影响因素,政府一般性补助对企业研发支出具有促进作用。一般性政府资助虽然不直接针对企业的研发活动,但一般性的政府资助也可以增强企业的财务能力，使得企业有更充足的资金，并按照企业自身的需要将其投入各类预期收益较高的研发项目中。

政府在对企业研发活动进行干预时，需要考虑以何种补助方式来提高企业研发支出。由于研发补助具有针对性，研发补助资金用途的限制性保证了补助资金不会被挪作他用，而全部用于研发支出。这种意义上来讲，研发补助应该比税收优惠以及一般性补助等其他方式的补助更能有效提高企业的研发支出水平，由此本书提出下面的研究假设：

假设4：无论是单一类型补助或是三种补助方式并存的情况下，政府研发补助对研发支出的促进作用，比政府一般性补助与税收优惠对企业研发的促进效果都更强。即利用政府资助鼓励企业进行科技创新活动的最佳诱导机制为，加强政府研发补助的力度。

4.2 样本选择及数据来源

4.2.1 样本选择

本书选择中小板和创业板上市公司作为研究对象，考察了中小板和创业板上市公司2008—2012年5年间的不同类型政府资助与研发支出之间的关系。为了保持样本的完整性，研究时未剔除任何上市公司；未披露研发支出金额、政府资助金额的公司，将相关变量取值为零，并不予以剔除。

本书既利用了中小板和创业板上市公司的全样本，又单独提取中小板和创业板上市公司中的信息技术行业样本进行了回归分析。本书假设企业所接受的税收优惠均与研发相关，而在数据搜集过程中发现，现实中只有信息技术行业公司接受的税收优惠与企业创新活动相关。因此本书在全样本的回归分析后，又用信息技术行业样本的回归来检验全样本回归结果是否具有稳健性。

4.2.2 数据来源

以往关于政府资助对研发支出影响的研究，对于政府资助的分类，有的将研发支出与政府资助均设定为虚拟变量来进行研究，如吕久琴和郁丹丹（2011）的做法：获得了政府资助的公司，政府资助变量取1，否则取0；发生了研发支出的公司，研发支出变量取1，否则取0。他们将获得了政府资助但没有研发支出的公司设定为补助组，没有获得政府资助但发生了研发支出的公司为研发组，接受了政府资助且有研发支出的公司为补助研发组，分三组进行回归分析。这种做法将自变量和因变量均设为虚拟变量，只能定性地分析二者之间的相关关系，并不能从具体的数量上进行更加准确的回归分析。因此本书并不采取这种方法，而是搜集政府资助与研发支出的具体金额来进行回归分析，结果不仅能够反映出二者之间的定性关系，也能反映出二者之间的数量关系。

本书所使用的中小板和创业板上市公司研发支出和政府资助的数据，来源于深交所下载的上市公司年度报告，从中手工收集而来。研发支出数据多来自于董事会报告，各类政府资助的数据则取自营业外收入下的政府资助明细。

政府研发补助，是指政府指明了资金要用于明确的技术创新项目的补助，特点是专款专用。新会计准则颁布之前，研发补助主要列示于企业的"专项应付款"科目，新会计准则实施之后则主要通过"递延收益""其他非流动负债"和"营业外收入"科目进行核算。笔者在数据搜集过程中也发现，只有极少数的企业会通过"专项应付款"科目来进行核算和反映。政府给予企业技术创新方面的优惠政策，属于政府对企业的间接研发补助。本书对以上会计科目明细科目逐一进行了分析与整理，在具体的数据搜集与分类过程中，根据政府资助明细中所列示的各项资金所涉及的项目、用途以及资金来源，来判断其是否属于政府研发补助。例如，证券代码为 300353 的公司 2012 年营业外收入下政府资助明细如表 4-1 所示。

表 4-1　　证券代码 300353 的公司 2012 年政府资助明细

项目	本期发生额（元）
中小企业国际市场开拓资金	121 182.00
中关村科技园区专利促进支持资金	**35 000.00**
中关村科技园区企业购买中介服务支持资金	45 500.00
中关村科技园区石景山园管委会专利授权奖励	**15 000.00**
国家知识产权局专利北京代办处专利资助费	**26 890.00**
国家知识产权局专利战略制定项目资助	**10 000.00**
石景山区科学技术委员会科学技术奖	**100 000.00**
石景山经济和信息委员会补贴	200 000.00
中小企业发展专项资金	1 000 000.00
贷款贴息补贴	617 802.58
中关村知识产权促进局创业专项资金	**59 320.75**
北京市标准化交流服务中心国标资助款	750 000.00
北京市经济和信息化委员会工业保增长奖励	200 000.00
2011 年企业技术改造资金	358 000.00
石景山管委会退 7·21 特大自然灾害救灾党费	2 000.00
合计	3 540 695.33

本书将与企业研发和技术创新直接相关的项目补助金额作为研发补助的金额。该公司政府资助明细中，专利促进资金、科技进步奖等为与企业科技创新活动直接相关的项目补助，即为表 4-1 中加黑项目，加总求和之后的金额为 246 210.75 元，作为本书中研发补助的金额；营业外收入明细下，增值税退税金额为 9 440 823.15 元，作为本书中税收优惠的金额；一般性政府资助金额，则为政府资助总额 3 540 695.33 元扣除研发补助和税收优惠之后的金额。

为了更详细地说明研发补助数据的搜集过程，本书以证券代码为 002089 的公司 2012 年的数据搜集为例，再次说明研发补助数据搜集方法。政府资助明细如表 4-2 所示。

表 4-2　　证券代码 002089 的公司 2012 年政府资助明细

项目	本期发生额（元）	说明
高亮度氮化镓基半导体照明外延片的研发及产业化项目补贴	15 000 000.00	苏州工业园区科技发展局、苏州工业园区财政局
省科技成果转化科技补贴	7 500 000.00	苏州工业园区科技发展局
2012 年服务外包业务发展配套资金	5 597 600.00	〔财企（2012）165 号〕《关于做好 2012 年度承接国际服务外包业务发展资金管理工作的通知》
项目扶持资金	5 400 000.00	苏州工业园区委封招商中心

表4-2(续)

项目	本期发生额（元）	说明
科技成果转化专项资金（宽带移动视频接入网关项目）	2 500 000.00	江苏省科学技术厅、江苏省财政厅 苏科计〔2009〕320号、苏财教〔2009〕141号
软酷实训及软件人才培养综合服务平台产业化	2 509 999.99	深圳市发展和改革委员会
科技发展资金补贴款	1 047 000.00	苏州工业园区管委会
苏州工业园区2012年第一批科技发展资金（政策兑现）补贴	1 010 000.00	苏州工业园区科技发展局
苏州工业园区科技发展资金	700 000.00	科技经费补贴
市级工业产业转型升	650 000.00	
其他零星补贴	681 982.90	
合计	42 596 582.89	

研发补助金额为以上加黑项目（研发及产业化项目补贴、科技成果转化科技补贴、科技发展资金等）金额之和30 266 999.99元，税收优惠为营业外收入明细下福利企业增值税退还数798 149.52元。某些政府资助明细没有说明具体哪类项目补贴，仅披露为"项目补贴"。本书的做法是根据说明来判断，若补助为科技局提供，则金额计入研发补助，否则不计入。比如表4-2中的项目扶持资金540万元，由招商中心提供，本书不将其作为研发补助的金额计入。

资产、负债、收入、期初现金等控制变量相关的数据则来自于CSMAR系列研究数据库；行业虚拟变量则通过企业的行业代码①来赋值，信息技术行业和制造业取1，其他取0；实际控制人虚拟变量则通过对数据库中下载的实际控制人代码②的判断来赋值，实际控制人为国有企业、国有机构以及政府的，实际控制人变量取值1，否则取0。

4.3 模型设定和变量解释

4.3.1 模型设定

本书的模型主要借鉴了唐清泉、卢珊珊和李懿东（2008）的研究模型，设定了政府资助对企业研发支出影响的单变量回归模型和政府资助对企业研发支出影响的多变量回归模型。单变量回归模型检验不同类型的政府资助分别单独对企业研发支出的影响。而多变量回归模型则考虑了在影响研发支出的其他因素共同作用下，政府各类补助对研发支出的诱导效果。

政府研发补助对企业研发支出影响的单变量回归模型：

模型1：$RD = \alpha_0 + \alpha_1 SUB\_RD + \xi$

---

① 中国证监会上市公司行业分类指引：A农林牧渔业，B采掘业，C制造业，D电力、煤气及水的生产供应业，E建筑业，F交通运输、仓储业，G信息技术业，H批发零售贸易，I金融保险业，J房地产，K社会服务业，L传播与文化产业，M综合类。

② CSMAR股东研究数据库使用指南：国有企业1100；民营企业1200（1210、1220、1230）；非企业单位2000（国有机构2100；省、地区级政府2120）；自然人3000（中国内陆公民3110、港澳台公民3120、外国公民3200）。

模型2：$RD = \alpha_0 + \alpha_1 SUB\_TAX + \xi$

模型3：$RD = \alpha_0 + \alpha_1 SUB\_GEN + \xi$

企业的创新活动除了受政府资助的影响以外，还受许多其他因素的影响。比如：较高的资产规模、收入以及现金，使得企业有充足的财力来进行研发活动；若企业的资产负债率较高，债权人考虑到其自身的权益，可能会在向企业借出资金时，加入许多附带的条件，限制企业对资金的使用；信息技术行业的公司可能比其他行业的公司，更加依赖技术创新来提升企业的市场竞争力；等等。本书综合了以前学者的研究，在研究各单一类型政府资助对研发支出的影响的基础上，另外加入了具有代表性的8个控制变量，设定了政府资助对企业研发支出影响的多变量回归模型：

模型4：$RD = \alpha_0 + \alpha_1 INTAN + \alpha_2 LNASSET + \alpha_3 REVENUE + \alpha_4 CASH\_1 + \alpha_5 ROE + \alpha_6 LEV + \alpha_7 INDUSTRY + \alpha_8 CONTROL + \alpha_9 SUB\_RD + \xi$

模型5：$RD = \alpha_0 + \alpha_1 INTAN + \alpha_2 LNASSET + \alpha_3 REVENUE + \alpha_4 CASH\_1 + \alpha_5 ROE + \alpha_6 LEV + \alpha_7 INDUSTRY + \alpha_8 CONTROL + \alpha_9 SUB\_TAX + \xi$

模型6：$RD = \alpha_0 + \alpha_1 INTAN + \alpha_2 LNASSET + \alpha_3 REVENUE + \alpha_4 CASH\_1 + \alpha_5 ROE + \alpha_6 LEV + \alpha_7 INDUSTRY + \alpha_8 CONTROL + \alpha_9 SUB\_GEN + \xi$

上述回归分析，均是将政府这三种类型的补助分开来进行处理的。然而现实中，往往是三种补助方式并存的情况居多。当三种补助方式并存时，哪一种方式对企业的研发支出促进效果更佳？为了检验这个问题，本书设定模型7：

$RD = \alpha_0 + \alpha_1 SUB_{RD} + \alpha_2 SUB_{TAX} + \alpha_3 SUB_{GEN} + \alpha_4 INTAN + \alpha_5 LNASSET + \alpha_6 REVENUE + \alpha_7 CASH\_1 + \alpha_8 ROE + \alpha_9 LEV + \alpha_{10} INDUSTRY + \alpha_{11} CONTROL + \xi$

4.3.2 变量解释及变量来源

模型变量定义如表4-3所示。

表4-3　　　　　　　　　　模型变量定义表

变量类型	变量名称	变量符号	变量定义
因变量	研发支出	RD	研发投入、研发支出
自变量	政府研发补助	SUB_RD	政府资助明细中,促进科研创新的部分
	税收优惠	SUB_TAX	政府资助中税收优惠部分
	一般性政府资助	SUB_GEN	政府资助中除了研发补助和税收优惠以外的部分
控制变量	企业规模	LNASSET	企业资产总额的自然对数
	期初现金	CASH_1	期初现金及现金等价物余额
	无形资产	INTAN	无形资产
	控制人性质	CONTROL	实际控制人性质;1代表国有;0代表非国有
	市场销售收入	REVENUE	销售收入
	净资产收益率	ROE	净利润/净资产
	资产负债率	LEV	负债/资产
	企业所处行业	INDUSTRY	制造业和信息技术行业为1,其他为0[①]

---

① 此处参考启清泉等2000年发表的《企业成为创新主体与R&D补贴的政府角色定位》中的行业虚拟变量定义方法。

4.3.2.1 RD 研发支出

即企业进行研究开发活动所发生的支出。本书所需的数据,需手工翻找所有中小板和创业板的上市公司年度报告,研发支出金额的披露一般在董事会报告中。

4.3.2.2 SUB_RD 政府研发补助

指的是政府资助中,促进企业研发和科技创新的部分。企业财务报告中公布的研发补助有多种:专利资助资金、科技进步奖、科技项目专项资金、863 计划专项资金、科技小巨人奖等。

4.3.2.3 SUB_TAX 税收优惠

此数据主要针对政府对于高新技术企业税收优惠方面的补助,包括增值税超税负部分的返还以及各种其他方面的税收优惠。

4.3.2.4 SUB_GEN 一般性政府资助

指计入营业外收入的政府资助中,除了税收优惠和研发补助以外的政府资助。一般性政府资助虽然并不针对企业的研发活动,但是会增加企业的资产。当企业有充足的资金的时候,在研发上的支出可能也会相应地增多。

4.3.2.5 LNASSET 企业规模

即企业资产总额的自然对数。规模大的企业更可能有丰富的创新资源,且研究开发活动具有规模效应,有助于研发活动的分散化,降低创新失败的风险。数据来源于企业资产负债表。

4.3.2.6 CASH_1 期初现金

指期初现金及现金等价物余额。企业的研发活动风险大、成本高,一般需要大量的投资。所以一个没有充足现金流的企业,没有能力去为研发活动支付大量的现金,研发活动很难进行下去。因此可以推断,企业的现金是否充足,对企业在研发上支出的多少具有重要的影响。尤其是每个会计期间的期初现金是否充足,将会影响本期的研发支出。数据来源于企业现金流量表。

4.3.2.7 INTAN 无形资产

即企业无形资产总额。无形资产规模大的企业可能积累了更多的研发经验,创新能力更强。数据来源于企业资产负债表。

4.3.2.8 CONTROL 控制人性质

即实际控制人性质。实际控制人为国有时,取值为 1;实际控制人为非国有时,取值为 0。不同产权性质的企业,面临的激励、约束和风险程度不同,会影响到企业的技术创新投入[1]。安同良等(2006)研究发现,相对于不断增长的研发资助和补助,我国企业具有重大突破意义的独立研发活动并不是很活跃,国有和集体所有制公司研发强度最低。数据来源于 CAMAR 数据库的股东研究数据库中的实际控制人性质代码,通过 stata 软件处理生成实际控制人虚拟变量。

4.3.2.9 REVENUE 市场销售收入

即企业营业收入总额。销售状况好的企业可能有更强的研发能力和动机。数据来源于企业利润表。

---

[1] 唐清泉,卢珊珊,李懿东. 企业成为创新主体与 R&D 补贴的政府角色定位 [J]. 中国软科学,2008 (6):88-97.

4.3.2.10 ROE 净资产收益率

净利润/企业净资产。收益率高的企业可能有更强的研发能力和动机。数据来源于企业利润表和资产负债表。

4.3.2.11 LEV 资产负债率

企业负债总额/企业资产总额。债权人为保护自己的利益，在贷出资金时会附带苛刻的条件。企业在研究开发高风险的项目时可能会有很多的限制，因而公司负债率会影响企业研发支出。数据来源于企业资产负债表。

4.3.2.12 INDUSTRY 企业所处行业

制造业和信息技术业为1，其他为0。制造业和信息技术业对创新的要求较高，因此研发强度可能比其他行业高。CSMAR 数据库中可以获取行业代码，应用 stata 软件对行业代码进行处理，从而为行业变量赋值。

4.3.2.13 YEAR 年份

本书选取的是 2008—2012 年这 5 年的中小板和创业板数据。年份只作为描述性统计分析的时间参考，并不作为控制变量进行回归分析。

4.4 描述性统计分析

4.4.1 企业研发支出的描述性统计

4.4.1.1 研发支出披露情况的描述性统计

由于较早时候我国并未要求企业在财务报表中披露研发方面的信息，因此对研发进行披露的公司也较少。《企业会计准则》（2006 版）对研发费用的信息披露进行了规范，且《企业会计准则第 6 号——无形资产》第 22 条规定："企业应当披露计入当期损益和确认为无形资产的研究开发支出金额。"这些规定加强了研发费用信息披露的透明性。

本书选取了 2008—2012 年的中小板和创业板公司作为样本，手工搜集了这 5 年来中小板和创业板公司研发支出的披露情况（见表 4-4）且对研发支出进行了描述性统计（见表 4-5）。

表 4-4　　　　　2008—2012 年中小板和创业板研发支出披露情况表

年度	样本总数（个）	披露公司数（家）	披露公司所占比例
2008	273	202	73.99%
2009	416	324	77.88%
2010	742	609	82.08%
2011	946	838	88.58%
2012	1 056	988	93.56%

表 4-5　　　　　　　　企业研发支出的描述性统计

年度	样本数（个）	平均数（元）	最大值（元）	最小值（元）	标准差（元）
2008	273	28 200 000	989 000 000	0	86 800 000
2009	416	24 900 000	753 000 000	0	53 300 000
2010	742	37 000 000	5 350 000 000	0	206 000 000
2011	946	48 500 000	5 200 000 000	0	208 000 000
2012	1 056	50 100 000	2 580 000 000	0	126 000 000

结果显示对研发支出进行披露的公司数目逐年增多,披露比例也是不断上升的,由2008年的73.99%逐年增长至2012年的93.56%。一方面这为企业会计准则的规定强化了上市公司对研发支出的披露;另一方面由于财务信息的信号传递作用,各企业对研发支出披露的透明性也使企业对研发支出的重视程度有所增加。

4.4.1.2 不同年度企业研发支出强度的描述性统计

从2008到2012年,企业研发支出的均值呈逐年增加趋势,由2008年的2 800多万逐年递增,至2012年研发支出均值达5 000多万。由此可见,企业对科技创新的重视程度逐渐增强。从表4-5可以看出,有的企业研发支出为0,有的企业则高达53亿元,说明不同规模、不同性质以及不同行业的企业,对研发的重视程度和支出水平差别非常大。

4.4.1.3 实际控制人性质不同的企业研发支出强度的描述性统计

表4-6　　　　　实际控制人国有和非国有企业研发支出描述性统计

变量	观测值(个)	均值(元)	最小值(元)	最大值(元)	标准差(元)
总样本	3 433	42 000 000	0	5 350 000 000	164 000 000
国有控制	488	59 000 000	0	2 320 000 000	152 000 000
非国有控制	2 945	39 200 000	0	5 350 000 000	166 000 000

截至2012年年底,中小板和创业板上市公司共1 056家。其中国有控股的公司为123家,所占比例不足12%,远远少于非国有控股公司。可见非国有控股的公司在我国中小板和创业板公司中占有很大比例。

由表4-6可知,2008—2012年这5年,中小板和创业板上市公司的研发支出总体水平较高,均值为4 200万元。为了考察不同性质的控制人对企业研发支出强度的影响,把样本企业分为两组:一组是实际控制人性质为国有的企业,一组是实际控制人性质为非国有[①]的企业。比较这两组企业的研发支出强度,我们可以看出,国有控制的公司研发支出均值为5 900万元,远高于非国有控制的公司研发支出的均值(3 920万元),说明中小板和创业板上市公司中,国有企业的创新投入强度要明显高于非国有企业。原因可能是国有控股的企业获得国家的资金扶持较多,资金比非国有控制的公司充裕;也可能是国有企业考核制度比较健全,为了能够通过考核需要完成一定的科研创新活动,因此其研发支出的均值高于非国有控制的企业。

4.4.1.4 不同行业企业研发支出强度的描述性统计

由表4-7可以看出,信息技术行业企业研发支出均值高达5 090万元,明显高于其他行业的研发支出均值,由此可以说明信息技术行业比其他行业更注重研发和科技创新。制造业研发支出均值为4 360万元,虽略低于信息技术行业企业,但仍旧显著高于其他行业2 710万元的均值。因此不仅是信息技术行业,制造业对研发活动的重视程度也非常高。

---

① 实际控制人非国有指的是实际控制人为境内自然人、境外自然人、境内非国有法人、境外法人等。

表 4-7　　　　　　　　不同行业的企业研发支出描述性统计

行业	样本量(个)	所占比重	均值(元)	最小值(元)	最大值(元)	标准差(元)
总样本	3 433	100%	42 000 000	0	5 350 000 000	164 000 000
信息技术业	425	12.38%	50 900 000	0	709 000 000	63 700 000
制造业	2 497	72.74%	43 600 000	0	5 350 000 000	182 000 000
制造业和信息技术行业	2 922	85.12%	44 700 000	0	5 350 000 000	170 000 000
其他行业	511	14.88%	27 100 000	0	2 320 000 000	125 000 000

制造业和信息技术行业的公司研发支出均值为 4 470 万元，而其他行业的研发支出均值仅为 2 710 万元，由此可以看出制造业和信息技术行业对科技创新的重视程度显著高于其他行业。且中小板和创业板上市公司中，85% 为制造业和信息技术行业，这也是本书选择中小板和创业板上市公司作为研究对象的原因。

4.4.2　政府资助的描述性统计

4.4.2.1　不同年度政府资助情况及力度的描述性统计

本书选取了 2008—2012 年的中小板和创业板公司作为样本，同样手工搜集了这 5 年来中小板和创业板公司所获的政府资助的金额，统计了每一年获得政府资助的公司数，且列示了政府资助的均值，如表 4-8 所示。

表 4-8　　　2008—2012 年中小板和创业板公司获政府资助情况统计

年度	样本总数（个）	获补助公司数（家）	获补助公司比例	政府资助均值（元）
2008	273	256	93.77%	9 759 582
2009	416	404	97.12%	10 600 000
2010	742	729	98.25%	12 900 000
2011	946	934	98.73%	15 900 000
2012	1 056	1 048	99.24%	19 600 000

由表 4-8 可看出，政府资助的范围很广泛，2008 年接受政府资助的公司占公司总数的比例为 93.77%，2009 年为 97.12%，2010 年为 98.25%，2011 年为 98.73%，2012 年为 99.24%，在补助范围本身比例就很高的情况下，仍然呈逐年递增趋势。并且可以看出，政府资助的力度逐年增大，补助的均值由 2008 年的 900 多万逐年递增至 2012 年的 1 960 万。这说明我国政府对企业的技术创新日益重视。

4.4.2.2　政府对实际控制人性质不同的企业的各类补助描述性统计（见表 4-9）

表 4-9　　　政府对国有控制和非国有控制公司的政府资助描述性统计

变量		观测值(个)	均值(元)	最小值(元)	最大值(元)	标准差(元)
总样本		3 433	15 300 000	0	764 000 000	31 600 000
国有控制	研发补助	488	3 041 091	0	75 700 000	7 807 324
	税收优惠	488	4 254 171	0	302 000 000	20 700 000
	一般补助	488	11 500 000	0	255 000 000	20 800 000

篇一：政府激励与企业创新行为　33

表4-9(续)

变量		观测值(个)	均值(元)	最小值(元)	最大值(元)	标准差(元)
非国有控制	研发补助	2 945	2 684 105	0	304 000 000	10 700 000
	税收优惠	2 945	2 660 175	0	136 000 000	8 527 687
	一般补助	2 945	9 347 358	0	550 000 000	21 300 000

从政府资助总额的情况来看，我国政府资助总额的均值在1 530万元左右，补助强度明显低于企业研发支出的强度（均值4 200万元）。这也说明企业并不单一依靠政府资助上的支持来开展企业的研发活动。从这一角度来讲，企业自身的研发支出强度比较高。

为进一步分析政府对控制人性质不同的公司的补助强度是否有所不同，仍旧将样本按照实际控制人的性质分为两组，第一组实际控制人性质为国有，第二组实际控制人性质为非国有。从表4-9的统计结果来看，实际控制人性质为国有的中小板和创业板上市公司，无论是政府研发补助、税收优惠还是一般性的补助，均值均高于非国有控制的公司。可见我国的政府对创业板和中小板上市公司的补助更倾向于国有企业。统计结果也印证了以往学者关于此问题的研究结果，即政治关联[①]对于企业获取各类型的政府资助有着重要的影响，存在政治关联的企业可以获得更多的政府资助。

从表4-9中结果我们也可以看出，不论上市公司的实际控制人性质是国有还是非国有，政府对企业一般性补助的金额均为最高；国有控股的公司获取的税收优惠高于研发补助，非国有控股的公司获取的税收优惠与研发补助金额相当。由此可以看出，政府比较偏好选择间接补助，且资助的强度要明显大于直接补助的强度。

5 政府资助对企业研发影响的实证检验

5.1 模型的多重共线性检查

为了检验各模型是否存在多重共线性问题，本书将运用膨胀因子检验法[②]。杨红、蒲永健在《政府科技激励政策对企业R&D投入影响实证研究》中运用了膨胀因子检验法，其计算的膨胀因子为1.576~9.276，他们最终解释为：根据经验，VIF<10的情况下容许接受两个具有较高共线性的解释变量同时存在。逯东、林高和杨丹在《政府资助、研发支出与市场价值》的研究中，也计算了主要自变量的方差膨胀因子VIF值。他们的计算结果绝大部

---

① 国外的研究：Bertrand等（2006）将政治关联定义为公司CEO过去或现在在政府部门工作过；Faccio（2006）将政治关联定义为公司大股东或高管是政府官员；Ferguson和Votli（2008）则认为若公司高管与国家政党之间有密切往来，则公司存在政治关联。国内学者：陈冬华（2003）将政府背景的高管在董事会中的比例作为政治联结的一种替代；逯东、林高、杨丹（2012）的研究指出只要董事会或高管团队中有成员曾在政府机关、高等院校、军队等部门任职并担任一定的领导职务，或有成员担任人大代表、政协委员等职务，则认为该公司存在高管政治关联。相比民营企业，政府与国有企业之间有着天然的、较为明显的政治关联。

② 方差膨胀因子（VIF）是存在多重共线性时回归系数估计量的方差，与无多重共线性时回归系数估计量的方差对比而得出的比值系数。运用膨胀因子检验模型是否存在多重共线性时，当VIF=1时，认为原模型不存在多重共线性；若VIF>1，则认为原模型存在多重共线性问题。经验上当VIF的均值≥2且VIF的最大值接近或者超过10时，通常认为有较为严重的多重共线性。

分值在 2 以内，个别值在 3 左右，均远远小于 10，于是得出结论，模型不存在严重的多重共线性。本书对多变量模型的共线性检查结果如表 5-1、表 5-2、表 5-3、表 5-4 所示。

表 5-1　　　模型 4 的解释变量与控制变量之间的共线性检查结果

变量	膨胀因子	膨胀因子倒数
REVENUE	2.58	0.387 139
INTAN	2.44	0.409 708
LNASSET	1.74	0.575 050
LEV	1.29	0.774 736
CASH_1	1.20	0.834 224
SUB_RD	1.20	0.834 259
INDUSTRY	1.13	0.886 793
CONTROL	1.06	0.940 364
ROE	1.01	0.992 121
Mean VIF	1.52	
Observations	3 433	
R-squared	0.123 2	

从多重共线性的检查结果可以看出，收入与无形资产的膨胀因子稍高，分别为 2.58 和 2.44。这是因为在普通的共线性检查中，收入与无形资产具有严重的共线性（相关系数为 0.722 5）。原因可能是无形资产越多的企业，其在市场中的竞争力越强，能够获取的营业收入也就越多。虽然二者之间存在较高的共线性，但无形资产对研发支出的影响很显著，且以前学者在研究的过程中，多选择这两个控制变量进行研究。本书研究的核心是政府资助对企业研发支出的影响，研究的重点不是收入和资产，因此本书对这两个控制变量不予删除。从综合的检验结果来看，膨胀因子的平均值为 1.52，小于经验值 2，所以模型 4 整体并不存在严重的多重共线性。

表 5-2　　　模型 5 的解释变量与控制变量之间多重共线性检查结果

变量	膨胀因子	膨胀因子倒数
REVENUE	2.49	0.401 243
INTAN	2.15	0.466 162
LNASSET	1.75	0.571 991
LEV	1.30	0.770 564
CASH_1	1.20	0.834 689
INDUSTRY	1.13	0.882 171
CONTROL	1.07	0.936 844
SUB_TAX	1.04	0.964 065
ROE	1.01	0.992 112
Mean VIF	1.46	
Observations	3 433	
R-squared	0.122 4	

同模型 4 的多重共线性检查结果相似，模型 5 中收入与无形资产的膨胀因子较大，分别为 2.49 和 2.15，原因与对模型 3 各变量之间共线性检查的结果中二者膨胀因子较大的解释相同。模型 5 整体的膨胀因子均值为 1.46，小于经验值 2，因此模型 5 整体不存在严重的多重共线性。

表 5-3　　模型 6 的解释变量与控制变量间多重共线性检查结果

变量	膨胀因子	膨胀因子倒数
REVENUE	2.60	0.384 774
INTAN	2.51	0.398 468
LNASSET	1.78	0.561 174
SUB_GEN	1.58	0.633 483
LEV	1.29	0.775 465
CASH_1	1.21	0.824 889
INDUSTRY	1.13	0.887 441
CONTROL	1.06	0.940 463
ROE	1.01	0.992 112
Mean VIF	1.57	
Observations	3 433	
R-squared	0.120 7	

同模型 4、5 的多重共线性检查结果相似，模型 6 中收入与无形资产的膨胀因子较大，分别为 2.60 和 2.51，原因与对模型 3 各变量之间共线性检查的结果中二者膨胀因子较大的解释相同。模型 6 整体的膨胀因子均值为 1.57，小于经验值 2，因此模型 6 整体不存在严重的多重共线性。

表 5-4　　模型 7 的解释变量与控制变量之间多重共线性检查结果

变量	膨胀因子	膨胀因子倒数
INTAN	2.65	0.377 145
REVENUE	2.59	0.386 705
SUB_GEN	2.32	0.431 850
LNASSET	1.81	0.551 328
SUB_RD	1.76	0.568 268
LEV	1.30	0.768 592
CASH_1	1.23	0.816 270
INDUSTRY	1.14	0.876 349
CONTROL	1.07	0.936 768
SUB_TAX	1.04	0.961 822
ROE	1.01	0.992 084
Mean VIF	1.63	
Observations	3 433	
R-squared	0.130 6	

由上面多重共线性检查结果可见，无形资产、收入与一般性补助的 VIF 值较大，分别为 2.65、2.59 和 2.32，均超过了经验值 2。为分析其原因，进行了普通的共线性检查，结果表明收入与无形资产具有严重的共线性（相关系数为 0.722 5），原因前面已解释。模型整体 VIF 均值为 1.63，也小于经验值 2，因此模型 7 整体并不存在严重的多重共线性。

5.2 不同方式的政府资助对企业研发支出影响的实证检验

由前文的理论分析可知，从理论上来讲，政府资助能够激励企业增加研发支出。然而，我国目前的信息披露机制还不完善，政府与企业之间也存在许多信息不对称。从企业的角度来讲，如果没有研发项目或者科技创新活动和成果，就无法得到政府的研发补助和与科技创新相关的税收优惠，所以企业常常会为了获取较多的政府资助来向政府传递其要进行研发的虚假信号，或者夸大其研发的规模。这种情况会导致政府实施与实际情况不相符的补助政策，导致政府资助的效率降低。

本节将通过单变量模型的回归和多变量模型的回归，来检验政府资助是否真正显著促进了企业的研发支出，以及哪一种补助方式对企业研发支出的促进效果最佳。

5.2.1 单变量模型回归分析

政府采用不同的方式来对企业研发进行补助，对研发支出的影响效果也会不同，如表 5-5 所示。政府研发补助、税收优惠以及一般性的补助对企业研发支出均具有显著的正向的诱导作用，均在 1% 水平上达到了显著。

模型 1 的回归结果显示，政府研发补助对企业研发支出的诱导系数为 3.282，经济意义上的解释即政府每增加 1 元对企业的研发补助，企业就会相应地增加 3.282 元的研发支出；模型 3 的回归结果显示，政府一般性的补助对企业研发支出的诱导系数为 1.986，诱导作用也比较强；模型 2 的回归结果显示税收优惠对企业研发支出的诱导系数为 1.518，为三类补助中诱导系数最小者，但其诱导作用也比较强且很显著。税收优惠对企业研发支出单因素诱导作用最小的原因，可能是由于本书在数据搜集过程中搜集的税收优惠数据，并非都是专门的科技类税收优惠。

表 5-5　　政府不同方式补助对企业研发支出影响的单变量模型回归结果

	模型 1	模型 2	模型 3
截距	3.306e+07***	3.765e+07***	2.286e+07***
SUB_RD	3.282***		
SUB_TAX		1.518***	
SUB_GEN			1.986***
R^2	0.042 9	0.010 5	0.065 8
F 值	153.83	36.55	242.83
Prob > F	0.000 0	0.000 0	0.000 0

注：*代表在 10% 的水平上达到了显著性，**代表在 5% 水平上达到了显著性，***代表在 1% 水平上达到了显著性，下文同

因此在不考虑其他变量影响的情况下，若采取单一方式的政府资助来激励企业进行研发支出，最优方式为研发补助，其次为一般性补助，最后为税收优惠。

5.2.2 多变量模型回归分析

单变量模型回归结果显示，在不存在其他因素影响的情况下，政府研发补助、税收优惠和一般性补助对企业研发支出均具有显著的正向诱导作用。然而现实中，往往有许多其他影响企业研发支出的因素存在，那么在其他因素共同的影响下，各种类型的政府资助对企业研发支出的诱导作用是否仍旧为正向的？诱导效果是否显著？下面将通过多变量模型的回归来进行检验。

从控制了其他影响因素的多变量模型——模型4、模型5和模型6的回归结果（见表5-6）可以看出，政府各种类型的补助对企业的研发支出的诱导作用仍然比较强，且具有很强的显著性。但由于加入了其他可能对企业研发支出具有一定影响的因素，政府资助作为其中的诱导因素之一，对企业研发支出的诱导系数有所降低。

表5-6 政府不同方式补助对企业研发支出影响的多变量模型回归结果

	模型4	模型5	模型6	模型7
截距	−5.043e+08***	−4.986e+08***	−4.834e+08***	−4.201e+08***
SUB_RD	1.566***			1.172***
SUB_TAX		1.288***		1.222***
SUB_GEN			0.724***	0.326*
INTAN	0.183***	0.226***	0.182***	0.180***
LNASSET	2.404e+07***	2.373e+07***	2.302e+07***	1.994e+07***
REVENUE	0.000 152	−0.001 12	−0.000 618	−1.03e−05
CASH_1	−0.001 80	−0.002 03	−0.002 79*	−0.002 23
ROE	1.170e+06	1.157e+06	1.170e+06	1.060e+06
LEV	−2.242e+07	−1.871e+07	−2.632e+07*	−1.732e+07
INDUSTRY	3.116e+07***	3.016e+07***	3.194e+07***	2.656e+07***
CONTROL	1.646e+07**	1.434e+07*	1.682e+07**	1.408e+07*
R^2	0.123 2	0.122 4	0.120 7	0.130 6
F值	53.46	53.05	52.19	46.73
Prob > F	0.000 0	0.000 0	0.000 0	0.000 0

5.2.3 单变量模型、多变量模型回归结果的综合分析

5.2.3.1 研发补助对研发支出的激励效果

由模型4的回归结果我们可以看出，在控制了企业规模、收入以及行业性质等其他变量的情况下，研发补助对企业研发支出的诱导作用仍很强，诱导系数为1.566，且回归结果很显著。结合单变量模型回归结果分析可以看出，无论是否加入了其他影响因素，政府研发补助对研发支出都有着很强的正向诱导作用，假设一成立。

5.2.3.2 税收优惠对研发支出的激励效果

税收优惠对企业研发支出影响的单变量模型（模型2）的回归结果很显著，但模型的解释能力较弱，加入了控制变量之后的模型（模型5）解释能力增强。多因素回归模型中，税收优惠对企业研发支出的诱导系数为1.288，即政府每增加对企业的税收优惠1元，企业就会相应地增加1.288元的研发支出，且回归结果很显著。因此，无论是否加入了其他因

素的影响，税收优惠对企业研发支出都具有正向的诱导作用，且诱导效果显著，因此假设二成立。

5.2.3.3 一般性政府资助对研发支出的激励效果

加入了其他控制变量后的模型（模型6）回归结果显示，一般性的政府资助对企业研发支出的诱导系数为0.724，小于研发补助与税收优惠的诱导系数，但回归结果显著。一般性政府资助包含了政府对企业各方面的补助，不包含与企业研发相关的项目补助，因此其对企业研发支出的诱导作用较低，也在预期之中。

结合前6个模型的回归结果可以看出，不同方式的政府资助对企业研发支出的诱导效果不同。但无论是单变量模型回归还是多变量模型回归，只要政府资助为单一类型的政府资助，研发补助都是对研发支出诱导效果最强的一种补助方式；其次为税收优惠；一般性政府资助对企业研发支出的诱导作用最差，但仍为正向的促进作用。

5.2.3.4 三种补助方式并存时对研发支出的诱导效果

上述回归分析均将政府这三种类型的补助分开来进行处理，然而现实中，往往是三种补助方式并存的情况居多。那么当三种补助方式并存的时候，哪一种方式对企业的研发支出的促进效果更好？下面通过对模型7的回归来分析判断。

三种补助方式并存的情况下，由于加入了其他类型补助对企业研发支出的影响，使得每一种类型的政府资助对企业研发支出的诱导作用，均小于单一类型政府资助对研发支出的诱导作用。但每一种类型的政府资助对企业研发支出仍为显著的正向诱导作用。

三种补助方式并存条件下，税收优惠对企业研发支出的诱导系数为1.222，为三者之中最大者，回归结果很显著；研发补助的诱导系数次之，为1.172，并且回归结果也很显著；一般性政府资助的诱导系数较小，回归结果显著性较弱。由此可见，在三种补助方式并存的条件下，税收优惠对企业研发补助的诱导作用最强。由此可以推断，多种补助方式并存条件下，税收优惠这种间接的补助方式，较之于政府研发补贴，其政策效果更佳。

在多种类型政府资助并存的情况下，税收优惠具有最佳的激励效果，其原因可能是税收激励更符合市场中性原则，对企业的资金使用行为干预较少，对资金使用的决策权由企业自身掌握。税收激励一般是通过事后降低企业研发活动成本，来对企业的投资决策进行影响。允许企业根据自身需要来安排投入哪一个项目中，企业可以灵活地根据市场需求，将政府间接补助投入预期收益会较高的项目。对于预期收益较高的项目，企业进行投资研发的积极性也相对较高。且对于中小型的企业来说，有时由于企业规模小，研发经验积累不足，并不能像大型企业那样获取很多研发项目上的补助。但是小型企业同大型企业一样可以获得许多税收优惠方面的激励。因此出现了当研发补助和税收优惠并存时，税收优惠比研发补助的诱导效果更显著的回归结果。

5.2.3.5 控制变量回归结果分析

从表5-6中的控制变量的回归结果来看，企业的规模与企业研发支出显著正相关。这说明企业研发支出的多少在一定程度上取决于企业的规模：企业的规模越大，企业越有充足的财力去进行研发活动，研发支出也就越多。

企业的无形资产与研发支出也具有显著的正相关关系。一方面这说明企业无形资产越多，积累的研发经验越多，研发能力越强，政府资助对企业的支持有助于满足企业研发的资金需求，从而促进企业的研发支出；另一方面也可能是由于企业在研发上的投入越多，所形成的无形资产也越多。

企业资产负债率与企业研发支出为负相关关系，这与假设一致，也与实际相符。企业负债率越高，越有可能被债权人限制资金用途，并且负债多的企业其财务能力较差，可能没有足够的资金投入企业研发活动。

企业的行业变量也对企业的研发支出具有显著的正相关关系，从而印证了制造业以及信息技术业比其他行业更加注重科技创新。因此在政府对企业研发进行激励的政策选择中，应该考虑补助行业对补助效果的影响。比如 Howe 和 McFetridge（1976）将所研究的样本分为三个不同的行业，仅有一个行业的回归结果为显著相关；Hamberg（1966）对六个不同的行业进行了考察，其中四个行业的研发补助对企业的研发支出具有正向的诱导效果。这说明政府对企业研发活动进行干预时应当注意行业的选择。

企业的实际控制人对研发支出也具有显著的正影响。由此可以看出，国有控股的公司，研发支出比非国有控股公司多，这与安同良等人 2006 年的研究结果相反。原因可能是国有控股的公司比非国有控股的公司，获得的政府资助要多。实际控制人性质对企业获得的政府资助总额的影响的回归结果如表 5-7 所示，尽管拟合度很低，但回归结果比较显著。政府部门掌握企业税收减免、返还等优惠政策审批权，企业想获得各类税收优惠的资格，就必须要经过十分严格的政府部门审查。实际控制人为国有时，其可能的政治关联关系可以使得企业更容易获得政府的各类补助。比如逯东、林高、杨丹（2012）的研究发现，政治关联能够帮助创业板公司获得更多的政府资助，较多的政府资助又可以促进企业较多地进行研发支出。这也能够在一定程度上解释为什么实际控制人性质为国有时，研发支出会更多。

表 5-7　　　　　　　　实际控制人性质对政府资助影响回归结果

变量	政府资助
实际控制人性质	4.117e+06*** (2.671)
Constant	1.469e+07*** (25.29)
Observations	3 433
R-squared	0.002

5.3　稳健性检验

稳健性检验的基本方法有三种：①从数据出发，改变样本量或根据不同的标准调整分类，检验回归结果是否仍然显著；②从变量出发，用其他的变量替换，看结果是否依然显著；③从计量方法出发，用不同的计量方法来回归，看结果是否仍然显著。本书采取的是第一种方法，即调整样本规模后再次做回归，检验所研究问题的结果是否依旧显著。

以上实证检验的结果为中小板和创业板全样本数据的回归结果。在研究过程中，我们假设非信息技术业公司的税收优惠也与企业科技创新相关。但实际上，只有信息技术行业的公司接受的税收优惠几乎全部为软件增值税超税负退还。为了检验将其他行业公司的税收优惠作为与科技创新相关的税收优惠的做法是否合理，本书单独提取了中小板和创业板全部 3 433 个观察值中的信息技术行业的部分，共计 425 个观察值进行回归分析。

5.3.1 全样本单变量模型回归结果的稳健性检验（见表5-8）

表5-8　　　　　　　　　信息技术行业单变量模型回归结果

	模型1	模型2	模型3
截距	3.469e+07***	3.252e+07***	2.800e+07***
SUB_RD	4.379***（3.282***）①		
SUB_TAX		2.319*** （1.518***）	
SUB_GEN			2.943*** （1.986***）
R^2	0.173	0.221	0.191
F值	88.29	120.06	100.03
Prob > F	0.0000	0.0000	0.0000

同全样本的回归结果对比便可以清晰地看出，无论是研发补助、税收优惠还是一般性补助，对信息技术行业的研发支出诱导作用均更强。原因可能是由于信息技术业比其他行业更加注重研发，因此研发支出对各项政府资助的敏感性也更高。

但信息技术行业，三种类型的政府资助对研发支出影响的单变量模型回归，其诱导效果对比结果与全样本回归的对比结果相同。三种类型补助对研发支出的影响均为显著的正向作用，且同为研发补助最强，税收优惠次之，一般性补助最差。因此再次验证了全样本回归所得出的结论：当政府希望采用单一的补助方式激励企业研发支出时，研发补助具有最佳的政策效果。

5.3.2 全样本多变量模型回归结果的稳健性检验（见表5-9）

表5-9　　　　　　　　　信息技术行业多变量模型回归结果

	模型4	模型5	模型6	模型7
截距	−2.370e+08*	−1.157e+08	−2.744e+08**	−1.269e+07
SUB_RD	1.993*** （1.566***）			1.087* （1.172***）
SUB_TAX		1.359*** （1.288***）		1.323*** （1.222***）
SUB_GEN			1.083*** （0.724***）	0.681* （0.326*）
INTAN	0.124*	0.188***	0.129*	0.0979
LNASSET	1.244e+07*	6.427e+06	1.424e+07**	1.267e+06
REVENUE	0.0425***	0.0390***	0.0413***	0.0390***
CASH_1	0.0145*	0.0145*	0.0119	0.0125*
ROE	3.929e+07	−7.319e+06	4.612e+07	−1.933e+07
LEV	−8.704e+07***	−6.860e+07***	−8.775e+07***	−6.678e+07***

---

① 表5-8括号内系数为全样本的单因素回归系数，表5-9括号中系数为全样本的多因素回归系数。

表5-9(续)

	模型4	模型5	模型6	模型7
INDUSTRY CONTROL	— 2.987e+07 ***	— 3.242e+07 ***	— 2.972e+07 ***	— 2.496e+07 ***
R^2	0.396	0.427	0.386	0.450
F值	34.11	38.79	32.74	33.90
Prob > F	0.000 0	0.000 0	0.000 0	0.000 0

对于信息技术行业的上市公司，三类补助对企业研发支出的影响作用均为正向且显著，且诱导作用由强到弱依次为研发补助、税收优惠和一般性补助，这一点与全样本回归结果相同。但政府各类型补助对信息技术行业公司的研发支出诱导作用均强于全样本公司，可见信息技术行业公司的研发支出对各类政府资助的敏感性更强。

从模型7的信息技术行业样本回归结果可以看出，在三种补助方式并存的情况下，税收优惠的诱导作用最强且最显著，模型7的全样本数据回归结果同样是税收优惠诱导作用最强，研发补助次之，一般性补助最差。对模型7的设立及实证检验，目的在于对比三种类型补助并存时，哪一种补助方式对企业研发支出的诱导作用最佳。从这一角度来看，无论是全样本还是单独的信息技术行业，其实证研究结论具有一致性。

与全样本回归结果的不同之处在于，信息技术行业，各类政府资助对企业研发支出的诱导作用均要强一些。且对于信息技术行业公司，与税收优惠并存时，其他两种补助方式的诱导作用变得不显著了。对于税收优惠诱导作用最强的情况，除了对模型7全样本回归的结果分析的原因之外，我们从信息技术行业的上市公司所接受的政府资助的内容分析也可以得到合理的解释。在本书的数据搜集过程中发现，信息技术行业公司的税收优惠均为软件产品超税负的增值税退还，此优惠为国家为了鼓励软件行业发展而采取的激励政策，在信息技术行业的上市公司中比较普遍，且金额较高，如表5-10所示。

表5-10　　　　　税收优惠的描述性统计

行业	观测值(个)	平均值(元)	最小值(元)	最大值(元)	标准差(元)
总样本	3 433	2 886 761	0	302 000 000	11 100 000
信息技术业	425	7 910 391	0	93 800 000	12 900 000

信息技术行业的上市公司所接受的税收优惠均值约为791万元，而全样本公司所接受税收优惠的均值约为289万元。可见政府对信息技术行业公司的税收优惠力度远远大于对其他行业。对于信息技术行业的公司，政府资助结构为：税收优惠为主，研发补助的力度最弱（见表5-11）。

表5-11　　政府对信息技术行业公司各类补助的描述性统计对比分析表

	观测值(个)	平均值(元)	最小值(元)	最大值(元)	标准差(元)
研发补助	425	3 693 449	0	48 500 000	6 045 235
税收优惠	425	7 910 391	0	93 800 000	12 900 000
一般性补助	425	7 765 584	0	65 200 000	9 466 073

且回归结果中很明显的一点是，信息技术行业的模型回归结果，只有三种补助并存下的研发补助的诱导系数小于全样本回归结果。可见对于信息技术行业的公司来说，研发补助的诱导作用较差。在多种补助方式并存在条件下，最优的激励方式是税收优惠，而非研发补助。

6 结论及政策建议

6.1 研究结论

本书以中国证券市场2008—2012年的中小板和创业板上市公司为研究对象，通过搜集这些公司5年间的政府资助与研发支出的数据（共计3 433个观察值），分别利用单变量回归模型和多变量回归模型，实证检验了政府研发补助、税收优惠和一般性政府资助对企业研发支出的影响，并且考察了在三种类型的政府资助并存的情况下对企业研发支出的诱导作用。研究结论如下：

（1）政府期望通过单一类型的补助方式来引导企业研发活动时，研发补助是较好的政策性工具选择。无论是否控制了其他相关因素的影响，政府研发补助对企业研发支出均具有显著的正向诱导作用，且其对研发支出的诱导作用高于税收优惠与一般性政府资助。因此政府研发补贴在企业自主创新过程中发挥着十分重要的引导作用。

（2）对于信息技术行业企业，政府可以考虑适当加强对其科技创新类研发的税收优惠，因为税收优惠对研发支出的诱导作用强于研发补助和一般性补助。第五章的实证回归的结果显示，无论是否控制了其他相关因素的影响，政府税收优惠对企业研发支出均具有显著的正向诱导作用。尤其是对于信息技术行业的单变量模型和多变量模型分析表明，研发补助的诱导作用弱于税收优惠。因此对信息技术行业技术创新活动的引导，税收优惠起到了显著的调节作用。

（3）政府若期望对企业研发活动进行积极的引导，需要采取针对性的补助方式，减少对企业不明用途的补助。无论是否控制了其他因素的影响，一般性政府资助对企业研发支出虽然都具有正向作用，但其诱导作用低于研发补助和税收优惠，且回归结果显著性相对较弱。

（4）当企业所接受的政府研发补助、税收优惠和一般性政府资助并存时，若期望企业成为自主创新的主体而继续对企业进行补助，政府要多采用税收优惠这种间接的补助方式。虽然三种类型政府资助并存时，各自对企业的研发支出均具有正向的作用，但税收优惠对企业的研发支出的诱导作用最强。

因此某些情况下，政府为了推动我国企业积极进行研发活动而给与企业直接的研发补助，并不是最有效的做法。通过税收优惠这种间接性政策工具来支持企业研发活动也许是更值得推荐的做法。

税收优惠具有最强的激励效果，其中一个原因是中小板和创业板上市公司中信息技术类公司较多，其接受的科技类税收优惠较多；另外，税收激励对企业的资金使用行为干预较少，对资金使用的决策权掌握在企业自身。税收激励一般是通过事后降低企业研发活动成本，来对企业的投资决策进行影响，允许企业根据自身需要来安排资金投入。企业可以灵活地根据市场需求，将政府间接补助投入预期收益会较高的项目；对于预期收益较高的项目，企业进行投资研发的积极性也相对较高。且对于中小型的企业来说，有时由于企业规模小，研发经验积累不足，并不能像大型企业那样获取很多研发项目上的补助。但是小型企业同大型企业一样可以获得许多税收优惠方面的激励。因此出现了当研发补助和税收优惠并存时，税收优惠比研发补助的诱导效果更显著的回归结果。

（5）企业的资产规模、无形资产存量以及行业等对企业研发支出的诱导作用不容忽视。因此政府在设计企业研发支出诱导机制时，也应当适当考虑除政府资助以外的其他因素对研发支出的影响。本书的研究中，无形资产和资产规模两个控制变量对企业研发支出的诱导系数较大，且回归结果十分显著。企业是否进行研发支出，很大程度上与企业资产规模、资本结构以及所处行业等密切相关。

6.2 政策建议

以上研究表明，政府资助有助于增加企业的研发支出，且政府选择不同的补助方式，对企业研发支出所产生的诱导效果不同。本书的研究为补助政策的激励效果以及合理构建政府研发补助的政策机制提供了经验证据，对于改进我国政府对企业的研发补助政策具有重要意义。根据文章的研究结论，下面提出一些相关的政策建议。

6.2.1 对政府的建议

6.2.1.1 明确补助资金用途

由数据的描述性统计结果和实证检验结果可以看出，我国政府一般性补助对企业研发支出的激励效果较弱，然而一般性补助在政府资助总额中所占的比例较高。这要求政府在激励企业科技创新时，尽量明确补助资金的用途，减少用途不明确的补助，以达到对企业研发活动最佳的激励效果。

6.2.1.2 补助需考虑不同因素对企业研发的影响

政府应当根据企业自身的特征去选择补助方式。不同行业、不同控制人性质的上市公司，其研发强度以及政府资助对研发的影响程度也不同。因此笔者建议政府，在对企业提供研发以及税收优惠等方面的补助来激励企业科技创新活动时，应当首先关注要进行补助的公司所处的行业、资产和收入规模等其他因素的影响。

对资产负债率较高、业绩较差的公司，要考虑其申请研发补助的真正目的；适当增加对高科技类公司的补助额度；对无形资产规模高、企业研发能力较强的公司给予较多的补助；等等。

6.2.1.3 注重补助形式的多样化

研究显示政府选择不同方式的补助来激励企业的研发，对企业研发支出的影响程度不同。研发补助、税收优惠以及一般性的补助对企业研发支出均具有不同程度的正向诱导作用。由于各类上市公司的行业、产权性质以及资产规模均不相同，对于不同类型补助，对研发支出的激励效果也不相同。因此政府在为企业提供补助时，应当注重补助形式的多样化。

6.2.1.4 建立公平、有效的补助政策

由本书搜集的数据可以看出，实际控制人性质为国有的上市公司获取的政府资助金额远远高于非国有上市公司。然而信息技术行业的公司，其对科技创新的重视程度明显高于其他行业的上市公司，因此政府在对企业进行补助的过程中，需要加强对信息技术行业公

司的关注，把补助资金有效地分配给那些真正具有创新能力的公司。比如对申请补助的公司设立相应的附属条件，抑制非科技类公司企图以研发为由来骗取政府资助。

6.2.1.5 完善税收优惠政策

另外从数据搜集的过程可以看出，我国政府对企业的税收优惠针对的是企业的科研成果，并没有针对具体科研项目的税收优惠。政府可以考虑在建立促进企业科技创新活动的政策时，尤其是促进信息技术行业科技创新时，加入一些与具体科研项目相关的税收优惠政策。

6.2.2 对资本市场监管方的建议

在数据搜集的过程中可以发现，许多上市公司对研发支出和政府资助的披露并不规范。尤其是政府资助，有的仅仅披露了政府资助总额，但并未披露政府资助的明细；有的将增值税退税等税收优惠列入政府资助的明细列示，有的则将其与政府资助分开列示；关于税收优惠的披露，有关增值税退税优惠，并未说明是何种类型退税，比如是否为软件产品超税负退税等。

这些不规范的披露不仅给资本市场的实证研究者们在数据搜集时增添了很多疑惑和障碍，也给投资者们增加了理解财务报告的难度。因此建议资本市场监管方，改进研发信息披露制度，规范上市公司对于研发支出以及政府资助的披露。尤其应当规范研发补助明细的单独披露，将研发补助及研发相关的税收优惠与其他类型的补助和税收优惠分开列示，以便于财务报告使用者能够清晰地获取企业获取补助的详细信息。

参考文献

[1] BUSOM L. An Empirical Evaluation of the Effects of R&D Subsidies [J]. Economics of Innovation & New Technology, 2000, 9 (2): 111-148.

[2] BUXTON A J. The Process of Technical Change in UK Manufacturing [J]. Applied Economics, 1975, 7: 53-71.

[3] DAVID P A, HALL B H, TOOL A A. Is public R&D a complement or a substitute for private R&D? A review of the econometric evidence [J]. Research Policy, 2000, 29: 497 529.

[4] GUELLEC D. The impact of public R&D expenditure on business R&D [J]. Economics of Innovation and New Technologies, 2003, 12 (3): 225 244.

[5] HALL B. The financing of research and development [J]. Oxford Review of Economic Policy, 2002, 18. 35-51.

[6] HAMBERG D. R&D: Essays on the Economics of Research and Development [M]. New York: Random House, 1966.

[7] HU A G. Ownership, government R&D, private R&D, and productivity in Chinese industry [J]. Journal of Comparative Economics, 2001, 29 (1): 136-157.

[8] LEVIN R, REISS P C. Test of a Schumpeterian Model of R&D and Market Structure [M]. Chicago: The University of Chicago Press, 1984.

[9] LEVY D M. Estimating the impact of government R&D [J]. Economics Letters, 1990, 32. 169-173.

[10] LEVY D M, TERLECKYI N E. Effects of government R&D on private R&D investment

and productivity: a macroeconomic analysis [J]. Bell Journal of Economics, 1983, 14: 551-561.

[11] LICHTENBERG F R. The effect of government funding on private industrial research and development: A re-assessment [J]. The Journal of Industrial Economics, 1987 (36): 97-104.

[12] LICHTENBERG F R. The private R&D investment response to federal design and technical competitions [J]. American Economic Review, 1988, 78 (3): 550-559.

[13] LINK A N. An analysis of the composition of R&D spending [J]. Southern Journal of Economics, 1982 (49): 342-349.

[14] MANSFIELD E. Imitation Costs and Patents: An Empirical Study [J]. Economic Journal, 1981 (4): 907-918.

[15] MANSFIELD E, SWITZER L N. Effects of federal support on company-financed R&D: The case of energy [J]. Management Science, 1984, 30: 562-571.

[16] SCOTT J T. Firm versus industry variability in R&D intensity [M]. Chicago: University of Chicago Press, 1984.

[17] HOLEMANS B, SLEUWAEGEN L. Innovation expenditures and the role of government in Belgium [J]. Research Policy, 1988, 17: 375-379.

[18] ANTONELLI C. A failure inducement model of research and development expenditure: Italian evidence from early 1980s [J]. Journal of Economic Behavior and Organization, 1989, 12 (2): 159-180.

[19] 安同良, 周绍东, 皮建才. R&D 补贴对中国企业自主创新的激励效应 [J]. 经济研究, 2009 (10): 87-97.

[20] 陈贤平. 政府科技资助对企业 R&D 促进效应的研究: 基于浙江民营科技企业的实证研究 [D]. 杭州: 浙江理工大学, 2006.

[21] 陈晓. 对增值税转型的几点逆向思考 [J]. 税务研究, 2001 (5): 26-30.

[22] 陈悦宜. 政府研发补助与企业创新活动之关系: 以业界开发产业技术计划书为例 [D]. 台北: 台北大学, 2008.

[23] 程华, 赵祥. 企业规模、研发强度、资助强度与政府科技资助的绩效关系研究: 基于浙江民营科技企业的实证研究 [J]. 科研管理, 2008 (3): 37-43.

[24] 冯根福, 温军. 中国上市公司治理与企业技术创新关系的实证分析 [J]. 中国工业经济, 2008 (7): 91-101.

[25] 郭斌. 规模、R&D 与绩效: 对我国软件产业的实证分析 [J]. 科研管理, 2006 (1): 121-126.

[26] 匡小平, 肖建华. 我国自主创新能力培育的税收优惠政策整合: 基于高新技术企业税收优惠的分析 [J]. 财贸经济, 2007 (S1): 51-55.

[27] 刘楠, 杜跃平. 政府补贴方式选择对企业研发创新的激励效应研究 [J]. 科技进步与对策, 2008 (11): 18-19.

[28] 刘振. 补贴政策与投资激励实证研究: 基于中国上市高新技术企业的面板数据 [J]. 中国科技论坛, 2009 (12): 57-63.

[29] 逯东, 林高, 杨丹. 政府资助、研发支出与市场价值: 来自创业板高新技术企业的经验证据 [J]. 投资研究, 2012 (9): 67-81.

[30] 吕久琴. 上市公司的政府资助、自主研发与企业价值研究 [D]. 上海：复旦大学, 2011.

[31] 吕久琴, 郁丹丹. 政府科研创新补助与企业研发投入挤出：替代还是激励 [J]. 中国科技论坛, 2011 (8): 21-29.

[32] 吕章乾. 我国上市公司政治联结与政府 R&D 补贴的实证研究 [D]. 大连：东北财经大学, 2012.

[33] 宿泽民. 政府科技拨款资助对我国企业 R&D 支出的影响研究 [D]. 广州：暨南大学, 2007.

[34] 唐清泉, 卢珊珊, 李懿东. 企业成为创新主体与 R&D 补贴的政府角色定位 [J]. 中国软科学, 2008 (6): 88-97.

[35] 唐清泉, 罗党论. 政府补贴动机及其效果的实证研究 [J]. 金融研究, 2007 (6): 149-163.

[36] 童光荣, 高杰. 中国政府 R&D 支出对企业 R&D 支出诱导效应及其时滞分析 [J]. 中国科技论坛, 2004 (4): 97-99.

[37] 王莉卿. 政府科技投入对企业 R&D 支出的效应分析 [J]. 西北大学学报, 2008 (1): 143-146.

[38] 吴秀波. 税收激励对 R&D 投资的影响 [J]. 研究与发展管理, 2003 (1): 38-41.

[39] 夏杰长, 尚铁力. 企业 R&D 投入的税收激励研究：基于增值税的实证分析 [J]. 涉外税务, 2007 (3): 9-12.

[40] 解维敏, 唐清泉, 陆姗姗. 政府 R&D 资助、企业 R&D 支出与自主创新：来自中国上市公司的经验证据 [J]. 金融研究, 2009 (6): 86-98.

[41] 许治, 师萍. 政府科技投入对企业 R&D 支出影响的实证分析 [J]. 研究与发展管理, 2005 (6): 22-26.

[42] 杨红, 蒲勇健. 政府科技激励政策对企业 R&D 投入影响实证研究 [J]. 生产力研究, 2008 (14): 89-91.

[43] 赵付民, 苏盛安, 邹珊刚. 我国政府科技投入对大中型工业企业 R&D 投入的影响分析 [J]. 研究与发展管理, 2006 (2): 78-84.

[44] 周艳蕾. 政府资助对企业 R&D 支出的影响效果研究 [D]. 合肥：合肥工业大学, 2012.

[45] 朱平芳, 徐伟民. 政府的科技激励政策对大中型工业企业 R&D 投入及其专利产出的影响：上海市的实证研究 [J]. 经济研究, 2003 (6): 45-53.

[46] 朱云欢, 张明喜. 我国财政补贴对企业研发影响的经验分析 [J]. 经济经纬, 2010 (5): 77-81.

政府激励的阈值效应与企业创新

1 引言

当今史无前例的经济增速的动力并不是来自于传统观点所认为的"降低成本、提高效率",而是创新,尤其是高新技术企业的创新(Baumol,2002)。创新是一个国家的核心竞争力,要想在日益激烈的国际竞争中占据主导地位,这个国家就必然要注重高新技术企业的发展。21世纪是以技术创新为重要特征的时代,各国政府均采取措施大力支持高新技术企业的发展,借以增强综合国力和国际竞争力。我国政府近年来出台了一系列高新技术企业认定政策和促进企业研发创新的优惠政策,旨在推动企业自主创新,提升国家创新能力。这一系列的相关政策是否起到了激励作用呢?

知识与技术的密集理应是高新技术企业与普通企业最大的区别,同时高新技术企业应以较高的研发投入来获得顶尖的科研成果,保持创新常态来不断提升竞争优势。那么我国高新技术企业的实际研发投入情况如何呢?杨记军、敖翔、吴敏(2014)曾以2008—2012年研发数据为样本进行研究,发现我国高新技术企业研发强度具有普遍扎堆于3%,且围绕3%动态调整的独特现象和"阈值效应"。那么最新的研发数据是否还存在这种效应呢?阈值效应会对企业业绩产生何种影响呢?

当前研究企业研发行为的角度较为集中,无论是针对一般企业还是高新技术企业,研究大都集中于寻租环境和政府补助、公司战略和治理特征、专利保护和政企关系。这些成果丰富了我国企业研发投入及其影响因素的研究。但是,这些研究均没有考察我国高新技术企业认定政策对企业研发投入的影响。

从20世纪末以来,我国就开始对高新技术企业设置资格认证政策,这是中国特有的政策背景。政策规定要想享受来自中央和地方政府的优惠政策,必须通过国家高新技术企业的认定,优惠政策包括税收减免、科技项目资金资助等。高新技术企业认定须同时满足的条件中有一条关于研发费用占销售收入的比例(研发强度)的定量要求,即近三个会计年度的研发费用总额占销售收入总额的比例符合规定要求。但至今尚无论文以案例的形式分析这套特有的高新技术企业认定政策对企业研发投入的影响。

本书以深圳市兆驰股份有限公司这家上市高新技术企业为案例,来分析我国当前的高新技术企业认定政策如何影响企业研发投入。兆驰股份作为第一批国家级高新技术企业,已连续三次通过高新技术企业资格的认定,但2008—2015年连续八年其研发投入占营业收入的比例都仅仅维持在3%左右,阈值效应明显。探讨这背后的影响机制并提出相应的建议有着重要的现实意义,可促使政府完善相关政策,激励企业提升科技创新能力。

本书贡献在于：①在研究视角和内容上，本书在总结相关文献的基础上，第一次以案例的形式研究了当前高新技术企业认定政策下研发投入的阈值效应问题，丰富了之前已有的实证分析。②第一次将上市公司的 ROE 显现出的与配股政策相关联的集聚变化现象定义为 ROE "阈值效应"，将不同的会计指标监管下发生的"阈值效应"现象进行对比分析。③在研究结论和建议上，本书总结出了政府门槛中会计指标的弊端，首次提出先建立研发指标体系后取消这一会计指标，以及适度降低当前高新技术企业所享政策优惠力度等建议。

本书不足在于：①本书只重点分析了一个典型案例，难以涵盖高新技术企业研发中全部的阈值效应问题。②文中数据大多来自公开渠道，部分来自网络报道及公司年报信息。数据的部分缺失及手工搜集带来的误差，导致数据精准度不高。另外笔者在文中假设已认证高新技术企业会通过对各种数据的操纵继续保有该资质，该假设虽合理，但由于工作量的烦冗缺乏相关印证，对分析会产生一定影响。③影响企业绩效的因素众多，在分析兆驰股份研发投入"阈值效应"对企业绩效的影响时难以控制其他变量，且绩效分析时仅限于财务绩效，未探讨市场绩效，难以更具体地研究"阈值效应"对高新技术企业的长远影响。

2 文献综述与理论基础

2.1 相关概念界定

确定研发费用一般有两种计量模式。一种是以利润表中的"管理费用"、现金流量表中的"支付的其他与经营活动有关的现金流量"以及附注中相关的明细数据为基础，通过一定的计算得到研发费用数据（罗婷 等，2009）；另一种是采用董事会报告中直接披露的研发数据（逯东 等，2012）。后者相对而言更没有盈余管理的嫌疑，更为准确且最受市场认同（赵武阳 等，2011）。同时研究高新技术企业研发强度的分布特征需要较为精细确切的研发数据，不能带有估算偏差，因此本书在确定研发费用时采用了董事会报告中直接披露的数据。用该研发费用除以公司当年营业收入计算得到的比值就是公司的研发强度，以此衡量公司的研发投入，这也与主流文献方法一致。

研发投入具有外溢性（Arroe，1962；Nelson，1982），因此企业开展研发活动就不能得到该投资的整体收益。这就出现了研发收益的不完全私人独占性，边际投资的社会收益率甚至可能会超过私人收益率（DeLong et al.，1991）。而社会对研发投入的需求原本就大大超过私人需求，这会使得企业的研发激情大大降低。同时由于企业在决策过程中没有考虑到技术创新外溢性的存在，导致其研发水平太低，竞争性均衡增长率会比社会最适增长率还低。此时就需要政府提供税收优惠或财政补助等方面的激励来降低研发成本，从社会收益的角度出发提高研发活动的积极外溢性（Grossman et al.，1991），推动高新技术企业的规模扩张、产出扩张、生产率增长和竞争力增强，提高高新技术企业的经营业绩。

2.2 国内外文献综述

2.2.1 高新技术企业研发投入"阈值效应"与绩效影响

据调查，OECD 国家制造业内的高新技术企业研发强度平均值大多分布在 7.7% ~ 13.3% 的区间里（Varum et al.，2009）。那么我国高新技术企业的研发投入情况又是怎样的呢？针对国内企业研发问题，我国现有主流文献的研究对象大多是上市或非上市企业的全样本（刘运国 等，2007；罗婷 等，2009；张杰 等，2011；解维敏 等，2011；肖虹 等，2012），或者是某些行业的企业样本（安同良 等，2006；吴延兵，2006；李春涛 等，2010；赵武阳 等，2011），或者是某些类型的企业样本（杜兴强 等，2012）。无论这些研究的对象是什么，文献均在某种程度上证明了我国企业目前的研发水平整体偏低。

目前只有少数文献专门从高新技术企业视角来研究中国企业的研发问题，这些视角包括以北京中关村的高新技术企业为样本（郭研 等，2011），以及以创业板的上市高新技术企业为样本（逯东 等，2012）。这些研究表明高新技术企业研发强度的平均水平在4%~6%，总体低于欧美发达国家平均水平。我国绝大部分上市高新技术企业年销售收入在20 000万元以上，而基于一个可直接测度研发强度分布函数的阈值估计模型，发现这些企业研发行为呈现出一个研发强度普遍扎堆3%的独特现象，即"阈值效应"（杨记军 等，2014）。而政策规定这些企业要获得高新技术企业资格，最近三年平均研发强度就必须不低于3%，这说明我国当前的资格认定政策会使得高新技术企业有意控制研发投入，整体研发强度较低。

高新技术企业的这种受认定政策影响的低研发投入会对经营绩效造成何种影响呢？高新技术企业是否存在最优研发强度呢？在研发投入对企业绩效的影响效应的问题上，当前的大量研究都立足于寻求两者之间线性关系的检验。但近年来的许多研究表明，两者关系可能更多表现为非线性关系。例如，基于佳能、IBM等技术密集型企业的案例研究发现，当研发投入超过某一拐点时就不会带来同比例的企业绩效提升，故而企业一味增加研发投入并不能无限制的为企业带来盈利（Hartmann et al.，2006）。事实上，企业研发投入对企业绩效的影响会表现为先负、后正、再负相关的非线性曲线关系（Yang et al.，2010）。那么，企业一定存在最优研发投入水平以使得企业绩效达到最大化（Wang，2011）。基于门槛模型检验发现，当研发强度在某一阈值点或在一定范围内（最优区间）时，研发投入给企业带来了最佳绩效表现（Yeh et al.，2010；戴小勇 等，2013）。

至今为止，正式以上市高新技术企业为样本来研究最优研发强度的只有杨记军、敖翔、吴敏（2014）。该文献在门槛估计值基础上，给出了高新技术企业最优研发强度投入区间的估计值。最优研发强度区间均显著大于3%的研发强度投入水平，当因变量取Tobin_q时为7.1%~15.0%；当因变量取ROA时，平均最优研发强度区间估计值为：6.3%~18.9%。这个结论表明，我国高新技术企业实际普遍选择的3%的研究强度投入水平，大大低于和偏离了给企业绩效最大化的最优研发强度区间水平，这种偏离给企业最终带来了绩效损失。

2.2.2 会计指标、阈值效应与资本市场发展

国内许多政策的监管都以会计指标为基础，这必然会产生诸多问题。规定较低的指标，政策资源优化配置的功能将不能发挥；规定严格的指标，政策就极易使企业产生强烈的内部操纵的动机和行为（原红旗，2002）。《实证会计理论》还曾预测，合同和监管以会计指标为基础，极易造成管理层操纵会计数字，以实现自己或公司的利益（Watts et al.，1986）。

关于以会计指标作为资格考核标准的有效性检验，国内的大部分学者都基于我国制度背景进行研究。研究发现伴随着每次配股政策中ROE条件的变更[①]，上市公司的ROE都显

[①] 证监会曾经对上市公司配股政策有过类似ROE过去三年平均值不低于10%、9%、6%的政策规定，结果导致更普遍的盈余管理问题，最终在2006年取消了该具体数值规定。笔者在此也将这种为实施配股或准备配股会有更强烈的动机进行盈余管理而使得ROE达到资格线的现象总结为ROE"阈值效应"。

现出与政策相关联的集聚变化现象，盈余操纵的现象更加普遍（孙铮 等，1994；蒋义宏 等，1998；陈小悦 等，2000；阎达五 等，2000；蒋义宏，2003；林彬，2004；戴捷敏 等，2008；李四能，2011）。并且指标筛选出的"绩优"公司在配股后反而不再绩优，经营业绩普遍下滑，并且下滑幅度较大。即使刚开始处于不同指标要求的公司在再发行后，它们的长期业绩也没有明显的区别，因此以会计指标作为监管门槛无法减轻投资者在再发行中的信息劣势（吴文锋 等，2005）。而前文中高新技术企业认定政策以研发强度作为考核标准造成了研发投入的"阈值效应"。尽管获得高新技术企业资格可享受到大量政策优惠，但这种行为最终还是给企业带来了绩效损失，因而是非效率的，阻碍了我国的经济发展和经济改革。

综合上述的研究成果，我们可以发现设置了会计指标门槛的政府措施绝大部分会给企业绩效以及经济发展带来负面影响。

2.2.3 文献述评

基于高新技术企业和研发投入的概念界定，通过对国内外相关文献的回顾发现，研发投入的外溢性促使高新技术企业需要税收优惠等方面的刺激来降低研发成本。

专门针对高新技术企业研发行为的研究较少，而在我国高新技术企业研发投入阈值效应这一问题的研究上，至今为止只出现了一篇实证研究的文献。我国特有的高新技术企业资格认定政策会如何影响企业研发行为还需进一步研究。国外研究研发投入与企业绩效关系的文献更为完善，证明了研发投入对企业绩效的影响效应可能更多表现为非线性关系；而国内这部分研究较少。由于我国研发数据可及性等资料限制，基于我国政策背景下企业研发投入与绩效关系的相关研究还存在着诸多问题。

现有研究表明以会计指标为基础的监管会导致企业的经营出现"阈值效应"，对资本市场的发展产生了消极作用。大量研究都集中于配股政策的资格线变迁对企业盈余管理的影响，研究成果从某方面也解释了以会计指标为基础的政策监管会产生诱导行为的现象。如果高新技术企业的业绩会随着研发投入的降低而明显下滑，那么制止这种趋势的出现就是政府进行监管的一个重要原因，以此真正筛选和培养出优质的高科技企业。现有的认定政策到底能否发挥该作用？高新技术企业低研发的问题能否靠这套指标使监管得到改善？会有多大程度的改善？对此学术界鲜有研究。同样，这作为我国资本市场发展中出现的特有政策下产生的现象，国外并无相关研究。

因此本书在研究高新技术企业阈值效应时，将基于相关理论基础与现状分析，选择典型的阈值效应案例，尽可能全面地分析阈值效应的原因，并以 ROE "阈值效应"为对比，深入探讨阈值效应带来的短期和长期经济影响，以期丰富已有的研究成果。

2.3 理论基础

2.3.1 信号传递理论

信号传递理论是由美国的经济学家 Michael Spencer 于 1972 年提出的。这一理论说明，企业绩效较好的公司会自动传递出积极的信号，以显示出与那些绩效不好公司的不同，而市场也会根据这些信号做出不同的反应。如果公司向市场传递的是正面信息，市场做出的回应就会是积极的，即公司的股价将会上涨；如果公司不对市场传递信息，就会被市场默认为是不好的信息，这样公司股价表现就会较差。所以，公司为了将良好的经营情况以及远大发展前景的信号传递给市场，就会毫不犹豫地披露会计信息。同时，外部投资者可以通过公司披露的财务报告了解企业更多的内部情况，增加了投资者信心。这对公司提高筹资能力和降低筹资成本大有裨益，也有助于提高公司的市场价值，确保证券市场的良性运行。

企业通过披露研发支出可向市场传递出财务稳定、经营能力增强、未来势头良好等利好信息，投资者会更愿意购买公司的金融产品，增加市场对企业价值的认可。由于公司的研发活动具有高风险性，公司对研发投入过多，会让投资者觉得投资风险过大，从而需要重新评估投资行为；但是如果公司对研发的投入不足，就无法让理性投资者对公司产生足够的兴趣。因此，要想信号传递作用达到公司预期的目标，公司就需要在财报上披露恰当的研发金额，否则会适得其反。

尽管研发活动本身就具有不确定性和高风险性，但是在企业的长期发展进程中，这些因素的影响将会被削弱。在大多数人的投资理念里，投入较多研发资金的公司会比研发投入较少的公司更有竞争力，在未来有更大的业绩上升空间，有更多的发展潜力。因此，研发投入除了可以提高企业的自主创新能力，还有利于增加企业的市场价值。

2.3.2 挤出效应

挤出效应（crowding out effect）是指在一个相对平面的市场上，由于供应、需求有新的增加，导致部分资金从原来的预支中挤出而流入新的商品中。增加政府投资会对私人投资产生挤占效应，从而导致增加政府投资所增加的国民收入可能因为私人投资减少而被全部或部分地抵消。

税收负担会挤出企业研发投资，同时也会强化企业利用税收优惠进行避税的激励。挤出效应削弱企业创新能力，避税激励导致企业报告的研发强度偏离其真实研发投入水平（吴祖光 等，2013）。

而政府补助也会对企业研发产生挤出效应及抑制作用。可能的原因有如下三种：一是在政府分配与研发相关的财政资金时，政府官员的考评制度可能影响其分配原则，产生挤出效应（Lach, 2002）。官员会倾向于将补助资金投向那些成功性更大、资本回报率更高的企业研发项目，而企业内部资金往往也倾向这种项目。这种情况下，政府补助的资金很可能就无法发挥它的作用，反而会减少企业自有的研发投入。二是研发要素投入的无弹性供给（David et al., 2000）。研发能力较强的工程师和科学家往往供不应求，企业雇佣额外研发人员也会增加成本。企业如果选择研发补助项目，那么很可能就会因为这些约束减少甚至舍弃非补助项目。即使企业和政府之间信息不对称，当从事创新的专用人才的雇佣价格较低时，政府补助也会抑制企业的研发（安同良 等，2009）。三是与获取政府补助的资金相比，通过证券市场进行融资对部分企业来说反而会更轻松，这样政府资助就没有那么大的吸引力了。如大型企业在达到一定规模后，可实现规模经济，这样也可降低研发强度。也就是说，当企业面临的资金约束更少时，对政府补助的反应也会更消极（Carpenter et al., 2002）。

2.3.3 阈值效应

阈值又叫临界值，是指一个效应能够产生的最低值或最高值。此名词用途广泛，可用于飞行、电信、化学、电学、生物学、建筑学、心理学等，如生态阈值。阈值效应（threshold effect）是指超越阈值，打破原有均衡而引起的变化。阈值效应起源于医学，常用于遗传学研究和经济学研究。

在经济学中，一个经济要素必须先做出一定的变化，才能对另一经济要素产生影响，该变化的最小量或幅度即为阈值。如果变化量小于该值，后者就不会因前者而产生任何变动。同时，我们可以把这两者之间的关系称为"阈值效应"。如果借助数学工具定义经济学中的阈值概念，则更加直观更易理解。设经济要素 y 为 x 的函数，如果 $\triangle x < \triangle x_1$，$y$ 值不变；只有当 $\triangle x \geq \triangle x_1$ 时，y 值才有相应的变化量（$\triangle y$），则 $\triangle x_1$ 定义为 x 影响 y 变化的阈值。

高新技术企业研发也存在阈值效应，即我国高新技术企业的研发强度普遍扎堆3%的独特现象。我国高新技术企业的销售收入大都在 20 000 万元以上，而《高新技术企业认定管理办法》规定这类企业最近三年平均研发强度必须不低于 3%，否则不能获得高新技术企业资格。

3 高新技术企业的制度背景与现状分析

3.1 高新技术企业的制度背景

3.1.1 高新技术企业认定政策的调整

高新技术行业跨度日渐宽泛，目前我国高新技术企业主要集中在新材料、电子信息、航空航天、高技术服务、生物与新医药、新能源与节能、资源与环境、先进制造与自动化八大领域。不难发现，高新技术企业应该具备如下要素：第一，研究、开发在企业生产经营中必不可少，并且具有较高的"研发费用/企业销售收入"比例；第二，高素质的科研人才作为企业的中流砥柱，在企业人才结构中，"知识型科研人才/企业员工总数"的值居高不下；第三，企业的产品、服务大多以"创新"为特征，科技含量不言而喻。

20 世纪 90 年代初，高新技术企业的认定工作在我国迈出了第一步。当时，为了建立我国自己的高新技术产业，并进一步促进高新技术企业高速发展，我国国务院因此颁布了《国务院关于批准国家高新技术产业开发区和有关政策法规的通知》（国发〔1991〕12号）。1996 年，各地高新技术企业认定工作经验被总结出来，在此基础上我国制定了《国家高新技术产业开发区外高新技术企业认定条件和办法》（国科发火字〔1996〕018号）。在 2008 年出台了认定管理办法以及工作指引，认定系统日趋完善。现在正施行的是由科技部、财政部、国家税务总局于 2016 年 2 月 1 日联合颁布的《高新技术企业认定管理办法》（国科发火〔2016〕32号），以及 2016 年 6 月 22 日颁布的《高新技术企业认定管理工作指引》（国科发火〔2016〕195号）。修订过程如表3-1所示。

表3-1　　　　　　　　高新技术企业认定办法修订

发文时间	发文文号	政策法规
1991.03.06	国发〔1991〕12号	《国务院关于批准国家高新技术产业开发区和有关政策法规的通知》
1996.01.17	国科发火字〔1996〕018号	《国家高新技术产业开发区外高新技术企业认定条件和办法》
2000.07.23	国科发火字〔2000〕324号	《国家高新技术产业开发区高新技术企业认定条件和办法》
2008.04.14	国科发火〔2008〕172号	《高新技术企业认定管理办法》
2008.07.08	国科发火〔2008〕362号	《高新技术企业认定管理工作指引》
2016.01.29	国科发火〔2016〕32号	《高新技术企业认定管理办法》
2016.06.22	国科发火〔2016〕195号	《高新技术企业认定管理工作指引》

科技部、财政部以及税务总局负责指导、管理以及监督全国高新技术企业认定工作。由于认定办法的不断修订，认定条件也在不断变化，这也反映着国家相关政策的调整。而研发强度是高新技术企业认定中最核心的指标之一，也是除了高新技术产品收入占比外唯一的会计指标。考虑到时效性，本书暂仅对比2000年、2008年与2016年的管理办法在此认证条件上的区别。近三次修订的高新技术企业规定的研发强度的对比如表3-2所示，由单一比例调整为多比例，由单指标调整为多指标；研发比例放宽，门槛有所降低，新政更加向小企业予以政策倾斜，加大了对科技型企业特别是中小企业的政策扶持，为"大众创业、万众创新"提供了有力支撑。

表3-2　　　　　　　高新技术企业认定条件——研发强度对比

条件		〔2000〕324号	〔2008〕172号	〔2016〕32号
年限			近三个会计年度	近三个会计年度
研发费用比例	销售收入≤0.5亿元	≥5%	≥6%	≥5%
	销售收入为0.5亿~2亿元	≥5%	≥4%	≥4%
	销售收入>2亿元	≥5%	≥3%	≥3%
中国境内研究费用占总额比			≥60%	≥60%

从1991年开展高新技术企业认定工作至今，我国高新技术企业的发展愈加迅速，到2013年年末，全国已有26 894个高新技术企业通过认定，全年实现了主营业务收入116 049亿元。根据国家统计局、国家发展与改革委员会、科学技术部编的《中国高技术产业统计年鉴2014 汉英对照》显示，主要经济指标的不同程度的增长在全国高新企业均得到了实现，实际情况如表3-3所示。

表3-3　　　　　　　高新技术产业生产经营情况

年份	企业数（家）	从业人员平均人数（万人）	主营业务收入（亿元）	利润总额（亿元）	利税（亿元）	出口交货值（亿元）
2000	9 835	392	10 050	673	1 034	3 396
2005	17 527	663	33 916	1 423	2 090	17 636
2010	28 189	1 092	74 483	4 880	6 753	37 002
2011	21 682	1 147	87 527	5 245	7 814	40 600
2012	24 636	1 269	102 284	6 186	9 494	46 701
2013	26 894	1 294	116 049	7 234	11 117	49 285

注：本表2005年及以前年份数据口径包括全部国有、年主营业务收入500万元及以上的非国有法人工业企业，2010年为年主营业务收入500万元及以上的法人工业企业，2011年及以后年份为年主营业务收入2 000万元及以上的法人工业企业

3.1.2 高新技术企业的优惠政策

目前，按照国家有关高新技术企业的各项政策规定，获得了高新技术企业资格认定的各地企业可以享受大量政策优惠，包括研发补助与税收优惠这两种主要的政策工具。通过对企业研发进行相应的政府资助或者减少税收，来降低企业的研究开发成本，以这样的方式来鼓励高科技企业在研发过程中投入更多更优质的资源，提高研发创新的积极性。政府补助主要通过政府直接拨款、贷款贴息等方式直接降低企业研发成本，加快推动企业研发

投入，包括国家统一政策和地方性政策；税收优惠则通过减轻企业税收负担来降低企业研发成本，刺激企业加大研发投入。对比两种政策可发现，政府补助含有浓厚的行政命令成分，支持对象常为关键项目、关键技术和重点行业部门；而税收优惠的针对对象和范围则十分广泛，也比政府补助更加注重市场的力量，企业可以根据发展需求自行决定研发投入的方向和数额。

3.1.2.1 政府补助

1. 国家统一政策

中国的国家创新系统实际上是一种从上至下并由中央控制和国家统一运行的系统（Rowen，2008）。科技创新体系经历了一系列的连续变革，然而在创新支持体系里，中央层面依旧起着至关重要的作用，对我国一系列科技支撑项目的研发投入了很多资源。表3-4整理了2013年国家层面对高新技术企业的科技支持计划，试图概述我国政府在国家层面对高新技术企业研发体系的支持现状。

表3-4　　　　国家层面对高技术企业研发支持项目（2013年）[a]

支持计划		经费总投入[b]（亿）	总项目数（个）	企业项目比例	项目支持强度（个/万元）	支持领域
国家科技重大专项		128.5	620	55%	2 073	技术科技
863计划		52.03	115	40.9%	4 524	战略新兴产业
科技支撑计划		61.26	229	37.3%	2 675	技术科技服务业
政策引导类计划	火炬计划	2.07	1 768	100%	12	产业集群
	国家重点新产品计划	1.87	1 367	100%	14	战略新兴产业
科技型中小企业技术创新基金		51.71	6 446	100%	80	科技

注：（a）根据科技部《2014年国家科技计划年度报告》整理而成；（b）经费总投入为中央财政收入，部分项目涵盖地方及单位的配套资金

2013年，国家科技计划呈现出对高新产业"重点支持"的特征。国家科技重大专项、863计划、科技支撑计划的支持强度较大，高新技术企业牵头的项目分别占55%、40.90%和37.30%，每项目支持经费均在2 000万元以上，并且大都针对的是战略新兴产业基础科学以及科技技术的发展，具有鲜明的行业特征。如国家科技重大专项支持电子信息、能源与环保、生物与医药、现代制造等领域，863计划支持信息、生物和医药、新材料、先进制造、先进能源、资源环境、海洋、现代农业、现代交通、地球观测与导航等技术领域。这些都是高新技术企业的核心领域。

而专门对高科技企业研发活动支持的项目，主要分为两类。第一类，政策引导类计划，这其中不仅包括火炬计划还包括国家重点新产品计划。火炬计划的主要作用是对高新技术产业化体系进行不断的完善，使研发能力进一步提升，推动高新技术产业发展。而国家重点新产品计划重点围绕国家培育和发展战略性新兴产业加大新产品的支持力度。另一类是科技型中小企业技术创新基金，主要作用为改善科技型中小企业的融资条件，提升中小企业的科技创新能力。它集中于光机电一体化、电子信息、新材料三大领域。比如在2013年我国支持项目6 446个，其中无偿资助项目6 127个、资本金投入项目21个以及贷款贴息项目298个。上面所叙述的两类企业相关的专项支持项目，有比较多的企业获得了不同程度的收益。然而这些企业所获得的支持强度相应比较低，单个项目资助的金额均在100万元

以下，属于分散式的"撒胡椒面"支持形式。

2. 地方性政策

地方性政策是地方政府为鼓励企业参与高新技术企业认定、发展高新技术产业所采取的政策，各地情况有所不同。我国部分地区鼓励高新技术企业（认定）的政策见表3-5。

表3-5　　　　　部分地区鼓励高新技术企业（认定）的优惠政策

地区	发布时间	认定奖励	其他优惠
山东潍坊	2008/10/28	（首次）20万元	给予新认定的高新技术企业四年的研发项目资金补助。前两年为企业所得税新增地方留成部分，后两年为企业所得税新增地方留成部分的60%
江苏昆山	2009/11/16	（首次）30万元	新批高新技术产品给予一次性奖励，国家级重点新产品每种奖励10万元；省级高新技术产品每种奖励5万元；苏州市级高新技术产品每种奖励3万元
江苏苏州	2012/01/06	10万元	对通过园区高新技术企业认定但暂未通过国家高新技术企业认定的企业，给予科技项目扶持经费，金额相当于企业上年度所得税税率超过15%的部分所缴纳的地方留成部分
海南	2012/01/13	50万元	高新技术项目、产品自认定之日起3年内，按照贷款年日均余额的1%给予贴息，单项产品、项目最高贴息额度不超过30万元
陕西西安	2013/06/20	（首次）5万元（复审）2万元	对通过国家火炬计划重点高新技术企业认定的每家企业奖励10万元
天津	2015/07/02	（首次）10万元	鼓励区县向企业发放高新技术企业创新券，符合条件的企业可运用该创新券向相关服务机构购买高新技术企业申报服务
广东珠海	2016/07/06	（首次/复审）60万元	企业只要按时完成网上申请并成功提交纸质申请材料，就能获得申报费用补贴10万元

资料来源：笔者根据各地省市人民政府或者高新区管委会发布的关于鼓励当地企业认定高新技术企业，促进高新技术产业发展的政策整理而得

表3-5仅仅整理出了部分地方政府对获得高新技术资质后的现金奖励以及其他优惠。可看出首次或复审通过高新技术企业的认证后，企业会一次性得到5万~60万元的奖励。另外在部分城市还可能获得地方政府给予的如科技成果转化风险补偿、贷款贴息、高管个税返还等补助。

3.1.2.2 税收优惠

2016年国务院总理李克强做政府工作报告时提出："将强化企业创新主体地位。落实企业研发费用加计扣除，完善高新技术企业、科技企业孵化器等税收优惠政策。支持行业领军企业建设高水平研发机构。加快将国家自主创新示范区试点政策推广到全国，再建设一批国家自主创新示范区、高新区，建设全面创新改革试验区。"相关政策具体有研发费用加计扣除优惠、低税率以及增加税前扣除等。

研发费用加计扣除优惠：企业开展研发活动中实际发生的研发费用，未形成无形资产计入当期损益的，在按规定据实扣除的基础上，按照本年度实际发生额的50%，从本年度应纳税所得额中扣除；形成无形资产的，按照无形资产成本的150%税前摊销。

所得税率优惠：高新企业享受15%的优惠所得税率，相当于在原来25%的基础上降低

了40%。

减免所得税：高新技术企业符合条件的技术转让所得免征、减征企业所得税。一个纳税年度内，居民企业技术转让所得不超过500万元的部分，免征企业所得税；超过500万元的部分，减半征收企业所得税。

增加税前扣除：高新技术企业发生的职工教育经费支出，不超过工资薪金总额8%的部分，准予在计算企业所得税应纳税所得额时扣除；超过部分，准予在以后纳税年度结转扣除。

其他：节能节水、环保设备抵减税额。

3.1.3 撤销高新技术企业资格的相关规定

随着高新技术企业资格审查力度的加大，审查和后续税收管理也变得越来越频繁。在这个过程中，非合格企业被撤销高新技术企业资格的风险将是巨大的。高新技术企业资质出现问题最终将导致已享税收优惠的流失。企业的高新资格一旦被撤销，以前年度所享受的高新税收优惠就会被税务机关全部追回；而高新企业未通过复审的除补缴税款外，还需加收滞纳金，并处以罚款。

取得高新技术企业资质认证后的企业将会受到科技部、财政部、税务总局的随机抽查和重点检查。《高新技术企业认定管理办法》（国科发文〔2016〕32号）第四章"监督管理"里列出了取消高新技术企业资质的情形：①在申请认定过程中存在严重弄虚作假行为的；②发生重大安全、重大质量事故或有严重环境违法行为的；③未按期报告与认定条件有关重大变化情况，或累计两年未填报年度发展情况报表的。对被取消高新技术企业资格的企业，由认定机构通知税务机关按《税收征管法》及有关规定，追缴其自发生上述行为之日所属年度起已享受的高新技术企业税收优惠。

而《税收征管法》第五十二条规定："对偷税、抗税、骗税的，税务机关追征其未缴或者少缴的税款、滞纳金或者所骗取的税款，不受前款规定期限的限制。"该条款毫无疑问地说明了对于那些因为偷税、抗税和骗税等违法犯罪行为导致未缴、少缴的税款以及滞纳金，或者通过欺骗所获得的税款，国家的税务机关可以不受到前款规定期限的限制而无限期的追责。

2015年9月6日科技部、财政部和国家税务总局联合发布了国科发〔2015〕299号文件，该文件主要阐述了2014年3—5月，对北京、辽宁、浙江、安徽、山东、湖北、陕西、深圳等八省市首次展开的高新技术企业认定管理工作重点检查有关情况和处理建议做了通报说明。在此次接受检查的1 723家企业中有166家企业存在问题，同时42家企业被取消享受由高新技术企业资格带来的税收优惠政策。发现的主要问题有四个方面。①认定机构的问题：追求认定数量，认定把关不严；认定后疏于跟踪管理，对不符合认定标准的问题处理不及时。②企业的问题：主要在核心自主知识产权、研发费用归集、高新技术产品（服务）收入核算方面不达标；个别企业申报材料造假。③中介机构的问题：不具备规定的资质条件；出具虚假及不规范的审计报告。④评审专家的问题：存在超限打分的情况。

3.2 高新技术企业研发投入现状

本书主要研究我国高新技术企业在现有认定政策影响下的研发行为。在了解高新技术企业的研发现状之前，我们还需了解目前我国研发投入的基本情况。研发投入是推动科技创新的重要手段和物质基础。在过去24年里，我国的研发投入年均增长率为15.13%，如

图 3-1 所示，从 1991 年的 135 亿美元增长到到 2014 年的 3 446.78 亿美元，研发支持力度不断加大。企业的总研发投入也在快速增长，年均增长率为 18.5%，大于我国总研发投入的增长率。在 2014 年，我国企业研发投入为 2 664.25 亿美元，占我国研发投入总额的 77%，已然成为我国科技创新的主体。而政府和高校研发投入增速相对缓慢，占总研发投入的比例不断下降。

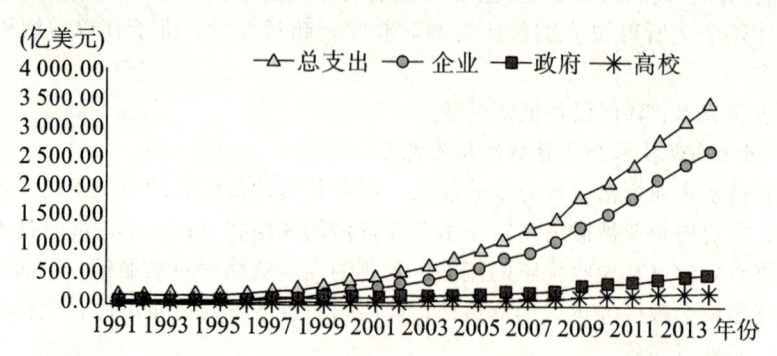

图 3-1 我国 R&D 总支出（单位：2010 不变美元，购买力平价）

研发活动对高新技术企业的发展至关重要。根据国家统计局的相关数据，如表 3-6 所示，在国内企业总研发投入高速增长的背景下，大中型高新技术产业企业的 R&D 经费支出也在快速增长。2007—2013 年的年均增长速度为 21.28%，新产品开发经费支出年均增长 21.22%，专利申请数年均增长 19.94%，均大于国内企业总研发投入增长速度 18.5%。2013 年全国企业研发总投入为 2 423.24 亿美元，约 16 405.33 亿元，而当年大中型高新技术产业企业研发经费支出为 1 734 亿元，占比 10.57%。

表 3-6　大中型高新技术产业企业科技活动基本情况（2007—2013 年）

	2007 年	2008 年	2009 年	2010 年	2011 年	2012 年	2013 年
R&D 人员（万人/年）	24.8	28.5	32	39.9	42.7	52.6	55.9
R&D 经费支出（亿元）	545	655	774	968	1 238	1 491	1 734
新产品开发经费支出（亿元）	652	798	925	1 007	1 528	1 827	2 069
新产品销售收入（亿元）	10 303	12 880	12 595	16 365	20 385	23 765	29 029
专利申请数（件）	34 446	39 656	51 513	59 683	77 725	97 200	102 532

从表 3-6 中我们可以得出高新技术企业的研究开发强度仅仅为 1.89%。除了航空航天器行业研发强度达到 7.62% 以外，其他行业的研发强度都小于高新技术企业认证条件中的最低研发强度 3%。而 OECD 国家高新技术企业平均研发强度为 7.7%~13.3%，且销售收入在 20 000 万元以上，纳斯达克上市公司的平均研发强度为 11.04%。这说明与其他国家相比，我国高新技术企业的研发强度仍处于低水平，因此各企业的研发水平还有待进一步的提高。

在考察当前高新技术企业政策影响下的企业研发行为之前，还需具体分析高新技术企业研发强度的分布特征。在《高新技术企业研发投入的阈值效应》一文中，杨记军等曾利用 553 家上市高新技术企业 2008—2012 年的 1 791 个研发样本得到了研发"阈值效应"结论。笔者经历一番波折最终从该文作者处得到了该文所提到的 553 家上市高新技术企业名单，经验证研发强度分布图如图 3-2 所示，完全符合作者的描述。根据《认证办法》，认证后三年内均需保证研发强度符合认证条件,而无特殊情形,已认证的企业均会极力保住该资质。现假设这 553 家企业全都在资质到期后保留了资格,那么 2011—2015 年研发强度也应该符合认证条件。

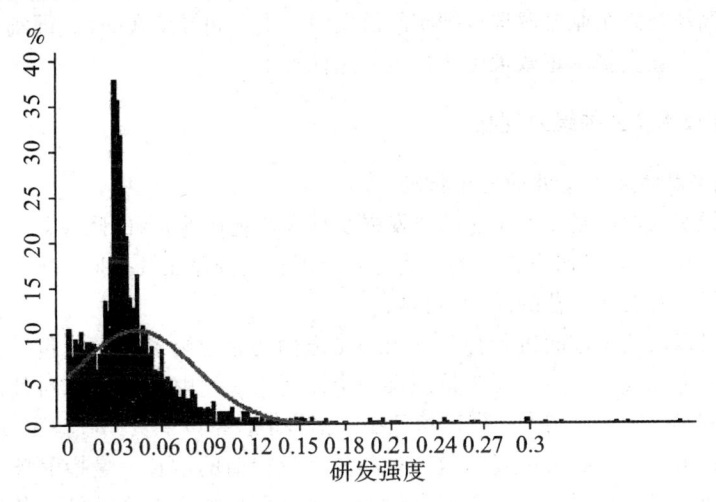

图 3-2　高新技术企业 2008—2012 年研发强度分布:1 791 个全样本

在杨记军等的研究结论的基础上,笔者准备采用董事会报告公布的研发比例作为研发强度数据,探讨这 553 家企业在 2011—2015 年研发强度是否依然具有普遍扎堆 3% 的独特现象和"阈值效应"。笔者从 553 家上市高新技术企业获得了 2 733 个研发样本。企业年度财务报表和同花顺数据库是本书数据的主要来源。样本公司在 2011—2015 年期间的研发强度分布情况如图 3-3 所示。

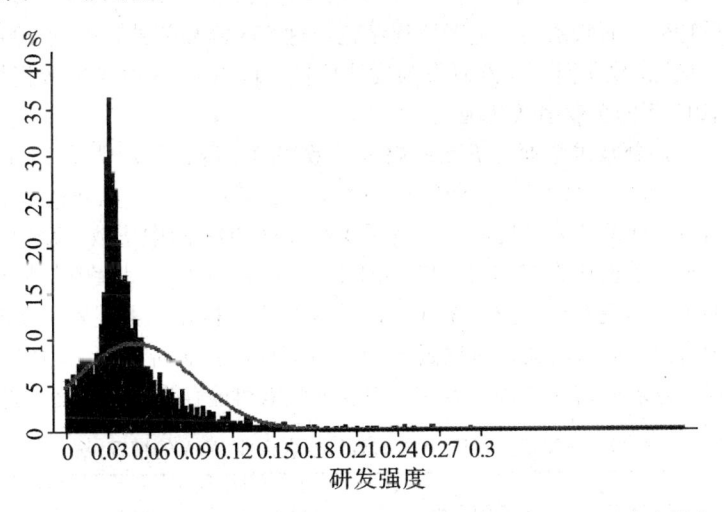

图 3-3　高新技术企业 2011—2015 年研发强度分布:2 733 个全样本

如图 3-3 所示,高新技术企业研发强度呈明显的非正态分布,且大量聚集在 0.03 即 3% 处。考虑到 97.48% 的样本企业年营业或销售收入在 20 000 万元以上[①],而《高新技术

---

① 2 733 个全样本中,当年营业收入或销售收入大于 20 000 万元的研发样本数为 2 664 个,占比 97.48%。

企业认定管理办法》规定年销售收入在20 000万元以上的企业最近三年平均研发强度必须满足不低于3%的条件才能获得高新技术企业资格。我们可以进行初步判断：我国上市高新技术企业的研发强度可能存在向3%聚集的阈值效应。这进一步补充了杨记军等的实证研究，证明我国高新技术企业普遍选择把实际研发强度集中和维持在3%，即刚好能够满足目前国家高新技术企业资格认定政策中所规定的达标水平。

3.3 高新技术企业的绩效现状

3.3.1 高新技术企业绩效的整体状况

以上研究说明我国高新技术企业的研发强度具有普遍扎堆3%的阈值效应。但是，高新技术企业这种主动选择3%研发强度的行为是否合理、是否存在效率损失呢？为此，下文将探讨研发实际投入对企业经营的成果的影响。

企业绩效可以从两个方面进行衡量。第一个方面是企业财务绩效，包括赢利能力、运营能力、偿债能力和成长能力，大多是用某一个或者某一组财务指标来对其进行反映和评价，如销售净利率、资产周转率、资产负债率、销售增长率以及资产收益率（ROA）、股东权益收益率等；第二个方面为市场绩效，指的是企业价值的增长，是指财务上的企业价值最大化。本书研究我国高新技术企业现有认定政策下研发投入对企业绩效的影响，主要体现在获得认证后相关企业的财务绩效产生了怎样的变化。本书企业绩效指标采用资产收益率，即净利润与资产总额之比。投资研发的目的是为了不断增强企业的核心竞争力，也就是为了提升企业的生产与经营能力。因此，研发活动的经济效益必然应体现在反映企业盈利的财务指标上。

从研发创新的立项到产品研发再到商品化，需要一段时间，且许多研究（Eberhart et al.，2004；罗婷 等，2009；杜兴强 等，2012）的结论表明，研发投入对公司绩效的影响往往具有未来滞后特征。而联系前文笔者所得结论，这553家高新技术企业2008—2015年一直存在"阈值效应"，故我们考虑到研发强度滞后性，以ROA为财务绩效指标，仅研究这些企业2011—2015年的企业绩效状况。

表3-7显示，高新技术企业近五年的财务绩效持续下降，平均值从2011年的11.13%下降到2015年的5.48%，每年平均下降19.38%。除了2011年外，高新技术企业的ROA均值均明显小于所有企业的整体平均值。而高新技术行业ROA的中位数、众数、最大值、峰度也越来越小，最小值也从2011年的-17.68%下降到-45.38%。最大值与最小值差距的增大很清楚地说明了我国现有高新技术企业之间的赢利能力存在很大差距，同时也反映出整个行业赢利能力有限。联系前文，对比近五年来高新技术企业研发投入的发展趋势与财务绩效的发展趋势，发现所谓的"阈值效应"对企业绩效可能存在一定程度的抑制作用。

表3-7　　2011—2015年553个样本高新技术企业ROA的情况　　单位：%

年份 数值	2011年	2012年	2013年	2014年	2015年
平均值	11.13	7.67	6.40	6.58	5.48
整体均值	10.52	8.09	7.87	6.31	6.38
标准误差	0.41	0.28	0.26	0.26	0.28
中位数	8.25	6.91	5.92	5.55	5.13

表3-7(续)

数值 年份	2011年	2012年	2013年	2014年	2015年
众数	7.63	3.71	6.34	4.82	2.53
最小值	-17.68	-35.57	-38.04	-24.69	-45.38
最大值	77.41	43.57	30.83	55.37	41.69
标准差	9.75	6.50	6.15	6.13	6.51
方差	95.00	42.29	37.87	37.52	42.43
峰度	8.52	6.38	7.98	10.74	9.70
偏度	2.31	0.04	-0.60	1.46	-0.67

注：整体均值是指2011—2015年在董事会报告中直接披露了ROA数据的上交所、深交所两个市场上的上市公司的ROA均值，总共3 144个样本数据

3.3.2 不同研发强度下企业绩效的状况

本书对不同研发经费投入强度下的企业绩效指标进行了统计分组。企业绩效指标的分布如表3-8所示。考虑到研发强度对企业绩效影响的滞后性，笔者在前面553个企业样本的基础上，对研发强度做了滞后处理，将研发强度带来的影响滞后一年，得到了如表3-8所示的ROA分布情况。

表3-8　　滞后一年不同研发强度下企业ROA的分布情况

年份 研发强度(%)	0~1.5	1.5~2.5	2.5~3.5	3.5~6.5	>6.5
2011年	9.63%	8.41%	9.82%	11.87%	14.15%
2012年	8.69%	6.48%	6.61%	7.59%	9.40%
2013年	5.80%	6.22%	6.58%	6.14%	6.97%
2014年	6.53%	5.99%	6.18%	6.57%	7.11%
2015年	5.36%	4.85%	4.85%	5.66%	6.10%

从ROA指标分布情况可看出，在不同研发投入水平下，企业赢利能力存在着较明显的差别。从样本总体来看，可能有一部分样本并不能够完全反映ROA与研发强度的直接相关性。但是可以看出来的是资产收益率是随着研发经费投入强度的增大而呈上升趋势，说明研发强度的增加能够促进企业提高整体赢利能力。在2013年，平均资产收益率有着最为明显的逐步上升现象。从不同的研发强度区间来看，当企业研发强度低于2.5%时，资产收益率伴随着研发强度的不断加大而逐渐降低。这说明在较低研发投入水平的情况下，研发投入的增加反而可能会抑制企业绩效的上升。而当研发强度高于2.5%时，平均资产收益率呈逐渐上升的趋势。当研发强度为2.5%~3.5%，企业赢利能力明显低于其他四个区间，形成一个小低谷，在2012年这一趋势比较明显；而当研发强度超过6.5%时，企业表现出的赢利能力相当高，整体上可以看出在这个范围内企业平均绩效最高。这五年均符合这一趋势。

在表3-8提供的ROA分布情况中，可以看出高新技术企业最优研发强度投入区间的估计值应至少大于6.5%，而不是目前聚集的3%。当研发强度带来的影响滞后两年时，不同研发经费投入强度下企业ROA的分布情况如表3-9所示。

表 3-9　　　　　滞后两年时不同研发强度下企业 ROA 的分布情况

研发强度(%) 年份	0~1.5	1.5~2.5	2.5~3.5	3.5~6.5	>6.5
2011 年	9.74%	8.49%	10.17%	11.11%	15.21%
2012 年	7.29%	6.93%	6.59%	7.73%	9.81%
2013 年	5.70%	6.32%	6.18%	6.30%	7.49%
2014 年	6.42%	5.19%	6.30%	6.65%	7.29%
2015 年	6.06%	5.60%	4.62%	5.64%	5.83%

根据表 3-9 的结果，除了 2015 年最优研发强度区间不一致外，其余结论与表 3-8 一致，并且 2.5%~3.5% 区间 ROA 达到的低谷更明显。表 3-8 和表 3-9 得出的最优研发强度区间均显著大于 3% 的研发强度投入水平，且平均最优研发强度区间至少大于 6.5%。此结论符合杨记军等的实证研究：平均最优研发强度 ROA 区间估计值为 6.3%~18.9%。这个结论表明，我国高新技术企业实际普遍选择的 3% 研究强度投入水平，大大低于和偏离了使企业绩效达到最大化的最优研发强度，这种偏离最终给企业带来了绩效损失。

4　基于兆驰股份的案例分析

本书选择兆驰股份（002429）这家上市公司作为案例进行分析主要有三大原因。第一，基于上市高新技术企业研发强度分布特征的分析，沪深上市公司的研发强度比例基本维持在 3% 左右，其中制造业企业数量占比 77.40%[1]。而兆驰股份恰好属于制造业中的大中型高新技术企业，体现了样本的一般性，同时又避开了以往被研究过的大公司或者知名公司。第二，根据同花顺数据库统计的自 2008 年出台《高新技术企业认定管理办法》后近八年（2008—2015 年），上市公司通过董事会报告公布的研发强度数据，兆驰股份是为数不多的连续八年公布较为详尽的研发数据的企业，且自 2008 年首次获得高新技术企业认证后一直保有该资格。但该企业在营业收入一直远高于 2 亿元的情况下每年研发强度都仅略大于 3%。这也是最主要的原因，说明其可能存在较为明显的阈值效应。第三，在 ROA 行业均值均大幅下降的背景下，兆驰股份 2011—2014 年的总资产收益率也呈现较为异常的 11% 聚集效应。

4.1　兆驰股份简介

兆驰股份全称为深圳市兆驰股份有限公司。该公司的前身深圳市兆驰多媒体有限公司（简称"兆驰多媒体"）于 2005 年 4 月 4 日成立于深圳，于 2007 年 6 月 1 日整体变更设立了兆驰股份。随后公司于 2010 年 6 月 10 日在深圳证券交易所中小企业板上市，证券代码：002429，证券简称：兆驰股份。

兆驰股份是一家专业生产家庭视听消费类电子产品的制造业，同时也是国家科技部认定的高新技术企业。公司属于电子及通信设备行业，主要从事电视机、机顶盒等的研发、生产和销售，视频播放及广告投放等业务。公司产品主要包括液晶电视、数字机顶盒、视

---

[1] 533 个企业样本中，制造业有 428 家，占比 77.40%。

频及视盘机、LED（发光二极管）产品及配件等。公司的主要经营模式为 ODM①，为其他品牌的制造商、经销商、零售商设计和制造产品，并以其品牌进行销售。

兆驰股份的控股股东为新疆兆驰股权投资合伙企业（有限合伙）（简称"新疆兆驰"），主要通过受让股权或者认购非公开发行股票等方式持有上市公司股份，以及投资非上市企业的股权和从事相关咨询服务。其前身为深圳市兆驰投资有限公司，成立于 2007 年 2 月 12 日，自 2011 年 9 月 20 日起工商注册信息变更为新疆兆驰。兆驰股份实际控制人是顾伟，截至 2016 年第三季度末，兆驰股份与实际控制人之间的产权及控制关系如图 4-1 所示。

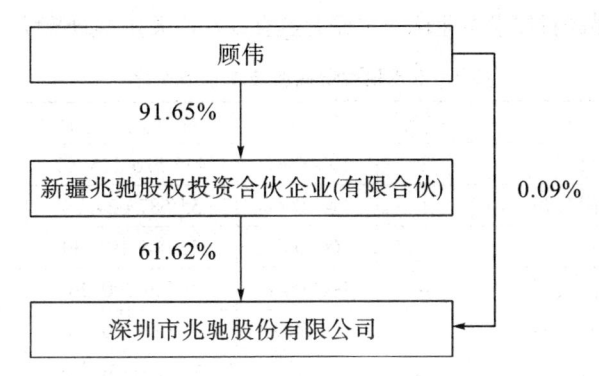

图 4-1　兆驰股份的产权及控制关系图

公司旗下拥有深圳市兆驰节能照明有限公司、深圳市兆驰光电有限公司、南昌市兆驰科技有限公司、香港兆驰有限公司、杭州飞越数字设备有限公司、浙江飞越数字科技有限公司、北京风行在线技术有限公司、MTC Electronic Co.、Limited 等 17 家子公司。

4.2　兆驰股份高新技术企业资质认证以及优惠政策

4.2.1　兆驰股份资质认证

兆驰股份母公司分别于 2008 年 12 月 16 日、2011 年 10 月 31 日、2014 年 9 月 30 日连续三次取得深圳市科技和信息局、深圳市财政局、深圳市国家税务局、深圳市地方税务局联合批准颁发的高新技术企业证书，2008 年—2016 年连续 9 年可按 15% 的税率计缴企业所得税。另外，深圳兆驰节能照明有限公司等多家控股公司也在深圳、江西、浙江和北京等地被多次认证为高新技术企业。其中，江西兆驰光电有限公司又为深圳兆驰节能照明有限公司的子公司，也取得资质认证。兆驰股份及参控股公司的高新技术认证情况如表 4-1 所示。

表 4-1　　　　　兆驰股份及参控股公司高新技术企业认证情况

公司	业务性质	参控关系	认证次数	认证地点	认证期间
深圳市兆驰股份有限公司	生产与销售	本公司	3 次	深圳	2008—2016 年
深圳兆驰节能照明有限公司	生产与销售	子公司	2 次	深圳	2013—2018 年
江西省兆驰光电有限公司	生产与销售	孙公司	1 次	江西	2015—2017 年
浙江飞越数字科技有限公司	生产与销售	子公司	2 次	浙江	2011—2016 年
北京风行在线技术有限公司	视频播放与广告销售	子公司	1 次	北京	2015—2017 年

---

① ODM, Original Design Manufacturer, 直译是"原始设计制造商"，是一家厂商根据另一家厂商的规格和要求，设计和生产产品。受委托方拥有设计能力和技术水平，基于授权合同生产产品。

截至 2015 年年底，兆驰股份共有 11 家主要控股参股公司，其中深圳兆驰节能照明有限公司、江西兆驰光电有限公司、浙江飞越数字科技有限公司和北京风行在线技术有限公司 4 家子公司均享有高新技术企业资质。这些控股企业除了北京风行在线技术有限公司持股比例为 63%以外，均为完全持股。如表 4-2 所示，这四家子公司均为可控净利润排名的前 5 位，母公司本身仅排在第 8 位，说明兆驰股份绝大部分利润均享有 15%的优惠税率。不考虑母子公司合并时的调整，所有享有高新技术企业资质的母子公司 2015 年的净利润为 5.51 亿元，净资产为 49.49 亿元，分别是合并报表所列数据的 159.96%和 102.11%，进一步说明了兆驰股份对高新技术企业认证方面的热衷以及得天独厚的低税率优势。

表 4-2　　　　　　　　　2015 年兆驰股份高新技术企业占比

	排名	持股比例	净利润（元）	净资产（元）
深圳市兆驰股份有限公司	8	100.00%	435 520 316.80	4 202 119 220.56
深圳兆驰节能照明有限公司	1	100.00%	55 687 624.14	177 867 825.54
江西兆驰光电有限公司	2	100.00%	52 908 196.39	521 184 273.61
浙江飞越数字科技有限公司	4	100.00%	6 229 100.26	28 020 082.50
北京风行在线技术有限公司	5	63.00%	1 354 799.08	32 223 383.51
高新技术企业未调整合并			551 198 761.10	4 949 492 134.00
合并报表			344 579 413.22	4 847 153 045.25
高新技术企业未调整合并占合并报表之比			159.96%	102.11%

注：排名是根据 2015 年兆驰股份可控净利润（年报披露的净利润*持股比例），对兆驰股份母公司以及 11 家主要参股控股公司进行的排序

4.2.2　兆驰股份所获政府补助

兆驰股份所获与高新技术企业认证相关的政府补助包括国家高新技术企业认定政府资助项目、科学技术部政府补贴款（火炬计划）、中关村科委补贴款、深圳市财政委员会补贴款、海关高新技术产品出口增长补助、高新技术产品扶持款相关的政府补助等。从可获取财务报表年度不完全统计的、与高新技术企业认证相关的政府补助如表 4-3 所示。

表 4-3　　　2010—2015 年兆驰股份与高新技术企业认证相关的政府补助　　　单位：元

补助项目	2010 年	2011 年	2013 年	2014 年	2015 年	合计
国家高新技术企业认定政府资助项目	200 000	100 000		100 000	250 000	650 000
科学技术部政府补助款（火炬计划）					600 000	600 000
中关村科委补助款					5 000	5 000
深圳市财政委员会补助款			62 019			62 019
海关高新技术产品出口增长补助		1 164 275				1 164 275
高新技术产品扶持款	2 977 947					2 977 947
合计	3 177 947	1 264 275	62 019	100 000	855 000	5 459 241

从兆驰股份这份不完全统计的政府补助表可看出，兆驰股份自认证高新技术企业以来，2010 年获得与之相关的政府补助 317.79 万元，是这 6 年来该数据最大的一年；2011 年获得 126.43 万元补助；2012 年未统计到相关数据；2013 年获得最低值 6.2 万元补助；2014 年仅获得国家高新技术企业认定政府资助项目 10 万元；2015 年获得 855 万元补助。这 6 年总共获得补助 545.92 万元。其中获得次数最多的是国家高新技术企业认定政府资助项目，获得金额最多的补助项目是高新技术产品扶持款。此表未统计到的政府补助可能包括地方政府给予的如科技成果转化风险补偿、贷款贴息、高管个税返还等补助。这些大额的政府补助可部分解释兆驰股份对认证高新技术企业的热忱，以及后文论证的研发强度"阈值效应"。

4.2.3 兆驰股份税收优惠

通过高新技术企业认定的企业，其所得税税率可减免 10 个百分点，这将使得上市公司的利润增厚不少。2008—2016 年上半年兆驰股份合并报表上的利润总额与所得税费用如表 4-4 所示。

表 4-4   2008—2016 年上半年兆驰股份税收优惠

年报	利润总额（万元）	所得税费用（万元）	净利润（万元）	综合税率	25%税率所得税（万元）	优惠金额（万元）	优惠金额占净利润之比
2008 年	10 836	1 034.73	9 801.27	9.55%	2 709.00	1 674.27	17.08%
2009 年	27 774	2 716.64	25 057.36	9.78%	6 943.50	4 226.86	16.87%
2010 年	40 099	5 795.65	34 303.35	14.45%	10 024.75	4 229.10	12.33%
2011 年	48 439	7 678.17	40 760.83	15.85%	12 109.75	4 431.58	10.87%
2012 年	62 618	8 986.28	53 631.72	14.35%	15 654.5	6 668.22	12.43%
2013 年	74 043	10 519.00	63 524.00	14.21%	18 510.75	7 991.75	12.58%
2014 年	78 430	11 864.00	66 566.00	15.13%	19 607.50	7 743.50	11.63%
2015 年	40 077	5 619.46	34 457.54	14.02%	10 019.25	4 399.79	12.77%
2016 年上半年	25 014	3 430.94	21 583.06	13.72%	6 253.50	2 822.56	13.08%
总和	407 330	57 644.90	349 685.10	14.15%	101 832.50	44 187.63	12.64%

综上可得 2015 年兆驰股份合并报表上的利润约等同于兆驰股份整体可享受 15%税收优惠的份额。也就是说，兆驰股份的综合税率约等于 15%，享受了大量税收优惠。兆驰股份从 2008 年至 2016 年上半年累计利润总额为 40.73 亿元，在没有取得高新技术企业资质的情况下，缴纳所得税的税率为 25%。不考虑会计利润与所得税费用的调整，公司的所得税费用总额应该为 10.18 亿元。而实际上因为兆驰股份以及重要参股公司被认定为高新技术企业，可以享受税收优惠的政策，仅累计缴纳了 5.76 亿元的所得税，整体上综合税率仅为 14.15%。八年半来约节省了 4.42 亿元的税费，占公司累计净利润的 12.64%。而从 2008 年至 2016 年上半年，所测算的优惠金额占净利润之比一直在 10.87%～17.08%波动，由此可看出兆驰股份在所得税方面得到的大额减免明显影响了公司的经营绩效，兆驰股份有足够的动机去努力维持高新技术企业资质的认定。

4.3 兆驰股份的研发投入的阈值效应

4.3.1 兆驰股份研发强度

由国税总局的《关于实施高新技术企业所得税优惠有关问题的通知》（国税函〔2009〕203号文）可知，在通过认定后的三年内，高新技术企业必须每年都保持认定的所有条件，否则不能享受优惠税率。兆驰股份自认证高新技术企业以来的研发强度如图4-2所示。

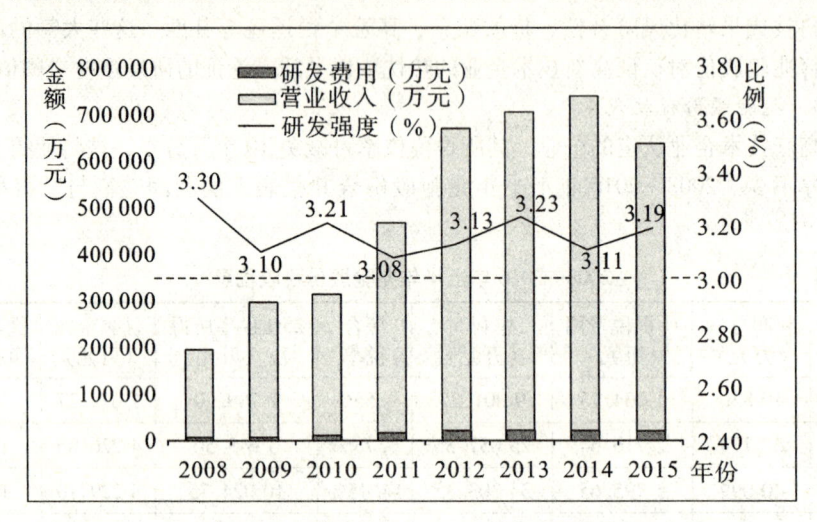

图4-2 兆驰股份2008—2015年研发投入

从具体数值来看，兆驰股份的研发投入呈先增后减的趋势。2008—2013年，投入资金以年均28.19%的速度增加，而2013—2015年研发费用略呈下降趋势。对比来看，企业的营业收入在2008—2014年一直呈上升趋势，年均增长25.12%，仅在2015年营业收入下降14%。但过去八年里研发费用占营业收入的比重一直在3%的水平上波动，最高值是2018年的3.3%，最低值是2011年的3.08%。且兆驰股份2008—2015年的年营业收入一直远远大于20 000万元。结合《高新技术企业认定管理办法》的硬性要求——年销售收入在20 000万元以上的企业，只有最近三年平均研发强度不低于3%，才能获得高新技术企业资格。因此初步判定，兆驰股份的研发投入很可能存在向3%聚集的阈值效应。

兆驰股份的研发强度何以能每年恰好维持在3%左右？笔者充分怀疑兆驰股份人为操纵财务数据使得其满足政策门槛。关于研发费用的归集以及营业收入的计算的财经法规并不能绝对避免企业的弄虚作假，而相关部门对高新技术企业的监管力度往往也有限，难以发现这其中的问题，这也反过来使得不诚信企业变本加厉。为了更加具体地分析企业对研发强度的控制，笔者统计出了2009—2015年研发投入增长率与营业收入增长率的变动趋势图（见图4-3）。

从增长率的变化来看，除2015年外，研发费用增长率与营业收入增长率的值均不小于零，再次说明了兆驰股份近八年经营绩效的提升以及研发投入的加大。由图4-3可看出这两个变量上下波动且变动趋势大致相同，这也使得兆驰股份研发强度增长率较为稳定，一直在-0.06%~0.04%变动，变动幅度控制在0.1%以内。营业收入的大额增加必定伴随着研发费用的大额投入，营业收入增长趋势的滞缓也会使得研发投入的增长速率变慢。兆驰股份并未披露该公司的财务预算，暂无法证明它的研发投入是否强制性地按照企业的销售预

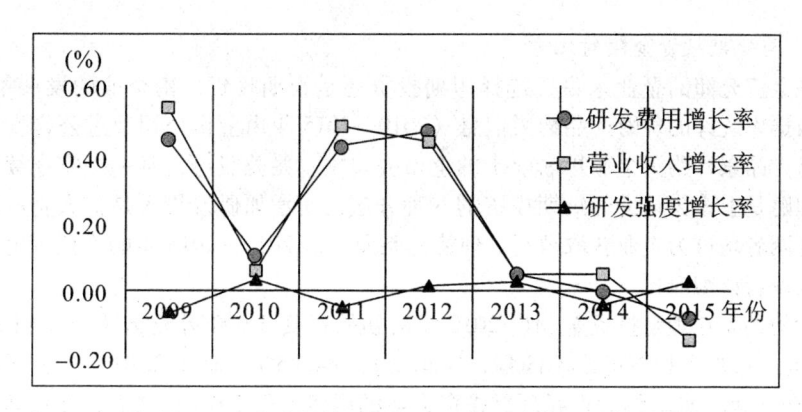

图 4-3　兆驰股份 2008—2015 年研发投入增长率

测与政府监管的门槛值来设定。但单从两者的变化可以适度怀疑兆驰股份的研发投入并未充分考虑企业长远发展的需求，只是注重于满足当前高新技术企业认证的条件来取得大额的政府补助以及税收优惠。

兆驰股份的研发强度"扎堆"在3%处，即存在以3%阈值点聚集的阈值效应。这一现象让笔者十分怀疑兆驰股份有意控制研发投入，仅仅以保住高新技术企业认证资格为目的，没有动力进一步扩大公司的研发规模。

4.3.2　与行业研发强度对比

兆驰股份属于证监会行业分类中的制造业。在上文提到的 3 144 家上市企业样本中，属于制造业的企业有 1 881 家。而这 1 881 家企业在 2011—2015 年的研发强度的统计结果如表 4-5 所示。

表 4-5　　　　　2011—2015 年 1 881 家制造业企业样本研发强度

年份	行业平均值	行业最大值	行业最小值	兆驰股份	兆驰股份与行业平均值之差
2011	3.29%	29.07%	0.00%	3.19%	0.10%
2012	3.66%	52.67%	0.00%	3.11%	0.55%
2013	3.79%	45.04%	0.00%	3.23%	0.56%
2014	4.00%	169.43%	0.00%	3.13%	0.87%
2015	4.16%	88.56%	0.01%	3.08%	1.08%

根据样本统计，行业的研发强度均值在 0.00%~169.43% 变化，且 2011—2015 年平均研发强度明显呈增长趋势，从 2011 年的 3.29% 增长到 2015 年的 4.16%，平均增长速度为 6.04%。同行业研发强度的极差也越来越大，行业内研发投入存在很大差距。而兆驰股份这五年来研发强度总是维持在 3% 左右，使得兆驰股份在研发方面的支出与行业均值的差距越来越大，由 2011 年的 0.10% 增长到 1.08%。由此可看出兆驰股份在研发投入上的异常，不符合整个制造业的研发投入规模状况。

高新技术企业区别于其他企业的一大特点就是注重研发，通过创新对企业的经营带来长期收益。政府赋予高新技术企业巨大的政策优惠是为了促使这些企业加大研发投入，而基于认定政策下的研发投入却证明政策执行的结果恰恰与政府愿景相反。

4.3.3 与短期投资金额对比

对于现金流充沛的企业来说，选择短期投资还是长期投资，由企业的发展策略决定。从同花顺数据库统计的理财产品购买信息（2010—2015 年由上市公司通过公告发布的）可知，在理财产品累计购买金额排名前十的上市公司中，兆驰股份是唯一一家连续六年上榜的。委托理财是上市公司进行短期投资的一种方法，而增加研发投入是扩大企业规模的一种手段，这两者均可为企业获取盈利。现将兆驰股份从 2010—2015 年的委托理财投入与研发费用投入进行详细对比。

兆驰股份的委托理财投资金额由 2010 年的初始投资 5 000 万元迅速增长到 2015 年的 641 842 万元，增长态势不可谓不凶猛，年均增长 164.05%。而在 2010 年，公司研发投入金额为 9 689 万元，此时约为委托理财投资金额的两倍。但 2010 年之后，委托理财投资金额呈现大幅增长的趋势，2015 年兆驰股份买了 64.18 亿元的委托理财产品，而研发费用仅仅 1.95 亿元，只占委托理财投资额的 3.03%。而 2016 年半年报披露的数据中，委托理财投资金额已达到 33.78 万元，可以合理估计至 2016 年年末该值将达到新的巅峰。

公司战略通常由公司的管理层决定，也就是说，上市公司的投资行为和公司治理是密不可分的。兆驰股份巨额的委托理财投入与低研发投入的"阈值效应"形成鲜明对比，这代表着兆驰股份管理层怎样的治理思路呢？上市公司进行委托理财的目的就是为了在较短的时间内获取较高的收益，暂时为业绩增添光彩；而研发活动的投入和产出过程十分漫长；而且在研究成果推出后，需要较长的适应时间才能真正运用到市场，只有保持长远发展的眼光，企业才能享受到研发成果。兆驰股份将大量资金投入短期盈利项目，而仅仅将研发投入控制在政策门槛附近，那么这样连续大额委托理财的投资是否真的能够持续增强企业的经营绩效呢？还是说只能在资本市场完善之前抑或投资机遇较好时才能偶尔获得理想的收益呢？这些问题后文将一一探讨。

4.4 兆驰股份研发投入阈值效应对企业绩效的影响

4.4.1 兆驰股份异常的 ROA 变动

在上文分析结论的基础上，现在来具体分析兆驰股份研发投入"阈值效应"对企业绩效的影响。从证监会行业分类来看，兆驰股份属于制造业中的电子及通信设备行业；从同花顺行业分类来看，则属于家用电器行业。3 144 个样本数据中，制造业、家用电器业和高新技术企业的 ROA 水平整理后如表 4-6 所示。

表 4-6　　　　所有样本、制造业和高技术产业的 ROA 对比

	样本数（个）	2011 年（%）	2012 年（%）	2013 年（%）	2014 年（%）	2015 年（%）	平均下降速率(%)
所有样本	3 144	10.52	8.09	7.87	6.31	6.38	13.30%
制造业（证监会行业）	1 870	11.48	8.14	8.20	6.84	6.48	15.37%
制造业（高新技术企业）	426	10.77	7.44	6.53	6.41	5.42	18.73%
家用电器（同花顺行业）	55	10.83	8.96	7.58	7.52	7.76	8.69%
家用电器（高新技术企业）	19	11.89	8.83	7.59	7.76	6.88	14.66%
兆驰股份	1	10.76	11.40	11.42	11.00	5.54	18.05%

从所有样本的 ROA 水平来看，2011—2015 年企业资产收益率呈下降趋势，从 2011 年的 10.52% 下降到 2015 年的 6.38%，平均下降速率为 13.30%，说明国内企业这几年的经营绩效普遍较低，状态不佳。从整个制造业来看，与所有样本 ROA 的变动趋势相同，下降速率均值为 15.37%，表明制造业受到的影响可能比其他行业要大。而制造业中的高新技术企业变动幅度更为明显，下降速率均值达到 18.73%。同花顺行业分类更细，其中高新技术企业的变动速率均值与行业变动速率的均值之差增加到 5.97%。高新技术产业的发展离不开企业持续的研发，联系上文普遍聚集在 3% 左右的研发阈值效应，高新技术企业这几年更为敏感的 ROA 变动或许就可以得到解释了。

在分析完行业均值的变动趋势之后，再来观察兆驰股份的 ROA 则会发现，2011—2014 年该值均在 11% 左右，明显高于任何分类的行业均值，变动趋势也较为异常，让人联想到其同样异常的 R&D 的 3% 现象，笔者对该公司是否违反会计法律法规进行盈余管理持怀疑态度。2015 年兆驰股份 ROA 骤减到 5.54%，这才使得该公司 ROA 变动趋势符合行业特征。

4.4.2 不同研发投入策略下的 ROA 变动

当高新技术企业研发投入较多时，企业的经营业绩会如何呢？在制造业-高新技术企业样本中选择出了六家企业进行对比（见表 4-7），分别统计出了 2010—2015 年的研发强度以及 2011—2015 年的 ROA（考虑到研发的滞后性）。这六家企业可以分为两类。第一类，研发增长型企业，研发强度逐年增加，以康力电梯、奥飞娱乐、恒宝股份为例；第二类，高研发企业，每年研发强度均处于最优研发区间，即大于 6.5%，以海康威视、大华股份、双鹭药业为例。

表 4-7　　　　　　　同行业不同研发投入策略的企业 ROA 对比

股票简称	研发强度（%）						ROA（%）				
	2010年	2011年	2012年	2013年	2014年	2015年	2011年	2012年	2013年	2014年	2015年
康力电梯	3.25	3.36	3.71	3.91	4.22	4.06	7.13	7.90	10.92	13.41	14.91
奥飞娱乐	3.65	4.47	5.72	6.47	7.66	7.70	8.61	11.74	10.55	12.49	13.14
恒宝股份	5.71	5.14	6.30	7.09	7.58	8.16	16.64	15.13	20.38	21.90	23.31
海康威视	6.77	6.51	8.41	8.58	7.55	6.82	21.85	23.66	26.53	28.88	25.84
大华股份	6.53	6.8	6.78	9.24	10.64	9.48	19.99	26.30	23.20	17.50	15.90
双鹭药业	15.26	11.89	10.61	10.31	6.17	9.12	39.93	27.17	26.81	26.22	18.35
兆驰股份	3.21	3.08	3.13	3.23	3.11	3.19	10.76	11.40	11.42	11.00	5.54

将第一类研发增长型企业与兆驰股份对比，可发现研发强度逐年增加的高新技术企业的 ROA 也逐年增加，摆脱了整个制造业或者高新技术行业 ROA 逐年下降的束缚，能够传递公司的经营、发展前景良好，极大鼓舞了投资者的积极性，有利于提高公司的市场价值。第二类高研发企业每年研发强度大于 6.5%，即使与兆驰股份那明显超过行业均值的 ROA 相比，这些企业的 ROA 也十分可观，约为行业均值的四倍，表现出相当高的赢利能力。由此可以得出结论：在一定范围内，高新技术企业的研发强度越高，企业能够获得的经营业绩越好；兆驰股份目前的研发投入偏离了最优研发投入，造成了绩效损失。

1.1.3 兆驰股份浮动的短期理财收益

在分析完阈值效应对企业经营绩效的影响之后，我们再来探讨上文提到的委托理财带来的收益,兆驰股份 2010—2015 年委托理财收益情况如图 4-4 所示。

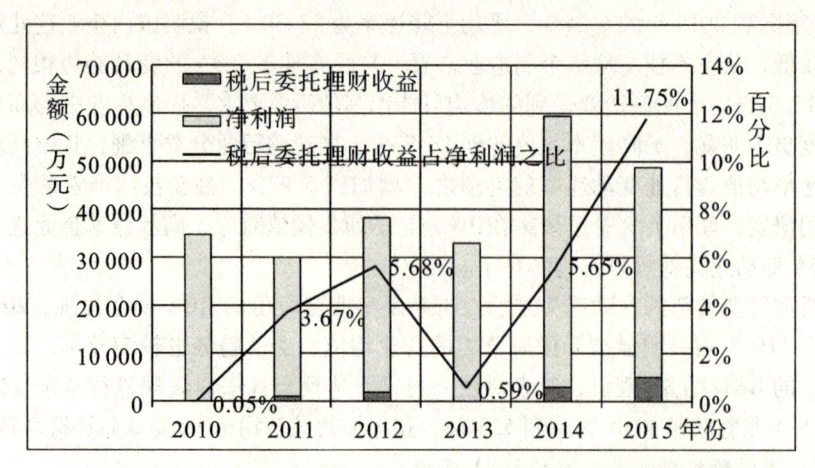

图 4-4　兆驰股份 2010—2015 年委托理财对业绩的影响

从图 4-4 所列数据可以看出,其每年在购买委托理财产品方面获得的投资收益占净利润的比重为 0.05%~11.75%,虽然企业在 2015 年委托理财投资取得的收益占比达到了峰值,但该折线图也存在两个低谷。2010 年兆驰股份仅仅一笔 5 000 万元的委托理财可以用来解释税后委托理财收益占净利润之比仅为 0.05%的现象,然后 2013 年兆驰股份投资了 39.79 亿元,也仅仅取得了 192.25 万元的税后收益。该收益只占净利润的 0.59%,委托理财收益的低谷也明显削弱了当年的净利润。

在行情好的情况下,公司通过委托理财的确能够在短期内获得丰厚收益,所带来收益的回报率很可能会超过投资实业;但在行情不好时,便会使企业经营业绩波动,影响投资者对其企业价值的评估。同时公司可能会忽视增加研发投入发展实业的重要性,而把精力转移或分散到委托理财上面来,这必然会对其主业的长远发展造成不良影响。这种投资活动明显效率低下,毕竟技术进步才是我国高技术产业全要素生产率增长的主要驱动因素。可以确定的是,如果兆驰股份的阈值效应得不到改善,企业的长期赢利能力将无法获得保障。

企业研发活动和经营业绩之间,本可以形成共同促进、同步增长的良性循环。研发热情的高涨有利于提高经济效益,企业的研发投入可以提高企业的创新能力和科研水平,企业能够研发出更多的新产品,或者可以节约生产成本以及提高劳动效率,这些都可以提高企业的赢利能力;而企业经营绩效也对企业研发活动有很大影响,企业良好的经营绩效会使财务预算不那么紧缩,充裕的现金流使得企业可以加大研发投入,方便企业投资长期或大额的研发项目。

5　研究结论与政策建议

5.1　研究结论

本书基于国内外高新技术企业研发阈值效应的研究文献的回顾总结,结合相关理论基础与我国高新技术企业研发的现状,重点对兆驰股份的阈值效应案例进行探讨分析。本书主要从现状与案例两方面，对上市高新技术企业研发投入阈值效应的普遍规律与实际问题进行了全面深入的研究，并得出以下具体结论。

本书以我国上市高新技术企业 2010—2015 年研发数据为样本，证明了我国高新技术企业研发强度具有普遍扎堆 3% 的阈值效应。高新技术企业这种普遍扎堆于 3% 的实际研发投入水平，与能给企业带来最大绩效的最优研发投入水平相差甚远。本书通过对兆驰股份的案例分析，进一步证实了以上观点。在兆驰股份连续多次取得高新技术企业资质，获得大额的与之相关的政府补助以及税收优惠的同时，企业一直维持远低于行业均值的研发强度。同时企业大额购买委托理财产品，最后只能给企业带来短暂的不稳定的营业利润，忽略了企业的长期发展。研究表明，我国高新技术企业目前研发动力普遍不强，研发投入行为更多在于获得高新技术企业认证资格；尽管获得高新技术企业资格可以享受到大量政策优惠，但这种行为最终还是给企业带来了绩效损失，因而是非效率的。

5.2 政策建议

在我国高新技术企业的研发投入上，阈值效应已屡见不鲜。根据阈值效应的根本原因及具体形式，本书将从公司治理结构、优惠政策、资质认证条件、研发环境四个方面提出针对性的政策建议，以有效遏制研发投入的阈值效应，切实促进高技术企业的创新活动。

5.2.1 完善高新技术企业的治理结构

会计准则的严格遵守以及理性的研发投入离不开完善的公司治理结构。因此笔者认为要想从根本上避免报表数据被人为操纵，使企业的研发投入能得到可靠的计量，同时使研发投入能够符合公司的长期规划，治理结构作为内部保障，高新技术企业必须将其监管工作纳入核心管理范畴。

高新技术企业的治理结构需要完善企业的内部监督和约束机制。监事会、审计委员会、内部审计机构等必须独立地对财务工作是否合法合规进行监督检查，行使监管职权，这样才能减少虚假财务信息，确保会计信息质量保障体系的有效运行。建立和完善对经理人的激励约束机制，实行与长期经营业绩挂钩的评价标准，例如期股、期权薪酬制度等，提倡经理人站在提高公司长期经济效益的层面上，有效杜绝短视行为。

高新技术企业通过建立合理的约束机制，使经理层能够摆脱对高新技术企业资质的过分看重，转而关切企业的长期绩效，使企业的研发强度能够与企业的发展需求、资金实际需要量相一致，这样高新技术企业的研发投入才会变得理性化。

5.2.2 调整高新技术企业的优惠政策

正如一些文献研究表明（余明桂 等，2010；逯东 等，2012），政府的这种优惠政策，对高新技术企业研发投入可能会产生挤占效应。因此笔者认为，当前我国与资质认证配套的大量优惠政策，可能对高新技术企业研发投入产生了一定的负面激励影响，政府应合理设置并适度调整当前高新技术企业所享的优惠政策。

政府需降低企业对优惠政策的过度追求，引导企业回归到研发创新的发展轨道上。政府应当对科技进步进行政策上的激励，但其扶持力度应该与国家的财政实力相适应。税收优惠需要保持合理的比例，而财政补助应与各项事业的发展保持平衡。优惠政策既不会逾越政府的财政承受能力，也不会破坏市场对科技发展的基本调控作用。

在对高新技术企业发展提供政策优惠的同时，必须加强对高新技术企业税收优惠和政府补助的管理。每出台一个优惠政策都会对行政管理造成影响。因此，在管理高新技术企业时，无论是税收优惠还是政府补助项目，政府都应该严格按照相关法律来开展工作。同时在税务部门或科技部门执行工作时，地方政府相关部门不应进行太多行政干预，要保证一定的独立性。针对企业滥用国家优惠政策的行为，不应姑息养奸，应加大惩处强度，通过一系列辅助措施，创造公平、有效的政策环境，促进高新技术企业的发展。

5.2.3 健全当前国家高新技术企业认定政策

高新技术企业研发强度聚集在认定政策所要求的比例附近的阈值效应，以及上市公司ROE分布随配股资格线变迁而相应变化的阈值效应，揭示了上市公司为应对国家相关政策资格管制而采取的"上有政策，下有对策"之内部操纵现象及其成因。是否应取消研发投入比例设置还是进一步调整？笔者认为监管机构可先放宽对这一比例的要求，再直接取消该比例设置。

以会计指标为基础的监管会遇到指标难以合理化的问题，同时不完善的会计准则和制度也会方便企业进行内部操纵。现行的会计准则和制度允许企业选择不同的会计方法来处理相同的交易，不同的会计方法下会产生不同的会计数字；管理者还可以控制交易时间，以延迟或提前记录交易入账的时间。这些方法最终都可以改变会计数字。尽管为提高会计信息的真实性，监管部门已采取许多措施，例如注册会计师的独立性审计。但由于各种缺陷也存在于中介机构本身的制度中，因此要对企业业绩进行有效监督十分困难。

由此可看出，取消高新技术企业认定政策中关于研发强度的门槛是必然的，2006年证监会取消上市公司配股政策中关于ROE的门槛值也印证了这一点。但在这之前必须要有过渡政策作为缓冲。从会计指标的设计来看，企业极易操纵单一会计指标，因此应该通过建立完善的指标体系，来增加各种指标之间的钩稽关系，从而加大操纵难度。比如在研发强度以外添加资本化研发投入占研发投入的比例、研发投入占净资产的比重。之所以要在取消这一指标之前有这样的缓冲政策，是为了在减弱企业操纵会计数字动机的同时，避免高新技术企业数目随着骤然的政策放松而极速膨胀，扰乱相关政策的顺利实施。同时研发投入并不能等同于研发能力，二者存在一个转化率的问题；而不同企业的资产利用效率也有较大的差别，使得技术创新能力与研发强度存在差异，政策在以鼓励高新技术企业创新发展为目的时不能只注重此比例。

就监管的技术而言，监管机构单以企业申报指标作为判断依据是远远不够的，这必须做出合理调整。此外，针对企业研发费用归集、高新技术产品（服务）收入核算方面不达标等问题的鉴别，已经在证券监管部门的审批中有所体现，但并无解决措施来处理企业同时操纵营业收入与研发费用以控制研发强度的问题。由于会计准则对利用非正常项目的限制越来越多，企业已经开始转向通过操纵应计项目来修饰报表，只有随之变化和提高监管部门的鉴别方式，监管的水准才能提高。同时笔者认为将公司治理结构的监管作为一项基础工作引入监管范畴，也能引导研发投入行为趋于理性。

5.2.4 改善企业外部研发环境

当前我国存在的一些外部环境因素对高新技术企业研发投入产生了一定抑制效应，企业普遍缺乏加大研发投入的动力。如何进一步提高和完善我国专利保护制度，净化和降低企业寻租交易的空间环境，对引导和鼓励高新技术企业形成研发驱动的创新精神具有重要现实意义。

一是改善专利保护环境。以知识和技术创新为特征的研发具有公共产品性质（Tassey，2004），产品研发出来后就易迅速被对手模仿，企业只有在认为自身能够独占全部或部分创新带来的利益时，才会有动力进行研发投入。而我国高新技术企业研发创新动力不足的原因很大程度上归咎于当前知识产权保护体系的落后（庄子银，2009；杨其静，2011）。事实上，当前国内仿冒伪劣商品泛滥、山寨盛行的现象，很大程度上证明了这种观点。随着经济发展、技术进步，市场竞争也在加剧，如何保护专利也面临着新的挑战。保护专利仍需要进一步强化和完善专利行政执法。

二是改善寻租交易环境。研究发现，利用政治关联进行寻租交易的企业，在获得政府补助下不倾向于进行研发投入（余明桂 等，2010；张杰 等，2011；杜兴强 等，2012）。具有政治关联的高新技术企业的确可以通过寻租来获得更多的政府补助，但这种方式下取得的财政补贴不仅会抑制企业研发投入的动机，不利于企业业绩的提升，而且还会使得整个社会资源得不到有效配置，社会也无法维持正常的经济秩序。其他一些环境因素，例如地区金融发展不足（解维敏 等，2011）等，一定程度上抑制了我国企业研发投入的积极性。

三是改善委托理财等短期投资环境，限制高新技术企业短期投资规模，让投机行为给实业发展让路。对委托理财等业务要加强监管，杜绝违规行为的产生。现在某些高新技术企业的产品收益比委托理财的收益还低，这会促使管理者继续加大短期投资，而不是为企业的创新发展寻求新的出路。长此以往，高新技术企业相关政策会失去其背后的价值。即使委托理财可能会给企业带来高额回报，但高新技术企业不应利用这些收益来粉饰业绩，欺骗广大投资者以及政府相关部门。因此，必须对高新技术企业的委托理财等短期投资的方式和规模进行合理的约束，促使企业加大研发力度，努力创新，实现科技企业的社会使命。

参考文献

[1] 安同良，施浩，ALCORTA L. 中国制造业企业R&D行为模式的观测与实证：基于江苏省制造业企业问卷调查的实证分析 [J]. 经济研究，2006（2）：21-30.

[2] 安同良，周绍东，皮建才. R&D补贴对中国企业自主创新的激励效应 [J]. 经济研究，2009（10）：87-98.

[3] 陈小悦，肖星，过晓艳. 配股权与上市公司利润操纵 [J]. 经济研究，2000（2）：30-36.

[4] 戴捷敏，孔玉生. 配股公司盈余管理行为分析：来自2001年—2005年沪深两市的经验证据 [J]. 审计与经济研究，2008（1）：71-76.

[5] 戴小勇，成力为. 研发投入强度对企业绩效影响的门槛效应研究 [J]. 科学学研究，2013，31（11）：1708-1716.

[6] 杜兴强，曾泉，王亚男. 寻租、R&D投资与公司业绩：基于民营上市公司的经验证据 [J]. 投资研究，2012，31（1）：57-70.

[7] 阎达五，耿建新，刘文鹏. 我国上市公司配股融资行为的实证研究 [J]. 会计研究，2001，2（1）：534-539.

[8] 郭研，刘一博. 高新技术企业研发投入与研发绩效的实证分析：来自中关村的证据 [J]. 经济科学，2011（2）：117-128.

[9] 蒋义宏，魏刚. 中国上市公司会计与财务问题研究 [M]. 大连：东北财经大学出版社，2001.

[10] 蒋义宏. 配股资格线的变迁与 ROE 分布的变化：中国上市公司"上有政策，下有对策"图解 [J]. 经济管理, 2003（2）：61-67.

[11] 杰恩, 川迪斯. 研发组织管理：用好天才团队 [M]. 柳卸林, 杨艳芳, 等译. 北京：知识产权出版社, 2005.

[12] 解维敏, 方红星. 金融发展、融资约束与企业研发投入 [J]. 金融研究, 2011（5）：171-183.

[13] 李春涛, 宋敏. 中国制造业企业的创新活动：所有制和 CEO 激励的作用 [J]. 经济研究, 2010, 15：135-137.

[14] 李四能. 配股政策变更、盈余管理及其对审计的启示：基于 1993—2008 年度 A 股市场经验数据 [J]. 福州大学学报（哲学社会科学版）, 2011（1）：30-36.

[15] 林彬. 二元股权结构下的上市公司配股行为研究 [J]. 证券市场导报, 2004（4）：10-15.

[16] 刘运国, 刘雯. 我国上市公司的高管任期与 R&D 支出 [J]. 管理世界, 2007（1）：128-136.

[17] 逯东, 林高, 杨丹. 政府补助、研发支出与市场价值：来自创业板高新技术企业的经验证据 [J]. 投资研究, 2012（9）：67-81.

[18] 罗婷, 朱青, 李丹. 解析 R&D 投入和公司价值之间的关系 [J]. 金融研究, 2009（6）：100-110.

[19] 孙铮, 王跃堂. 资源配置与盈余操纵的实证研究 [J]. 财经研究, 1999, 25（4）：3-9.

[20] 吴文锋, 胡戈游, 吴冲锋, 等. 从长期业绩看设置再发行"门槛"的合理性 [J]. 管理世界, 2005（5）：127-134.

[21] 吴延兵. R&D 与生产率：基于中国制造业的实证研究 [J]. 经济研究, 2006, 11：60-71.

[22] 吴祖光, 万迪昉, 吴卫华. 税收对企业研发投入的影响：挤出效应与避税激励：来自中国创业板上市公司的经验证据 [J]. 研究与发展管理, 2013, 25（5）：1-11.

[23] 肖虹, 曲晓辉. R&D 投资迎合行为：理性迎合渠道与股权融资渠道？——基于中国上市公司的经验证据 [J]. 会计研究, 2012（2）：42-49.

[24] 杨其静. 企业成长：政治关联还是能力建设？[J]. 经济研究, 2011（10）：54-66.

[25] 余明桂, 回雅浦, 潘红波. 政治联系、寻租与地方政府财政补贴有效性 [J]. 经济研究, 2010（3）：65-77.

[26] 原红旗. 上市公司配股政策 10 年变迁：企业与政府的博弈分析 [J]. 经济管理, 2002, 22：74-81.

[27] 张杰, 周晓艳, 李勇. 要素市场扭曲抑制了中国企业 R&D？[J]. 经济研究, 2011（8）：78-91.

[28] 赵武阳, 陈超. 研发披露、管理层动机与市场认同：来自信息技术业上市公司的证据 [J]. 南开管理评论, 2011（4）：100-107.

[29] 朱云欢, 张明喜. 我国财政补贴对企业研发影响的经验分析 [J]. 经济经纬, 2010（5）：77-81.

[30] 庄子银. 知识产权、市场结构、模仿和创新 [J]. 经济研究, 2009, 11: 95-104.

[31] ARROW K J, KURZ M. Public Investment, the Rate of Return, and Optimal Fiscal Policy [M]. Baltimore: John Hopking Press, 1970.

[32] BAUMOL W J. The Free-Market Innovation Machine [M]. Princeton: Princeton University Press, 2002.

[33] CARPENTER R, PETERSEN B. Capital market imperfections, high-tech investment and new equity financing [J]. Economic Journal, 2002, 447 (112): 54-72.

[34] DAVID P A, HALL B H. Heart of darkness: modeling public-private funding interactions inside the R&D black box [J]. Research Policy, 2000, 29 (9): 1165-1183.

[35] DELONG J B, SUMMERS L H. Equipment Investment and Economic Growth [J]. The Quarterly Journal of Economics, 1991, 106 (5): 445-502.

[36] EBERHART A C, MAXWELL W F, SIDDIQUE A R. An Examination of Long-Term Abnormal Stock Returns and Operating Performance Following R&D Increases [J]. Journal of Finance, 2004, 59 (2): 623-650.

[37] GROSSMAN G, HELPMAN E. Innovation and growth in the global economy [M]. Cambridge, MA: MIT Press, 1991.

[38] HANSEN B E. Threshold Effects in Non-dynamic Panels: Estimation [J]. Testing, and Inference, Journal of Econometrics, 1999, 93 (2): 345-368.

[39] HARTMANN G C, MYERS M B, ROSENBLOOM R S. Planning Your Firm's R&D Investment [J]. Research Technology Management, 2006, 49 (2): 25-36.

[40] LACH S. Do R&D subsidies stimulate or displace private R&D? Evidence from Israel [J]. The Journal of Industrial Economics, 2002, 50 (4): 369-390.

[41] ROMER P M. Endogenous Technological Change [J]. Journal of Political Economy, 1990, 98 (5): 71-102.

[42] TASSEY G. Policy Issues for R&D Investment in a Knowledge-Based Economy [J]. Journal of Technology Transfer, 2004, 29: 153-185.

[43] VARUM C A, CIBRAO B, MORGADO A, et al. R&D, Structural Change and Productivity: The Role of High and Medium-High Technology Industries [J]. Economia Aplicada, 2009, 13 (4): 399-424.

[44] WANG C H. Clarifying the Effects of R&D on Performance: Evidence from the High Technology Industries [J]. Asia Pacific Management Review, 2011, 16 (1): 51-64.

[45] YANG K P, CHIAO Y C, KUO C C. The Relationship Between R&D Investment and Firm Profitability Under a Three-Stage Sigmoid Curve Model: Evidence from an Emerging Economy [J]. Ieee Transactions on Engineering Management, 2010, 57 (1): 103-117.

[46] YEH M, CHU H, SHER P, et al. R&D Intensity, Firm Performance and the Identification of the Threshold: Fresh Evidence from the Panel Threshold Regression Model [J]. Applied Economics, 2010, 42 (3): 389-401.

[47] 国家统计局, 国家发展与改革委员会, 科学技术部. 中国高技术产业统计年鉴2014: 汉英对照 [M]. 北京: 中国统计出版社, 2014.

篇二：

融资约束与企业创新行为

关系型债务与企业创新行为
——基于我国中小企业板及创业板的数据

1 引言

　　企业的自主创新能力对我国总体经济的发展有着至关重要的作用。对于一家企业而言，影响其自主创新能力的因素有很多，包括宏观上的社会文化价值、政策上对知识产权的保护，企业所在行业的发展状况、竞争程度、行业规模等；同时企业内部的资本结构、公司治理等方面对企业的创新能力也有一定的影响。其中资本市场的支持对企业创新能力的作用不可小觑。充分的资金支持是企业创新的基本保障，成熟的资本市场可以为企业创新提供良好的环境。一个健康和丰富的资本市场可以促进企业对资本的取得，产生良好的推动作用，从而保障和促进企业的自主创新能力，提升我国企业在国际市场中的竞争地位。我国政府也将大力发展资本市场作为推进企业自主创新的一项重要举措。

　　在股权分置改革之后，创业板和中小企业板得以创建，融资融券业务和股指期货交易量不断扩大，我国的证券市场在稳步快速发展。这些年来，债券市场的总体规模在我国迅速壮大，我国也因此成为世界上债券市场发展速度较快的国家之一。根据中国证监会网站统计，2007年《公司债券发行试点办法》颁布后，当年债权融资额高达5 059亿元，2008年债权融资额达到8 435亿元。截至2010年，我国债权余额已经超过20亿万元；近几年我国债权市场继续扩张，截至2012年年底，其存量超过25亿万元。（温军 等，2011）

　　银行改革后，国有商业银行一改其企业消极资金提供者的形象，逐渐加强对企业的外部约束，向市场化方向转型。与此同时，股份制商业银行和外资银行也得到了迅速的发展。银企改革后，分配机制逐渐市场化，银行与企业的关系也逐步弱化，相互依赖的程度逐年降低。然而，我国的市场化程度相对西方经济发达国家而言，依然不够发达，有许多企业仍需要依靠银行贷款、其他金融机构借贷、中介业务以及各种金融衍生工具来获得资金上的支持。就目前而言，由于银行贷款的程序相对简单，融资成本较低以及渠道灵活等特点，其一直是企业债权融资的主要方式。

　　国外学者对企业的研发行为已经有了多年的研究，也进行了较为丰富的关于企业创新能力和研发费用的关系分析。国内的会计政策并未强制要求企业披露其研发费用的相关数据，因而这方面国内实证研究并不丰富，目前主要的文献集中于规范研究以及通过宏观层面对研发费用进行的描述性统计分析，包括一些小规模的案例研究。另外，有一些研究涉及我国研发的会计政策和世界各国的会计准则的差异，以及对研发费用具体数额的影响因素等。但是国内对研发资金来源方面的研究相对较少，能将研发来源与企业创新能力的关系研究清楚的文献就更为稀缺。

根据上文关于研究背景的分析可知，企业对融资渠道的选取应该会和企业研发有一定的影响。而我国企业的融资方式如何选择，如何处理企业和银行间的关系又会对企业融资的选择产生一定影响。

笔者将以我国创业板和中小企业板上市公司的情况为研究样本数据，通过实证分析的方法来研究企业对研发费用的投入行为，将其与关系型债务融资方式结合起来，从企业获取融资的源头来分析关系型债务融资选择是否对研发投资情况有所影响，其影响是否积极，相关性如何，还会对哪些相关因素造成影响。探讨完这些问题后，将形成相关文献结论，对企业研发费用筹集渠道的选择会有一定的启示作用，对今后的学者研究企业研发方面也有一定的参考价值。

2 概念界定与文献综述

在梳理文献的过程中，笔者发现在企业研发费用与融资渠道这一领域，国外文献要显著多于国内文献。国内关于研发费用的研究文献数目本身较多，但关于关系型债务的研究文献相对较少，结合两者进行研究的文献更稀少。总体而言，现有国内文献对研发费用与关系型债务的相关性研究还处于起步阶段。

2.1 研发投资的影响因素

2.1.1 研发投资与公司治理

Joseph Alois Schumpeter（1939）提出了企业技术创新的理念和大企业比小企业更具有创新积极性的假设。Worley（1961）的研究结果表明，大企业的研发投资增长速度可以随着公司规模的增大而加快，因而大企业的研发投资相对小企业能够取得更多的成果。Soete（1979）的研究成果支持了上述观点。但是，Himmelberg、Charles P、Bruce C、Petersen（1994）通过实验假设和验证的方式探讨了公司规模与研发投资的关系。他们发现，小企业受制于资金规模小、人员素质低等因素，不具备研发投资优势；大企业恰恰相反，拥有更多优势，但是由于替代效应因素，公司规模超出了特定范围后，大企业的研发投资强度就会小于小企业，此时，中小企业就更具创新效率。

Nakahara（1997）认为，企业的高层管理者的决策支持对研发投资有积极促进作用。Piga（2003）的研究表明，所有权集中度较高的企业，其研发活动往往更具效率。

Chang-Yang Lee（2002）在研究研发投资时发现，企业长期以来拥有的知识技术与研发密度呈负相关关系。J. Dong 和 Y. Gou（2010）实证研究了我国深沪证券交易所上市的公司，且重点研究了制造业公司，其结果表明公司治理对企业研发活动有较为显著的影响。外部独立董事的影响力越高的企业，其研发投资相对越高，而内部管理权却与企业的研发活动呈负相关关系。国家持股和其他所有权持股对研发活动没有显著影响。

柴俊武和万迪昉（2003）对企业的研发投资与科学技术创新产出进行了实证分析，研究结果表明企业研发投资与公司规模并非简单的线性关系，其关系更接近于二次函数曲线。王任飞（2005）表示，各解释变量在一定的范围内，企业规模、赢利能力和研发投资三者之间均呈正相关关系。

文芳、胡玉明（2009）针对我国上市公司的高管特征和研发投资进行了实证分析。他们认为，高管的受教育程度、职业经验对研发投资有着正向调节作用，而高管的年龄和从业年限对公司的研发投资的影响不大。刘星和魏锋（2004）认为，公司管理层结构和研发投资有正相关关系。同时他还指出，企业的资产收益率和专利丰富程度呈正相关关系。

刘新同（2009）在对我国民营企业的研发投资进行研究时发现，我国民企的研发投资资金来源较为单一，政府层面缺乏相应的政策机制来保障民企的研发投资活动，致使我国民企在科技创新上势单力薄，发展困难。他提出应该加强相应的投资，完善相关制度，保障民营企业的研发创新活动。

分析上述文献可以看出，国外对企业研发的研究结论表明，治理程度高、规模大的企业对研发投资更具效率，研发投资强度往往也相对较强；而中小企业往往受各种条件限制，研发规模不如大企业。总体而言公司治理对企业研发投资是相关、有效的。国内学者的研究成果基本上也印证了上述观点，良好的公司治理对企业研发有促进作用，尤其是企业规模。这也就意味着中小企在研发上有着先天不足。

2.1.2 研发活动的价值相关性

以上文献主要讨论了哪些因素可以影响研发投资的规模和范围。当然，也会有一些因素对相同投资规模的研发费用造成不同的价值影响。国外学者在研究研发费用的时候，最初往往是直接对研发的一些相关因素进行实证分析，而国内学者受新会计准则中对研发资本化的相关政策的影响，对研发活动最终的资本化价值进行了一定的研究。在我国，企业研发活动的最终资本化结果往往是无形资产，因而对研发投资的成果研究就进一步转化为了对企业的无形资产的研究。

薛云奎、王志台（2001）对我国上市公司无形资产进行研究时发现，无形资产的占比对企业的绩效有一定的积极影响，并实证分析了其余研发投资的相关性，认为二者呈显著的正相关关系。程小可（2010）在研究研发支出的具体项目时发现，将无形资产扣除研发活动的资本化费用后的部分，与企业绩效间的显著程度要高于研发费用与企业绩效间的显著性。王宇峰（2011）在对研发披露程度与企业无形资产价值的研究中发现，资本化支出和费用化支出与股票的价格的相关程度并不一致，研发披露程度越高，其对股票价格的影响越显著。刘虹、肖美凤（2012）通过对研发投资与政府补助的研究，认为政府补贴对企业研发投资的影响并非简单的线性关系，而是呈现倒 U 形曲线关系。因此当政府补助超过了临界点，其对研发投资的影响便呈负相关关系。李勤远（2012）通过研发投资的性质分类研究，认为大股东持股比例对研发投资与企业绩效的关系有显著的负调节性，而股权制衡则有正向调节作用。

2.2 关系型借贷理论

关系型借贷（relationship lending）是指银行和企业之间通过相互建立的合作关系来对贷款提供决策依据，这种合作的关系建立在双方长期和多渠道的相互接触的基础上。这种交易关系通常需要银行与企业间保持长期合作、关系较为稳定并且相对封闭。对企业来说，这称为关系型债务（relationship debt）。通常达成关系型债务的企业会固定地与一两家银行建立此种关系。这种借贷行为不同于传统的借贷行为，其没有建立在到期偿债付息的行为上，而主要通过银企关系。因此，也被称为异质债务。

关系型债务对企业而言，资金成本要低于交易型债务。其本质是将关系建立在银行长期与企业合作而产生的相互信任上,从而控制借贷风险。从某种层面来讲,银行在提供贷款时将其对借贷风险的评估转化为对风险的控制,从而通过参与企业的债务治理而降低风险,保障收益。青木昌彦(2001)提出,关系型借贷也是投资人在不确定情况下,为获得租金而增加的融资方式。

2.2.1 关系型借贷与交易型借贷

美国学者 Berlin 和 Mester(1997)在对商业银行借贷进行研究时,认为可以将其分为"交易型借贷"(transactional lending)和"关系型借贷"(relationship lending)两种。对于交易型借贷而言,企业对贷款的保障往往依赖于可量化的信息,例如公司财务质量、往年信用评价、抵押品的数额和质量等。这些信息是硬性指标,一般不受主观因素所影响,因而在业务联系中信息也较为充分。他们还指出交易型借贷基本上为短期交易,往往仅发生一次或数次,后续业务联系较少,对长期建立的信用关系要求不高。关系型借贷则更多依赖于主观因素,商业银行在对企业偿债能力的判断上更多关注与其建立的长期业务关系。这种情况下,各渠道所反馈的信息往往无法量化为具体指标,总体而言和企业的信誉、经营情况、发展潜力等因素相关。这些软指标一般无法通过财务报表、数据等进行详细的总结和分析。

2.2.2 关系型借贷与公司治理

Angelini、Salvo 和 Ferri(1998)认为良好的银企关系有益于降低贷款的担保,对抵押品的要求也会放宽。Boot 和 Thakor(2000)认为银企之间的合作关系的时间对贷款定价有积极的影响作用。Ferri 和 Messori(2000)认为,良好并长期有效的银企关系有利于保证中小企业贷款的定价,从而降低市场行情对其的影响。Bodenhorn(2003)认为,如果企业与银行建立了良好的长期合作关系,那么其更有可能获得信贷条件协商的机会;对银行而言,也因拥有企业非公开的信息而据有借贷成本优势。

Fenghua 和 Anjan(2007)认为,银行在处理贷款信息时,往往会优先选择已建立长期稳定关系的核心客户。他们还实证分析了银行和核心客户的资产负债情况,认为二者呈显著的正相关关系。

Doris、Solvig 和 Christoph(2006)以瑞士的中小企业上市公司为研究样本,对其关系型债务与银行贷款做了实证分析,认为银行贷款的降低会在一定程度上造成借贷关系的集中度的升高。银行规模的区分日益加强,其对贷款类型的分工也日渐明显。

就我国目前而言,付明明(2005)认为通过企业获得贷款的成本数据可以判定其关系型贷款的价值和数额。郭田勇和李贤文(2006)通过实证分析,认为中小企通过银行获得关系型债务的案例较为稀少;但张杰、经朝明和刘东(2007)认为虽然中国金融体系缺乏多样化交易需求特性的信息处理能力,但商业信贷、关系型借贷间存在着相互替代的关系。孙阳、王艳芳(2010)认为,由于信息不对称,即便是利率完全放开,中小企业获得贷款的能力依然有限,融资难题仍将持续。

张捷(2002)认为企业性质的不同会造成企业获得关系型借贷的困难程度有所差异。不同组织结构的银行在选择贷款的时候也会偏向不同经营状况的企业。大银行更具优势,其往往有权利去选择偿债能力更优的企业;而中小银行更多地为中小企业提供贷款,因为中小企业往往由于信息披露的不完善、账务记录的不完备,导致其数据上体现为偿债能力较弱。银行规模与银企的借贷关系的持续时间呈负相关,即中小银行与中小企业的合作往往更稳定。

通过分析可以看出，国内外学者普遍认为关系型借贷在一定程度上可以起到良好的公司治理作用，能够为企业创造更好的融资环境，一定程度上降低其融资成本。但是就中小企业而言，关系型借贷对其公司的治理效应更为明显，但是获取关系型借贷的途径和渠道往往成为制约因素。

2.3 关于研发投资与债权融资研究

2.3.1 研发投资与同质债务

Williamson（1988）在同质债务理论下，率先对债权融资和股权融资对企业的治理效应进行了研究。同质债务理论认为企业的债务从本质而言是相同的，不应作区分，而应看作一个整体来综合考虑。在此理论背景下，普遍认为股权融资相对于债权融资更能保障研发投资，更具有治理效应。实证结果显示研发密度与债务在资本中的占比呈负相关关系，归纳其原因，有以下几点：

（1）企业的债务融资契约具有刚性。O'Bien（2003）的研究结论显示，由于债务融资更强调企业的偿债能力，银行与企业建立债务关系时达成的债务契约要求企业在债务到期日须偿本付息，企业对债务资金的处理优先级要高于其他资金的处理。如企业无法满足，则会通过破产清算的方式满足银行对其的偿债要求。

（2）银行在与企业的同质债务关系中，投资收益固定，无法因企业经营业绩的大幅提高而获得额外收益。Gugler（2001）提出，由于债务双方在达成契约时已对到期回报做了明文规定，因而银行就不会对企业做更多的监督和治理，因为对于银行来讲，已经有债务契约对收益做了充分规定，企业的破产清算作为最低保障。

（3）无形资产不具可抵押性或可抵押性较差。David等（2008）在对研发投资产生的无形资产进行研究时提出，研发投资创造的无形资产价值对企业有特定的专用性，因此对本企业而言，能够为其创造更多的价值。但是对于其他企业而言，往往不具针对性。因此在债务关系中，无形资产的可抵押性较差，甚至不具有可抵押性。

2.3.2 研发投资与异质债务

随着债务研究的发展，有些现象无法更好地用同质债务理论解释，因此逐步产生了债务不同质的观点，学者们也逐渐提出了异质债务理论。

Agarwaland Hanswald（2007）通过总结前人的研究，提出债务主要分为交易型债务和关系型债务。交易型债务具有固定的期限和利息收益；而关系型债务具有一定的股权性质，即投资收益不固定，投资期限不确定。因而，不同质的债务对研发投资带来的影响也不同。

（1）关系型债务契约具有更多灵活性。王广谦（2003）在对我国商业银行和借贷企业进行研究时发现，有很多企业已经和银行形成了长期稳定的契约关系。在这种关系下，当企业经营不善导致到期无法偿债的时候，银行会通过其他途径协助企业渡过危机，而非强制企业破产清算。企业可以获得更充足的时间来完成研发投资，从而不会因为偿债压力而使研发投资中断。

（2）关系型债务治理效应更明显。对于银行而言，企业的良好业绩表现也会增加关系型借贷带来的收益，从而使银行更主动地对企业的经营活动进行监督。这种治理监督行为往往从资金的管理上直接体现。因此，银行的行为无形之中为企业研发投资的资金专用性提供了保障，因而关系型债务的治理效应要远高于交易型债务。

（3）有效地防止逆向选择和道德风险的产生。Hoskisson（2002）提出交易型债务会导致债权人与股东的目标不一致从而产生逆向选择和道德风险。温军（2011）提出关系型债务使银行在某种程度上扮演了企业股东的角色，从而使债权人和股东的目标相一致，抑制道德风险和逆向选择带来的负面效应。

（4）关系型债务有利于保护资产的专用性。David 等（2008）认为，企业通过交易型债务的方式融资，就需要披露融资目的及相关信息，而当此时是进行研发投资，就需披露研发信息。这势必造成研发信息的泄露，导致竞争对手的模仿甚至抄袭。而关系型债务融资不需进行公开信息披露，此时商业银行会扮演企业研发信息保护者的角色，因此能够保护研发投资。

根据上述分析可知，异质债务理论中，交易型债务其实是原本的同质债务，关系型债务具备不同于以往债务的特质，两种债务对企业研发投资的治理效应也有明显区别。

2.4 关系型债务与研发投资

温军、冯根福和刘志勇（2011）以我国 2004—2008 年全部 4 249 家（金融类企业不包括在内）的上市公司为数据样本进行了实证研究。在对关系型债务与企业规模以及研发投资三者的实证研究中发现：关系型债务对研发投资是一种有效的治理机制；研发投资密度越高的企业，关系型债务在总债务中的占比越高，较高的占比提高了企业研发投资的效率；企业规模对这种关系存在显著的负调节效应，以银行贷款为主的关系型债务对中小企业的重要性要显著高于大型企业。

许烨（2012）以我国 2008—2010 年制造业上市公司中的 123 家企业年报披露信息为样本，对研发投资、关系型债务和企业性质进行了实证分析，验证了温军等人关于关系型债务与企业规模和研发的研究结论，并进一步指出企业性质对研发投资和关系型债务之间的正相关关系存在显著的负向调节作用。

3 研发投资、银企关系及理论分析

发达国家的企业，研发投资行为普遍要高于发展中国家。一个企业的科技创新的主要驱动力就是研发费用。在美国经济分析局最新宣布的 GDP 统计方式中，首次将研发等指标纳入 GDP 统计范畴，可见西方国家也依然持续着对研发活动的重视。

而我国研发活动在企业经营中占据的地位往往较低，自主创新力度和国外企业相比差之甚远，这也受到了科技实力和综合国力的影响。虽然发展程度并不高，但是发展速度却有着长足进步。

在我国，中小企业往往更需要研发经费的支持。一组较老的数据显示，我国有超过 78% 的创新产品的开发与市场投放、近 76% 的科学技术创新、超过 65% 的发明专利是由中小企业完成的（李士萍，2006）。企业进行研发，就需要资金的支持。虽然政府对研发投入逐年加大，但是中小企业在我国依然面临着融资难的局面，中小企业日渐增强的研发经费需求与目前融资较为困难的矛盾一直存在。

3.1 我国银行和企业的关系

3.1.1 银企关系现状

中小企业是我国国民经济的基础，在我国分布区域广泛，数量众多，对国民经济的稳步、可持续发展和社会就业保障都有着积极影响和重要意义。但在我国中西部地区和内陆省份，中小企业的劳动者和管理者素质普遍偏低，其资金来源更多的是农业积累以及城镇居民有限的收入，而通过财政拨款、银行筹资等渠道获取的资金相对有限，因而往往没有足够资金作为保障。

很多中小企业是当地基层政府主办的，其发展规模受当地市场限制，很难走向专业化生产道路，势必产生经营风险高、账务体系不完备等特点。由于商业银行贷款投放更多地考量企业利润与风险，很多中小企业便难以获得商业银行的贷款。

3.1.1.1 资金供求关系的不协调

商业银行寻求自身利益的根本做法是通过存款的吸收，以及发放贷款，从中平衡资本成本与资本风险，获得利益。银行对企业的借贷情况更多基于其经营成本和经营风险。我国中小企业因其营运状况很难获得充分的贷款量，银行更倾向于提供款项给财务体系完善的大企业。

我国的大企业更多的是国有企业等，这些企业本身资金雄厚，对于贷款需求量相对较少。再者，由于我国储蓄率相对较高，其实银行所拥有的信贷资金相对较为充足；而我国中小企业却面临着需要资金但无法贷到款项的尴尬局面。这种银行与中小企业资金关系不协调的局面使得中小企业发展受资金限制，更难以保障研发投资需求。

3.1.1.2 中小银行资金实力与中小企业数目众多的矛盾

大规模的银行更倾向于为大企业提供贷款，而中小企业获得的银行贷款更多来源于中小银行。我国为了支持中小企业发展，也在地方增设了很多地区合作性质的中小银行，比如各地城市信用社、农村合作银行等。中小企业的融资需求主要由这些银行满足，双方也更倾向于建立长期的业务合作关系。

但是中小银行的发展往往受地区、规模化限制，吸收存款的能力往往也不如大型商业银行，部分地区中小银行还面临着机制不完善、营运不规范等问题，产生了过多不良贷款，使得其自身抵御金融风险的能力较低，资本储备能力有限。因此，有限的中小银行只能缓解我国中小企业的融资需求，无法从根本上解决中小企业融资问题。

值得一提的是，中小银行与中小企业之间更多倾向于建立长期、稳定的业务合作关系。由于双方规模均较小，业务量相对单一，因此双方利益更加趋于协同，其借贷性质也往往属于关系型借贷。当中小企业由于经营危机造成资金问题时，与其建立长期业务关系的中小银行更倾向于协助其解决资金问题，而非强制要求偿债。

3.1.2 中小企业与银行的关系型融资分析

我国中小企业更多依赖于自身内源融资。但是当其内源融资规模较为固定，而又需要更多的资金投入生产经营时，便不得不依赖于外源融资解决其对资金的需求。对于外源融资，我们可以将其划分为股权融资、交易型借贷融资和关系型借贷融资三种融资方式。

3.1.2.1 中小企业获得股权融资和交易型贷款较难

目前，我国中小企业的融资结构还是较单一。在股权融资方面基本处于起步阶段，融资规模十分有限。

与美国相比，我国中小企业的融资结构与美国中小企业存在巨大差别。根据世界银行下属的国际金融公司的调查数据（2006）显示，我国中小企业的发展资金，绝大部分来自于内源融资，即自有资金（主要是业主自有资本和企业内部留存利润）；而外源融资中的股权融资与公司债券等直接融资比率不到1%（见表3-1）。

表 3-1　　　　　　　　　中美中小企业融资机构比较

	自有资金	银行贷款	发行债券	股权融资	其他
我国中小企业	60%	20%	0.3%	0.6%	19.1%
美国中小企业	30%	42%	5%	18%	3%

资料来源：根据世界银行下属的国际金融公司的调查数据（2006）等整理

虽然各级政府和金融机构共同致力于加大对中小企业的借贷力度，但中小企业只能从现存的金融体系中获得短期借贷，中小企业的中长期借贷和权益性资本的供给仍然严重不足。对于我国的以科技为主导的中小企业，投入产出周期较长，更需要中长期资金和股份投资保障其研发投资需求，而非短期借贷。

在以银行为主导的金融模式下，中小企业以间接融资为主，通过商业银行获得交易型借贷已是中小企业最主要的融资方式。从我国人民银行的统计数据来看，小型企业的贷款余额要低于中型企业，且远远低于大型企业的贷款余额量，与其相应的资产规模不成正比。

近年来，我国商业银行对贷款的利率要求也在逐步提升。尤其对于中小企业，由于其本身经营特点造成银行对其提供交易型借贷的资金风险要高于大型企业，中小企业能获得的贷款利率在基准利率基础上上浮30%左右，使得中小企业融资成本不断加大。

3.1.2.2　关系型借贷更适宜于我国中小企业

我国大多数中小企业处于飞速成长期，其生产经营活动往往较为依赖专有技术。对于中小企业而言，通过股权融资、交易型债务融资均会严格要求其对信息的披露，从而损害中小企业研发的开展。因此关系型借贷的模式对于中小企业而言更能够保护其研发资本使用的专用性。

我国商业银行，这些年也在不断发展和变革。更多中小银行的不断发展，也对我国四大商业银行的发展起到了促进作用。在经历了股份改革、资本注入、公开上市后，四大商业银行的股权结构有了较大的变化，其逐渐开始注重自身的公司治理结构，同时也更加关注债务人的长期发展，由公司治理机制所降低的代理问题、道德风险等也逐渐被其所重视。

关系型借贷对于企业而言，在一定程度上能够促进公司治理，对于企业的发展和未来企业绩效都有调节和改善的作用。我国商业银行在经历改革后更在乎对企业的债务治理。由于交易型借贷中，银行作为债权人只需评估企业偿债能力，不会对其经营发展做过多干涉，因此在借贷中产生的逆向选择和道德风险也将更多的暴露出来；而关系型借贷恰好填补了债务治理中的这一空缺。因此，相对于固定的利息收入，我国商业银行更加注重企业的长期发展，因而关系型借贷的方式对我国中小企业融资有着重要的意义。

3.2　理论基础分析

3.2.1　优序融资理论

优序融资理论认为，由于交易成本的存在，企业不会平等对待每种融资方式，一定会按照融资成本由低到高产生优先级顺序。一般认为企业的融资顺序会按照先内源融资、后外源融资的方式进行。而外源融资中，债务融资的融资成本低于股权融资，因而企业最后才会考虑股权融资。当企业留存资金充足时，其往往通过内源融资解决融资需求，当其留存资金不足时，才会考虑债务融资和股权融资。

内源融资的融资成本最低，而且由于资金的来源主体为企业自身的股东，因此对于资金的处置也有较高的自由度。相对其他融资方式，内源融资的信息更为通畅，不会因为信息不对称造成过多的交易成本。同样，也没有利息负担和交易税费。

债务融资则要求企业承担一定的资金利息给其提供债务的主体，在债务到期日要向债权人偿还全部的本金，具体偿债形式受制于双方达成债务关系时的债务契约，对企业而言有固定的债务负担。

股权融资则是企业所有权和资本的置换。股权融资带来的是企业的权益和资本的同时增大，企业不用偿还本息，但后果是企业控制权的稀释，经营利润和未来业绩的分散。

对于我国中小企业而言，内源融资优先于外源融资，但是外源融资中债务融资与股权融资的次序往往存在争议。受制于融资渠道的限制、我国资本市场层次的单一与不完善，我国中小企业有时更倾向于股权融资而非债务融资（胡竹枝，2005）。因为对于中小企业来说，资金使用的自由度的高低往往更被其重视。在实际市场条件下，对中小企业而言，董事会更改股权融资得来的资金使用动向往往比债务融资获得的资金更容易。所以，我国中小企业的融资偏好为内源融资、股权融资、债务融资。

胡竹枝由此提出，在我国资本市场中，关系型借贷较受我国中小企业青睐，因为其兼具了股权融资的灵活操纵性与债务融资的融资成本低的特点。

3.2.2 信号传递理论

这一理论始于 John Linter（1960）的研究，后由 Ross（1977）提出。该理论认为，在信息不对称时，公司内部将信息传递于外界的方式有以下几种：率先宣布盈利、宣派股利以及宣布融资。高质量的投资机会往往通过资本结构或者股利政策的选择，将信号传递给投资者们。Alex、Kane 等（1984）通过实证分析发现企业的盈利信息和股利分配是显著相关的，这意味着投资者往往通过二者所传递出的信息判断企业的未来预期发展。

对于企业的研发投资来讲，企业通过研发产生的费用和无形资产都能够向投资市场传递企业未来预期收益情况的信号，这对于研发本身来说意味着是否可以更好地向投资者提供依据，从而吸引投资者和债权人。

但是，公司研发投入情况和进度等，只有公司管理人员才能掌握具体信息。在信号传递出去前，股东是不了解的，管理层和股东之间存在很强的信息不对称。因此，将企业研发信息传递于市场的途径往往是对研发的资本化或费用化的披露。

所以，研发的信息披露往往成为其能否受到市场投资者所认可的重要依据。如果企业未向市场提供充足的研发信息披露或者其披露的信息与投资者预期相差较大，那么就会被投资者认为是消极的信号，从而不利企业研发的融资。但是企业进行研发活动，过多的信息披露不利于对研发投资的保护，可能造成竞争者对企业专业技术的模仿甚至抄袭。因此，是否披露研发信息、对研发信息的披露程度和企业对融资的需求成为矛盾项，这也是信息不对称所导致的问题。

3.2.3 信息不对称理论

信息不对称理论是指，市场活动中往往由于各种因素导致了不同人员对相关信息的掌握程度不同。信息充分的一方，会处于有利地位；而信息贫乏一方，则处于弱势地位。拥有信息较为贫乏的一方往往会通过各种方式来从信息充分的一方获取信息。

现实的经济市场中，信息并不是免费的。所以信息贫乏的一方就会衡量获取信息所带来的收益与付出的成本的关系，从而做出决策。一般来说，大型企业由于其业务渠道广阔，信息较为充分，从而在市场中占据有利地位；而中小企业相对而言就处于信息匮乏地位，为了维持自己在市场中的利益，就需要付出更多成本来获取信息。对于中小企业融资而言，即是如此。但中小企业本身就存在资金较为匮乏的问题，再支出额外的成本用于获取融资信息往往更为困难，这也就很好地解释了为何中小企业在外源融资中往往扮演弱势群体的角色。

3.2.4 逆向选择及道德风险理论

逆向选择是指由于交易双方信息不对称，占用优势信息的一方能够利用自身优势使得自己获益而信息缺乏一方遭受损失。如果信息充分一方代表了劣质品，那么便会产生劣质品驱逐优质品的情况产生，最终导致整个经济市场该产品的平均质量下降。在资本市场上，逆向选择往往指代对最终结果不利的融资者，其寻求资金最为积极，从而最有可能得到资金。而这些融资者最终更易产生违约风险。

道德风险指利益与道德的相背离，经济人会最大程度的使自身利益最大化，在追求利益最大化的同时往往会出现不利于他人的行为。由于经济市场的信息不充分对称以及交易成本的存在，交易双方往往不会处于同一信息平台，导致交易双方无法完全知晓对方的行为变化，从而最终导致一方获得过多利益而一方利益受损。

企业的外源融资中，一般债务融资为主要途径，良好的债务融资渠道能够让企业迅速获得有效资金，从而保障资本运营需求。但是债务人和债权人的信息并不对称，例如在研发投资过程中，债务人为了保护研发的专有性从而不愿意完全披露研发的相关信息；而债权人一旦获得了融资资金，银行往往只寻求债务到期偿还本息，并不会涉及对债务资金的监督，从而导致在交易型债务融资中产生逆向选择和道德风险行为。债务人和债权人均有产生逆向选择和道德风险的可能，在交易过程中也是时刻存在、无法绝对避免的，如何降低逆向选择和道德风险对融资过程造成的不利影响才是更应该关注的问题。

3.2.5 无形资产会计理论

研发支出是指企业在研究和开发过程中产生的各项费用和支出，其中包括：原材料的消耗、资产的折旧、直接参与开发人员的工资及福利费等。一般而言，由于研发投资行为所产生的收益的不确定性和风险程度较高，因此在会计计量上存在一定的困难。研发活动阶段分为研究阶段和开发阶段。在研究阶段的不确定性往往更大；而在开发阶段，技术已经成型，其最终转化为成型的产品的风险较小，此时更容易确定研发投资带来的收益。但是如果最终失败，则意味着之前投入的成本均以费用的形式流失掉，其残余价值很低，所以投资风险相对较高。

对于企业研发信息的披露而言，其不确定性也给投资者和债权人带来很大的投资风险。所以在某种程度上，即使企业对研发投资活动进行了充分的披露，债权人也无法像处理其他信息一样，能够有充分的把握去评估资金风险。又由于交易型债务的收益是固定的，因此债权人更希望将资金投入其他企业活动中。所以无形资产的这种本质特性，使其更适合于吸收股权融资以及收益与风险相匹配的投资方式。但是股权融资对信息披露的要求更高，从而不利于研发信息的专有性的保护。所以，从这个角度而言，关系型债务融资渠道更适合于企业获取研发投资的资金。

4 关系型债务与研发投资的研究设计

4.1 研究假设

对于交易型借贷而言,企业需要按照债权人要求到期还本付息,而研发投资往往更具有不确定性,如果收益无法得到保障,那么企业到期没有偿债能力就需要破产清算,因此对于企业而言,交易型借贷无法为研发投资提供更多保障。而关系型借贷却能够规避这种风险。

再者,对于交易型借贷,银行往往更多地要求企业进行较为详细的信息披露,从而控制交易型借贷的资金风险。过多的信息披露会导致企业研发的专有技术等商业机密被公开,因此不利于企业的研发投资。但是关系型借贷能够从源头上将这种代理成本降至最低。

最后,由于投资者会倾向于保护自身投资资产,使得研发投资中更易产生逆向选择和道德风险。关系型债务能够在一定程度上对逆向选择及道德风险起到抑制作用,使得研发投资更加有效和合理。对于中小企业而言,关系型债务起到的相关作用会更加明显。

基于上述分析,在此提出本书第一个假设:

假设 H1-1:中小企业关系型债务占比与研发密度呈正相关关系。

由于企业经营的最终目的是使企业价值最大化,其直观反映即为企业绩效水平。在生产要素理论中,各种生产要素对工业总产值有着至关重要的作用,研发投资作为生产要素的一部分,其对企业绩效有着重要影响,而且研发投资越大,往往相对产出就越大。

企业关系型债务属于融资方式的一种,属于债务治理范畴,因而会对企业的研发密度有一定的滞后性影响。因此,关系型债务占比对今后的研发密度的影响更大。

基于上述分析,在假设 H1-1 的基础上,提出下面假设:

假设 H1-2:关系型债务占比对研发密度有一定的滞后性影响。

在假设 H1-1 的基础上,我们认为关系型债务更能够保证企业研发的良好运行。同时,对于企业而言,关系型债务相对于交易型债务,其更接近股权融资,企业没有固定的利息费用的负担,因此更有利于企业绩效的表现。

再者,研发投资产生的效果具有一定的滞后性,从长期来看,最终能够体现为企业绩效,在一定程度下,研发密度越高,越有利于企业的长期发展,有利于企业未来的企业绩效的提高。

基于上述分析,在此提出如下假设:

假设 H2-1:研发投资密度与关系型债务占比对企业绩效存在交叉的正影响。

在温军、冯根福(2011)的研究结论中,企业规模对研发密度与关系型债务占比的关系存在反向调节作用,即中小企业的研发密度与关系型债务占比的相关性更显著。

根据前文的分析,我国中小企业通过股权融资较难,其信息披露所带来的成本高,而通过交易型债务融资,又会产生较高的代理成本,且由于中小企业偿债能力相对薄弱,银行也不愿意提供交易型借贷给中小企业,因此,对中小企业而言,关系型债务占比较高的企业其企业绩效可能表现得更为良好。

再者,对于我国银行而言,中小企业发展能力强,银行更愿意为其提供交易型借贷,长期来看也有益于银行,因此企业绩效表现良好的中小企业对关系型债务的筹集能力也更强。

基于上述分析,在此提出本书第二类假设:

假设 H3-1:中小企业关系型债务占比与企业绩效呈正相关。

然而,企业研发投资产出存在滞后性,且对于中小企业而言,本身其企业资本结构较为单一,资金也较为稀缺,研发投资在一定程度上占用了企业融资来源,从而不利于在短期内体现企业绩效。

基于上述分析,本书提出如下假设:

假设 H3-2:中小企业研发密度与企业绩效呈负相关。

假设 H3-3:研发密度对企业绩效的影响有滞后性。

上述假设在一定程度上能够解释为何银行不愿意为中小企业提供交易型借贷,而是对其进行研发投资。

在上述假设的基础上,中小企业研发密度虽然在短期内不利于企业绩效,但是长远看来将会积极地影响企业绩效,而关系型债务占比又分别与研发密度、企业绩效呈正相关。也就是说企业的关系型债务占比能够从资金来源上缓解研发投资效益的滞后性。

基于上述分析,本书提出如下假设:

假设 H3-4:关系型债务占比对研发密度与企业绩效有着积极的调节作用。

4.2 样本选取与数据来源

2007年,新会计准则实施后,企业在研究阶段的支出被计入当期损益,而开发阶段的支出在确认满足规定的条件后,可以被确认为无形资产。因而,即便是中小企业,其在信息披露时也会逐渐对其研发投资情况做较为详细的阐述,为数据整理做了较大贡献。基于以往学者的研究结论,企业规模对"关系型债务在总债务中占比较高,较高的占比提高了企业研发投资的效率"这种关系存在显著的负调节效应。

基于上述分析,笔者认为企业规模较小的公司更具研究价值,关系型债务对研发投资的约束性就更为显著,也为了进一步深入研究关系型债务与研发投资对企业绩效的影响,在此选取企业规模较小的公司作为数据样本,即将中小企业板及创业板板块的所有企业作为样本量。

因此,本书基于研发投资研究的数据来分析 2008—2012 年中小企业板及创业板的 1 054 家上市公司。并依据以下原则对样本做剔除处理:

(1) 金融类企业由于其行业特殊性,其"货币资金"项为 0,同等性质资金为"现金及中央银行存款",因而不具备关系型债务研究特质,剔除一家企业——宁波银行(002142)。

(2) 剔除 ST 类上市公司四家。其连续两个财年亏损的情况可能是由于其财务状况异常所导致,也可能是由于其连续经营不善所造成,关系型债务在这类企业中往往也表现异常,因而不具备研究价值,反而会对本书的研究结论造成影响。

(3) 对于样本中信息披露不完整、无法获取相关数据信息的公司进行剔除处理。

(4) 剔除相关数据存在异常的公司。其中中青宝(300052)由于其研发密度大于1,即研发费用高于销售收入,与其他样本相差过大,判断其研发投资存在异常,因此对其做剔除处理。

相关研发数据包括手工查阅的我国中小企业板及创业板 1 054 家企业 2008 年至 2012 年财务报告中的资产负债表中关于研发费用的披露项、利润表中的管理费用二级科目下涉及研发费用的科目、公司董事会报告中披露的研发费用项以及财务报告附注下现金流量表中"支付的其他与经营活动相关的现金流量"项中披露的研发费用数据。从而得出中小企业板及创业板近五年间全部企业的研发费用，其中未披露研发费用的企业均假设其未进行研发投资活动，以研发费用为零来计入。其他相关变量的数据来源于国泰安 CSMAR "上市公司研究系列"数据库。

4.3 研究变量的选取与衡量

4.3.1 解释变量

由于企业规模及财务结构不同，所以研发的绝对数值相差较大，因此一般在研究研发投资的时候会将企业收入情况、资产规模以及研发人员数目等因素做比值进行分析。本书使用学术界最为常用的处理方法即以研发投资额与销售收入额的比值来衡量企业研发的投入情况，将其记为 $R\&DI$，称之为研发密度。

4.3.2 被解释变量

4.3.2.1 关系型债务占比

关系型债务一般是企业通过银行借贷行为而产生的，由于无法具体查证每一样本中实际的关系型债务在实际银行借贷中占有的比例，因此这里将企业通过银行产生的贷款均定义为关系型债务。又由于企业贷款往往较大比例地通过银行借贷取得，所以将企业的所有贷款均定义为银行贷款。总债务即为：银行存款+应付债券+应付票据。因此将关系型债务占比变量定义为：银行存款/（银行存款+应付债券+应付票据），记为 RB。

4.3.2.2 企业绩效

企业绩效可以通过多种数据来体现。一般大多数学者往往通过资产报酬率（RTA）、净资产收益率（ROE）等指标来体现企业绩效。但企业研发投资对企业绩效产生的影响往往具有一定的滞后性，而且研发投资产生的效果对企业的影响往往也较为长远，因而单纯地对资产报酬率或者净资产收益率做"n 阶滞后"也并非确切。因此本书将公司市值与其账面价值的比值作为企业绩效的考量。公司市值主要由权益价值和债务价值组成，其中权益价值可由流通股股值与非流通股股值组成。因此，本书定义企业绩效为：（流通股市值+非流通股股值+公司债务值）/公司账面价值。其中非流通股股值由于不在市面交易，只能用其账面价值计算；流通股市值则以流通股股份数乘以其当年年均收盘价格计算；其他债务值则以其账面价值计算。

4.3.3 控制变量

4.3.3.1 公司规模

由于存在规模经济的影响，一般资产的状况对于公司的整体情况都有较大的影响，数值过大容易造成总资产作为控制变量影响因素的夸大，而且不同规模的公司往往总资产数额相差较大，因此一般学者在研究总资产的影响因素时会取对数使数据平稳化，本书参照以往学者的做法，在衡量公司规模时选用总资产数值的对数作为衡量标准，将其表示为 $Asset$。

4.3.3.2 赢利能力

在财务报表分析学科中，体现企业赢利能力的指标有很多。例如营业利润率、盈余现金保障倍数、销售净利率、市盈率等。由于总资产报酬率在一定程度上对企业盈利水平的衡量较其他各指标而言更为全面、客观，因此这里用总资产报酬率表示企业赢利能力，将其记为 ROA。

4.3.3.3 营运能力

衡量企业营运能力的指标较多，一般为存货（应收账款、流动资产以及总资产）周转率、营业周期等。由于研发投资往往伴随着固定资产投入及消耗，因此本书采用固定资产周转率表示，将其记为 RAA。

4.3.3.4 偿债能力

对于衡量企业的偿债能力，往往可以用到流动比率、速动比率、现金比率、资本周转率和利息支付倍数等指标。对于企业关系型债务的偿还能力判断从根本上是判断企业对借款利息的偿还能力，因此本书在对企业偿债能力衡量的控制变量选取利息保障倍数，将其记为 COV。

4.3.3.5 成长能力

企业成长能力是对企业扩大化再生产能力的一种直观体现，在经济学中，企业扩大化再生产的直接因素来自于每年的收益以及每年的融资规模增加情况。企业成长体现为主营业务收入的增加，同时伴随着主营业务成本的增加，即使在收益的保持稳定不变的情况下，扩大成本与收入也意味着企业的不断成长，且上述各指标如研发密度、利息保障倍数等均与主营业务收入相关联，因此本书用主营业务增长率来衡量企业成长能力，将其记为 GMP。

4.3.3.6 风险水平

财务杠杆系数是指普通股每股排除掉利息及税款后的利润变动率相较于扣除利息、税款前利润变动率的比值，主要衡量了企业在财务上的利息及税款对整个利润的影响水平，是评价企业财务风险水平的重要指标。因此本书借鉴以往学者对风险的研究，对衡量风险水平的控制变量选取财务杠杆系数为相关指标，将其记为 DFL。

4.3.3.7 股东获利能力

股东获利能力也是评判企业价值的一项重要标准，其受企业财务状况、企业营运状况甚至股票交易市场的经济规律等多方面因素影响，因此每股收益能够最直观地体现股票的投资价值的程度，是对股东获利能力的最好评判标准。所以，本书以每股收益衡量股东获利能力，将其记为 EPS。

4.3.4 变量指标总结

综上所述，本书研究所选取的各变量如表4-1所示：

表4-1　　　　　　　　　　本书选取的变量及其定义

变量类型	变量符号	含义	变量描述及说明
被解释变量	RB	关系型债务占比	银行存款/（银行存款+应付债券+应付票据）
被解释变量	MB	企业绩效	（非流通股值+流通股市值+公司债务值）/公司账目价值
解释变量	R&DI	研发密度	研发/销售收入

表4-1(续)

变量类型	变量符号	含义	变量描述及说明
控制变量	Asset	公司规模	总资产的对数
	ROA	赢利能力	资产报酬率（息税前利润/平均资产总额）
	RAA	营运能力	固定资产周转率（销售收入/固定资产净值）
	COV	偿债能力	利息保障倍数（息税前利润/利息）
	GMP	成长能力	主营业务增长率
	DFL	财务杠杆系数	普通股每股税后利润变动率/息税前利润变动率
	EPS	每股收益	净利润/总股数

4.4 研究模型的选择与建立

4.4.1 面板数据模型的选取

由于面板数据①便于控制样本个体的异质性。对于企业而言，每个企业的特质都具有一定的差异，不同年份下的特质也有不同，采取面板数据分析，可以将样本的个体效应和时间效应带来的差异纳入分析范围内，从而最大程度上地减少个体效应和时间效应对样本分析结果带来的影响。

因为面板数据的信息量较为丰富，所以增加了自由度，解决了小样本分析下的实质样本容量。将截面信息进行时间划分，可以降低整体变量间多重共线性的可能。

本书研究的对象为上市公司中创业板和中小企业板的所有公司在2008年至2012年的全样本，跨度五年。由于创业板和中小企业板上市公司规模较小，且相对于A股市场，其信息披露的完整性较差，每年新上市的公司在整个样本中占比较大，采用建立面板数据模型的方式恰好更能够体现样本特质，可以降低个体效应和时间效应对参数估计的干扰性影响。

因此本书采用面板数据回归模型对研究假设进行实证分析。

4.4.2 关系型债务占比与研发投资密度变量回归模型的建立

在做回归分析前，需讨论分析模型的归类，即分析模型属固定效应模型、随机效应模型还是混合效应模型。在企业治理中，债务的选择与治理作用对研发支出变动的反应具有一定的滞后性，因而采取动态模型更适合该回归分析。因此，为了验证前文的假设H1-1和假设H1-2，参照之前研究学者（温军，2011）的做法，本书拟选取如下模型来研究关系型债务占比对研发投资的影响：

$$RB_{i,t} - RB_{i,t-1} = \delta(RB_{i,t}^* - RB_{i,t-1}) \tag{4-1}$$

$$RB_{i,t} = zR\&DI_{i,t} + \beta_1 Asset + \beta_2 ROA + \beta_3 RAA + \beta_4 COV + \beta_5 GMP + \beta_6 DFL + \beta_7 EPS + u_t + u_i + \omega_{i,t} \tag{4-2}$$

$$RB_{i,t} = (1-\delta)RB_{i,t-1} + zR\&DI_{i,t} + \beta_1 Asset + \beta_2 ROA + \beta_3 RAA + \beta_4 COV + \beta_5 GMP + \beta_6 DFL + \beta_7 EPS + u_t + u_i + \omega_{i,t} \tag{4-3}$$

其中公式（4-3）为最终回归模型方程，由式（4-1）、式（4-2）加总而来。其中

---

① 面板数据是截面数据在时间维轴上的累积，也可以理解为多个截面数据在时间序列上进行混合和堆叠形成的数据组。面板数据的产生往往是由多个个体形成的一组数据，每个单体包含了大量的样本变量。

u_t、u_i 代表时期及个体固定效应，$\beta_n X$ 代表各控制变量组成的向量与其回归系数的乘积，$\omega_{i,t}$ 为随机变量扰动项。对上述模型进行 Hausman 检验的结果（Prob>chi2 = 0.000 0）表明固定效应更为适合。

4.4.3 企业绩效对研发投资和关系型债务占比交叉回归乘积的模型设定

在上述分析的基础上，由于市场价值账面价值比 MB 相较于其他衡量企业绩效的变量的反应更加及时，为了观察研发密度与关系型债务占比对企业绩效的交叉影响关系，同时验证前文假设 H2-1，本书参照汪辉（2003）和 David（2008）的研究方法，在此增加变量 $RB \times R\&DI_{i,t}$ 为其交叉影响项，构建模型如下：

$$MB_{i,t} = B_1 R\&DI_{i,t} + B_2 RB \times R\&DI_{i,t} + \beta_1 Asset + \beta_2 ROA + \beta_3 RAA + \beta_4 COV + \beta_5 GMP + \beta_6 DFL + \beta_7 EPS + \alpha_t + \alpha_i + \omega_{i,t} \quad (4\text{-}4)$$

上式 $MB_{i,t}$ 为企业绩效，$RB \times R\&DI_{i,t}$ 为研发与关系型债务占比的交叉乘积项，α_t 和 α_i 代表个体及时间固定效应影响。对上述模型进行 Hausman 检验的结果（Prob>chi2 = 0.000 0）表明固定效应更为适合。

4.4.4 关系型债务占比对企业绩效、研发投资调节作用的回归模型设定

由于关系型债务存在一定治理作用，银行更愿意为更有发展潜质的中小企业提供交易型借贷，因此企业绩效表现良好的中小企业对关系型债务的筹集能力也更强。因此，为了验证假设 H3-1 关系型债务与企业绩效的关系，本书建立了如下模型：

$$MB_{i,t} = A_1 RB_{i,t} + A_2 RB_{i,t-1} + \beta_1 Asset + \beta_2 RAA + \beta_3 COV + \beta_4 GMP + \beta_5 DFL + \beta_6 EPS + \alpha_t + \alpha_i + \omega_{i,t} \quad (4\text{-}5)$$

由于研发投资对企业绩效的影响有一定滞后性，因此为了验证假设 H3-2 和 H3-3，分别建立如下模型：

$$MB_{i,t} = A_1 RB_{i,t-1} + A_2 RB_{i,t-1} + B_1 R\&DI_{i,t} + \beta_1 Asset + \beta_2 RAA + \beta_3 COV + \beta_4 GMP + \beta_5 DFL + \beta_6 EPS + \alpha_t + \alpha_i + \omega_{i,t} \quad (4\text{-}6)$$

$$MB_{i,t} = A_1 RB_{i,t-1} + A_2 R\&DI_{i,t-1} + \beta_1 Asset + \beta_2 RAA + \beta_3 COV + \beta_4 GMP + \beta_5 DFL + \beta_6 EPS + \alpha_t + \alpha_i + \omega_{i,t} \quad (4\text{-}7)$$

同样的，α_t 和 α_i 代表个体及时间固定效应影响。对上述模型进行 Hausman 检验的结果（Prob>chi2 = 0.000 0）表明固定效应更为适合。

5 关系型债务与研发投资的假设检验

5.1 描述性统计分析

5.1.1 研发密度的描述性统计

从研发密度的全样本描述性统计分析表（见表 5-1）中我们可以看出，从 2008 年到 2012 年，有效样本量中，中小企业板和创业板的企业数量在迅速增加，从 2008 年的 268 家上市企业增加至 2012 年的 1 050 家。与此同时，企业对研发的投入也在迅速地增加，从均值这项数值来看，研发密度即研发在营业收入中的占比值并不是特别高，在以往文献中，我国主板上市公司样本下的研发密度往往达到了 0.01 左右的数值，中小企业全样本下的研发密度值并不特别高，但是观察其按年份的发展，可见其逐年递增的速度很快。其中 2009

年、2010年、2011年、2012年四年的平均研发密度增速分别达到了77.36%、17.04%、28.86%、13.91%。各年增速存在差异,且没有明显规律,但均保持较大速度的递增。

表5-1　　　　　　　　研发密度全样本描述性统计分析

年份	样本数(个)	均值	标准差	中位数	90%分位	最小值	最大值
2008	268	0.002 78	0.013 01	0	0.002 60	0	0.141 37
2009	411	0.004 92	0.024 36	0	0.008 54	0	0.297 50
2010	736	0.005 77	0.037 33	0	0.010 73	0	0.877 19
2011	940	0.007 43	0.046 18	0	0.015 57	0	1.248 38
2012	1 050	0.008 46	0.045 80	0	0.016 80	0	1.141 35

由于全样本数据(3 408个数据)中,较多的企业未披露其研发数据或者其研发数据为零,即未进行研发活动,这部分样本量占总体的70%左右,因而中位数均为零,在全样本描述性的统计分析下,90%更具有实质性中位数的参考意义。

为了进一步观察样本中对研发进行了披露的企业的研发密度情况,在此本书剔除了研发中未披露的样本,并进行了描述性统计分析(见表5-2)。

表5-2　　　　　　　　剔除后研发密度的描述性统计

年份	样本数(个)	均值	标准差	中位数	最小值	最大值
2008	35	0.021 25	0.030 41	0.009 68	0.000 14	0.141 37
2009	55	0.036 78	0.057 55	0.018 16	0.000 15	0.297 50
2010	125	0.033 96	0.085 41	0.015 42	0.000 16	0.877 19
2011	177	0.039 46	0.100 52	0.016 18	0.000 01	1.248 38
2012	211	0.042 12	0.095 15	0.016 65	0.000 02	1.141 35

从剔除后的数据可以看出,各年样本的中位数均低于样本的均值。即说明在披露研发数据的企业中,大多数企业的研发投资情况低于平均值,根据实际情况可知,往往高新技术等企业对研发活动较为重视,因而对研发活动投入较大,但大多数企业对研发的投入却相对较少。从最大值与最小值的比较也可看出上述结论,重视研发活动的企业往往有很大的资金投入,甚至在2011年后,存在一家企业(中青宝300052)的研发密度大于1,即出现了其研发活动产生的费用大于了其主营业务收入的现象,剔除掉2011年、2012年中青宝对最大值的影响,其研发密度最大值分别为0.220 9和0.455 3。虽然这一现象说明该企业的经营出了状况,但是也可以从侧面反映出中小企业对研发活动越来越重视,对研发活动的资本投入力度逐年加大。

5.1.2 关系型债务占比的描述性统计

从关系型债务占比的全样本描述性统计分析表(见表5-3)可以看出,从2008年到2012年,关系型债务占比的均值维持在一个较高的水平,并未有较大波动,在一定程度上反映了中小企业中银企关系较为稳定。相较于冯根福和温军(2010)以及许晔(2011)对我国主板上市公司关系型债务占比的描述性统计结果,中小企业板及创业板企业总体的关系型债务占比较为明显地高于主板上市公司,甚至平均关系型债务占比达到了0.9以上。中位数明显大于样本均值,是由于存在一定规模的企业关系型债务占比为1造成的,说明中小企业中依靠关系型债务融资的比例较大,且对关系型债务融资的企业的依赖程度较高。

表 5-3　　　　　　　　关系型债务占比描述性统计

年份	样本数(个)	均值	标准差	中位数	最小值	最大值
2008	268	0.856 44	0.167 44	0.923 59	0.238 50	1
2009	411	0.883 04	0.158 19	0.972 91	0.284 11	1
2010	736	0.907 32	0.142 64	0.986 61	0.322 81	1
2011	940	0.908 26	0.141 43	0.980 04	0.295 14	1
2012	1 050	0.869 32	0.180 95	0.963 65	0.139 34	1

5.1.3 关系型债务占比与研发密度分组描述性统计

进一步对样本进行分析,将研发密度分为若干层次,分别统计关系型债务占比在相应的条件下的分布情况。通过关系型债务占比与研发密度分组统计描述表(见表5-4)不难看出,随着研发密度的增加,平均关系型债务占比逐渐增加,但是中位数并没有趋势上的变化,说明各企业在不同的研发密度投入中的关系型债务占比的相对排名没有太多变化,但是各企业的关系型债务占比可能会随着研发密度的提高而有所提高。其中最小值一项受其影响尤为明显,随着研发密度的增加,其关系型债务占比呈逐年波动递增,也说明了中小企业研发的投入往往会在一定程度上依赖关系型债务的规模。具体二者的相互关系在下文会进行实证分析。

表 5-4　　　　　　关系型债务占比与研发密度分组描述性统计

研发密度	样本数(个)	均值	标准差	中位数	最小值	最大值
为 0	2 802	0.882 72	0.164 36	0.967 82	0.139 34	1
0%~1%	226	0.895 17	0.146 45	0.972 59	0.418 56	1
1%~2%	108	0.916 16	0.135 67	0.990 68	0.351 75	1
2%~3%	68	0.899 99	0.143 11	0.982 89	0.301 08	1
3%~4%	48	0.900 13	0.153 88	0.971 70	0.205 92	1
4%~5%	43	0.953 61	0.121 80	1.000 00	0.328 49	1
5%以上	107	0.969 78	0.064 01	0.997 70	0.656 10	1

5.1.4 企业绩效及控制变量的描述性统计

根据控制变量的描述性统计表(见表5-5)所示,我们可以看出,企业绩效这一变量的均值和其最大值、最小值的差距较为明显,但是和中位数的数值十分接近,可知其分布较为均匀,标准差的数值处于一个较低的水平,也说明其分布平稳。总资产的对数变量由于取对数并做了平滑处理,分布较为平缓,其标准差值较小从一定角度说明中小企业板及创业板的公司资产较为均匀地处在一个较低的规模中。由于企业绩效是由"非流通股值""流通股市值""公司债务值"的和与"公司账目价值"做的比值,与公司账目价值和总资产的对数这一变量内涵相关,所以也说明样本中公司的市场价值("非流通股值""流通股市值""公司债务值"的和)相差较大。

表 5-5　　　　　　　　　　　　控制变量描述性统计

	均值	标准差	p25	中位数	p75	最小值	最大值
MB	2.670	1.581	1.649	2.242	3.328	0.018	14.915
$Asset$	21.055	0.795	20.528	20.973	21.509	18.679	25.056
ROA	0.076	0.061	0.047	0.070	0.097	−1.140	0.514
RAA	7.786	21.713	2.005	3.510	6.478	0	470.481
COV	32.360	1 020.181	0	1.738	9.800	−9 591.411	58 439.980
GMP	0.278	6.130	0	0.059	0.269	−0.975	355.602
DFL	0.759	2.251	0	1.011	1.146	−110.298	18.528
EPS	0.531	0.486	0.250	0.460	0.720	−2.884	5.700

和参考文献中我国主板上市企业的同期样本相关变量对比分析可知，中小企业及创业板企业在赢利能力（ROA）、营运能力（RAA）、偿债能力（COV）、财务杠杆系数（DFL）以及每股收益（EPS）方面均有较为明显的差异。资产报酬率（ROA）的均值为 0.076，与主板上市公司的 0.079 较接近，但是与最大值 0.514 和最小值−1.14 差异较大，说明中小企业部分企业赢利能力过低，可能与其企业的生产经营能力、管理能力等有关，也再次体现了中小企业的经营状况差异较大。固定资产周转率（RAA）均值达到了 7.79，相比于主板上市公司其相关样本下的均值为 3.93，说明了中小企业的营运能力较强，一方面是由于中小企业固定资产数值较低，另一方面也说明了中小企业生产经营的投入消耗循环快，生产、发展较为迅速，相较于主板上市公司，其处于较为迅猛的发展阶段。主营业务增长率（GMP）相比于主板上市公司相关样本下的均值 0.176，中小企业达到了 0.278，具最大发展能力的企业甚至达到了 355.6 的数值，而主板上市公司相关样本下的最大值仅为 10.6，达到了 30 余倍，再次说明了中小企业发展能力较强。

控制变量总体指标可以表明中小企业在资本规模、赢利能力、偿债能力上低于大企业，但是营运能力、成长空间均显著高于大企业。再通过研发密度的对比比较，中小企业对研发的投入并不如大企业，虽然个别企业研发投资过大，但是总体上投入较低。说明中小企业对技术研发、产品研究等方面投入并不多，更多的资本往往投入在主要业务生产中，对研发工作的重视低于大企业。

5.2　相关性分析

根据各变量的相关性分析表（见表 5-6）可以看出：研发密度与关系型债务占比 RB 的系数为 0.094，系数为正数。说明研发密度与关系型债务占比呈正相关，即关系型债务占比越大，则企业的研发密度往往越高。由于关系型债务相比较交易型债务而言，更加具备良好、稳定的银企关系，研发活动往往存在产出滞后性等特点，因而关系型债务的规模也有利于保障研发活动。所以对于研发活动密集的中小企业而言，更倾向于获得关系型借贷从而保障研发活动的开展。

表 5-6 各变量的相关性分析表

	RDI	RB	MB	Asset	ROA	RAA	COV	GMP	DFL	EPS
RDI	1									
RB	0.094	1								
MB	0.107	0.244	1							
Asset	-0.070	-0.274	-0.167	1						
ROA	-0.006	0.152	0.249	-0.048	1					
RAA	-0.031	0.019	-0.010	0.091	0.030	1				
COV	-0.011	0.011	-0.019	-0.036	0.102	-0.001	1			
GMP	-0.004	-0.040	-0.010	0.058	0.014	-0.001	-0.001	1		
DFL	-0.044	-0.121	-0.078	0.057	-0.051	-0.027	0.004	0.003	1	
EPS	-0.003	0.187	0.206	0.155	0.644	0.092	0.063	-0.002	-0.086	1

研发密度与企业绩效 MB 的系数为 0.107，系数为正数。说明研发密度与企业绩效呈正相关，即研发的投入越大，则公司市场价值与账面价值的占比越高，说明了其市场价值更加有效，更具竞争力。对于企业而言，在保证资本的前提下，通过研发投资可以在一定程度上促进企业绩效的增强。对于国家、政府而言，加强中小企业的研发投资支持，也可以从一定程度上提高我国中小企业的竞争力。

总资产的对数 Asset 变量与研发密度的系数为 -0.07，系数为负数。说明公司规模与研发密度呈负相关，即公司规模越大，研发密度则越低，公司对研发活动的开展则越低。有两种解释可以支撑这一数据：首先，在中小企业中，资产规模越大的企业其发展程度越趋于成熟，其生产经营则越依赖于现有的生产技术，对其研发活动的激励就会趋于降低，且成熟的企业更具备规模生产特征，使得企业在资产规模和销售收入的共同影响下，其研发的投入作用并不如资产规模小的时候那么显著；再者，资产规模小的企业有可能更注重其拥有的专利、独有技术，从而更需要资金保护其所拥有的无形资产。

关系型债务占比与企业绩效的系数为 0.244，系数为正数。说明关系型债务占比与企业绩效呈正相关，即企业的关系型债务占比越大，则其企业绩效表现越高。由于关系型债务的融资产生更需要其具备可靠的信用能力、偿债能力，同时要和银行需保持较好的业务关系，因而企业的良好绩效表现能够从源头上保证企业的关系型债务的融资取得，因而关系型债务占比与企业绩效呈正相关，且其相关系数较高。

关系型债务占比和体现偿债能力的利息保障倍数（COV）的系数为 0.011，系数为正数。说明了关系型债务占比和利息保障倍数呈正相关，即关系型债务占比越高的企业其偿债能力越高。也能够体现关系型债务在一定程度上能够代表企业的信用等级、偿债能力等因素。

研发密度与资产报酬率（ROA）、固定资产周转率（RAA）、利息保障倍数（COV）、主营业务增长率（GMP）、财务杠杆系数（DFL）以及每股收益（EPS）的系数均呈负数。说明这些指标与研发密度均呈负相关，即研发密度越高的企业，其资产报酬率、固定资产周转率、利息保障倍数、主营业务增长率、财务杠杆系数、每股收益相应越低，这与企业绩效刚好相反，一般我们认为企业的赢利能力、营运能力、偿债能力等均对企业绩效的提高有促进作用，但是在创业板、中小企业板的样本分析下，只有反映赢利能力的资产报酬率

ROA 和每股收益 *EPS* 与企业绩效呈正相关，与其余的均呈负相关，且资产报酬率与研发密度呈负相关，而研发密度又与企业绩效呈明显正相关。是由于研发投资带来效果的滞后性以及本书研究的企业绩效用的是市场价值与账面价值比值的缘故，这组变量较为及时地展现了企业绩效能力，且从会计恒等式债务与权益的关系分析，企业的市场价值的表现往往对短期偿债能力有所影响，综合这些因素，导致了上述结果。

5.3 多元回归分析

5.3.1 研发密度与关系型债务占比的回归分析

在前文 4.4 节已对回归模型的选取做了讨论，通过推导，本书对研发密度与关系型债务占比的回归模型选取如下：

$$RB_{i,t} - RB_{i,t-1} = \delta(RB^*_{i,t} - RB_{i,t-1}) \tag{5-1}$$

$$RB_{i,t} = zR\&DI_{i,t} + \beta_1 Asset + \beta_2 ROA + \beta_3 RAA + \beta_4 COV + \beta_5 GMP + \beta_6 DFL + \beta_7 EPS + u_t + u_i + \omega_{i,t} \tag{5-2}$$

$$RB_{i,t} = (1-\delta)RB_{i,t-1} + zR\&DI_{i,t} + \beta_1 Asset + \beta_2 ROA + \beta_3 RAA + \beta_4 COV + \beta_5 GMP + \beta_6 DFL + \beta_7 EPS + u_t + u_i + \omega_{i,t} \tag{5-3}$$

上述模型（5-2）是研发密度与关系型债务占比变量的回归模型，而在前文有做分析，模型（5-3）是对模型（5-2）的调整，因为考虑到债务对研发的滞后性从而将模型（5-1）引入模型（5-2）得到模型（5-3），引入了对关系型债务占比变量的调解变量 $RB_{i,t-1}$，其为 $RB_{i,t}$ 的一阶滞后变量，在 Stata 中用 Lag_RB 表示。依照上述模型对样本进行面板回归分析，获得结果见表 5-7。

表 5-7　　　　　　　研发密度与关系型债务占比的回归结果

变量名称	模型(5-2) RB	模型(5-3) RB	模型(5-4) MB
Asset	−0.055 652 68*** (−9.04)	−0.061 344 58*** (−8.61)	−0.291 313 92*** (−3.88)
ROA	−0.260 163 55*** (−4.56)	−0.277 354 2*** (−4.77)	−4.951 918*** (−7.12)
RAA	−4.43E−06 (−0.02)	0.000 019 2 0.08	0.002 216 21 0.77
COV	−1.59E−06 (−0.81)	−0.000 001 61 (−0.82)	0.000 066 7** (−2.80)
GMP	−0.000 567 18* (−1.8)	−0.000 556 62* (−1.77)	−0.001 189 64 (−0.31)
DFL	−0.000 749 25 (−0.84)	−0.000 687 5 (−0.77)	−0.014 327 27 (−1.32)
EPS	0.058 100 52*** 7.33	0.063 537 22*** 7.36	1.340 577 8*** 13.91
RDI	0.230 622 74 1.49	0.219 520 4 1.42	−34.565 813 (−1.79)
RDI×RB			32.347 353 1.61

表5-7（续）

变量名称	模型（5-2）RB	模型（5-3）RB	模型（5-4）MB
Lag_RB		0.008 701 1.59	
R^2	0.252	0.281	0.195
F	19.30	17.20	27.31
Obs	3 402	3 402	3 402

其中：***、**、* 分别代表回归系数在0.01、0.5和0.1的水平下显著

从表5-7的回归分析结果可以看出，研发密度的系数为正，其R^2为0.252，低于学者温军、冯根福（2011）对我国主板上市公司的实证分析结果的数值。但由于本书使用全样本数据，因此拟合优度处于合理范围内，依然能够说明有较多企业符合研究假设H1-1。F值为19.30，并通过前文表格数据可知在0.05的显著水平下F检验的临界值为2.71，因而可以得出结论，假设H1-1成立，中小企业关系型债务占比与研发密度呈正相关关系。

在模型（5-3）的回归结果中，由于引入$RB_{i,t-1}$，R^2由原来的0.252提升到了0.281，有一定的提高，说明模型中研发密度与其各控制变量对关系型债务占比的影响程度较为合理。上述关于研发密度与关系型债务占比的模型回归分析的F值均保持在较高的水平，说明回归分析结果均显著，符合假设H1-2。综上所述，我们可以得出，研发密度与关系型债务占比之间呈现显著的正相关，且关系型债务占比对研发密度的影响存在滞后性。

5.3.2 企业绩效对研发投资和关系型债务占比的交叉回归分析

由于关系型债务占比较高的企业，其资金保证较为充分，研发密度相应较大。而关系型债务更接近权益融资，企业没有固定的利息费用负担，因此其更倾向于积极地影响企业绩效。根据前文分析，参考以往研究学者（David Graeber et al., 2008）的研究处理，用下述模型研究企业绩效对研发投资以及关系型债务占比的交叉乘积回归模型：

$$MB_{i,t} = B_1 R\&DI_{i,t} + B_2 RB \times R\&DI_{i,t} + \beta_1 Asset + \beta_2 ROA + \beta_3 RAA + \beta_4 COV + \beta_5 GMP + \beta_6 DFL + \beta_7 EPS + \alpha_t + \alpha_i + \omega_{i,t} \quad (5-4)$$

依照上述模型对样本进行面板回归分析，获得结果见表5-7。

由其回归分析结果（见表5-7）可以看出，R^2为0.195，相对合理，说明研发密度与关系型债务的交叉乘积、企业绩效有一定的关系。F值达到了27.31，说明在0.05的显著水平下，企业的研发密度与关系型债务的交叉乘积对企业绩效的影响是显著相关的。

研发密度的系数为负数，说明了中小企业绩效指标和研发的投入呈负相关关系，主要由于研发活动所带来的收益是滞后于企业绩效的，甚至在短期之内会抑制企业绩效。随着企业的生产经营，研发的投入才会有一定的收获，所以在短期之内，企业绩效与研发密度呈负相关关系。而研发密度和关系型债务的乘积与企业绩效呈显著的正相关，这符合研究假设H2-1。

5.3.3 关系型债务占比对企业绩效、研发投资调节作用的回归分析

在模型（5-4）的回归结果中我们可以看出，虽然研发密度对企业绩效的影响呈负相关，但是研发密度与关系型债务的乘积对企业绩效的影响又呈正相关，说明企业通过关系型债务融资可以在一定程度上削减研发密度对短期企业绩效的负面影响。因此本书通过下述模型来进一步验证：

$$MB_{i,t} = A_1 RB_{i,t} + A_2 RB_{i,t-1} + \beta_1 Asset + \beta_2 RAA + \beta_3 COV + \beta_4 GMP + \beta_5 DFL + \beta_6 EPS + \alpha_t + \alpha_i + \omega_{i,t} \tag{5-5}$$

$$MB_{i,t} = A_1 RB_{i,t-1} + A_2 RB_{i,t-1} + B_1 R\&DI_{i,t} + \beta_1 Asset + \beta_2 RAA + \beta_3 COV + \beta_4 GMP + \beta_5 DFL + \beta_6 EPS + \alpha_t + \alpha_i + \omega_{i,t} \tag{5-6}$$

$$MB_{i,t} = A_1 RB_{i,t-1} + A_2 R\&DI_{i,t-1} + \beta_1 Asset + \beta_2 RAA + \beta_3 COV + \beta_4 GMP + \beta_5 DFL + \beta_6 EPS + \alpha_t + \alpha_i + \omega_{i,t} \tag{5-7}$$

通过对上述模型的回归分析结果我们可以看出（如表5-8所示），在模型（5-5）中，关系型债务占比与企业绩效呈显著的正相关关系，其 R^2 为0.216，也在一个合理的范围内，F值达到了33.66，说明模型的显著度较高，符合假设H3-1。

表5-8　　关系型债务占比对企业绩效、研发投资调节作用的回归结果

变量名称	模型(5-5) MB	模型(5-6) MB	模型(5-7) MB	模型(5-6) ROA	模型(5-7) ROA
Asset	-0.311 618 3*** (-3.78)	-0.380 987 39*** -4.60	-0.397 285 3*** -4.83	-0.037 712 36*** -15.66	-0.038 558 22*** -16.09
RAA	0.003 403 6 1.18	0.003 281 85 1.13	0.003 405 91 1.17	0.000 027 36 0.32	0.000 033 58 0.4
COV	-0.000 079 48*** (-3.37)	-0.000 083 67*** -3.51	-0.000 083 56*** -3.51	2.656e-06*** 3.83	2.661e-06*** 3.83
GMP	-0.002 836 88 (-0.75)	-0.004 181 79 -1.09	-0.004 108 12 -1.07	0.000 611 82*** 5.49	0.000 615 51*** 5.52
DFL	-0.013 271 47 (-1.23)	-0.014 997 87 -1.37	-0.014 799 4 -1.36	0.000 649 31* 2.05	0.000 658 62* 2.07
EPS	1.032 598 2*** 12.54	1.091 717 7*** 13.2	1.097 447 5*** 13.27	0.092 173 32*** 38.3	0.092 482 99*** 38.4
RDI		-3.173 326 4 -1.68		-0.158 951 67** -2.89	
Lag_RDI			0.198 901 22 0.21		-0.012 556 83 -0.46
RB	1.735 578 9*** 6.98				
Lag_RB	0.351 261 31*** 5.39	0.362 285 3*** 5.5	0.357 914 55*** 5.43	0.017 594 79*** 9.19	0.017 436 09*** 9.09
R^2	0.216	0.186	0.189	0.475	0.473
F	33.66	27.39	27.01	265.23	263.29
Obs	3 402	3 402	3 402	3 402	3 402

其中：***、**、* 分别代表回归系数在0.01、0.5和0.1的水平下显著

而在模型（5-6）的回归分析中，我们可以看出研发密度对企业绩效有负相关影响，说明在一定程度上，研发投资对企业绩效的表现有抑制作用，基于研发投资滞后性的考虑，符合假设H3-2。而且，通过模型（5-7）的回归分析结果，可知研发密度的一阶滞后变量

与企业绩效呈正相关关系，但是t值较小，仅为0.21，说明结果并不显著。但是结合假设H3-2综合考虑，我们可以得出结论，即研发投资对企业绩效的影响存在一定滞后性，毕竟研发密度的一阶滞后变量改变了其系数的正负号。

为了进一步观察二者对企业绩效的影响情况，笔者又用资产报酬率替换变量MB（企业市场价值/账面价值）来表示企业绩效，此方法也参照学者陈君文（2008）对企业绩效的变量描述。并建立模型如下：

$$ROA_{i,t} = A_1 RB_{i,t-1} + A_2 RB_{i,t-1} + B_1 R\&DI_{i,t} + \beta_1 Asset + \beta_2 RAA + \beta_3 COV + \beta_4 GMP + \beta_5 DFL + \beta_6 EPS + \alpha_t + \alpha_i + \omega_{i,t} \quad (5-8)$$

$$ROA_{i,t} = A_1 RB_{i,t-1} + A_2 R\&DI_{i,t-1} + \beta_1 Asset + \beta_2 RAA + \beta_3 COV + \beta_4 GMP + \beta_5 DFL + \beta_6 EPS + \alpha_t + \alpha_i + \omega_{i,t} \quad (5-9)$$

通过对模型（5-8）的回归分析，我们可以看出研发密度依然对企业绩效（ROA）存在负相关作用，且通过t检验及F检验，可以看出其影响的显著度更大。产生这种现象的一方面因素是资产报酬率相对于企业市场价值与账面价值的比值变量而言，其属于短期指标，即研发投资带来的影响是长远的，而资产报酬率反映的结果直接体现在本年的收益中，因此其显著度水平及系数均大于相应的模型（5-6）。而在模型（5-9）中，我们可以发现，研发密度的一阶滞后变量依然无法改变相关性方向，只是在一定程度上削弱了研发密度对企业绩效的负面影响，因此综上所述，假设H3-3是成立的。

章节3.2.2及4.1中谈到，我国企业更倾向于为中小企业提供关系型借贷，且由于债务的治理作用，关系型借贷也能够在一定程度上起到对企业研发投资的调节作用。继而回到模型（5-4）的回归分析，从引入的交叉乘积项得到的结果可以看出，研发密度的回归系数从-3.17变化至-34.56，回归系数显著变小，两个模型中研发密度的系数受到了关系型债务占比的影响，由于关系型债务占比与企业绩效呈现正相关关系，因此回归系数的显著降低也是可以预测到的。而关系型债务的引入，其研发密度与RB的乘积项与企业绩效呈显著的正相关，这符合假设H3-4，说明关系型债务占比对企业研发密度与企业绩效的关系有积极的调节作用。

5.4 稳健性检验

基于上述模型所研究的研发密度、关系型债务占比及企业绩效等变量回归结果的稳健性，本书采取对变量进行替换来检验。

对于企业绩效MB变量，以下采取托宾Q比率[①]来进行替换分析；将研发密度（研发费用与销售收入的比值）替换为研发费用与全部业务收入的比值。

一般意义上认为：

托宾Q值=公司市场价格/公司重置成本 =（年末流通市值+非流通股份占净资产的金额+长期负债合计+短期负债合计）/年末总资产。

在此与本书将要研究的企业绩效概念十分接近：

本书定义的企业绩效=公司市场价值/账面价值=（流通股市值+非流通股股值+公司债

---

① 经济学家托宾于1969年提出了一个著名的系数，即"托宾Q"系数（也称托宾Q比率）。该系数为企业股票市值对股票所代表的资产重置成本的比值，在西方国家，Q比率多在0.5和0.6之间波动。因此，许多希望提高生产能力的企业会发现，通过收购其他企业来获得额外生产能力的成本比自己从头做起付出的代价要低得多。

务值)/公司账面价值。

其中非流通股股值由于不在市面交易,只能用其账面价值计算;流通股市值则以流通股股份数乘以其当年年均收盘价格计算;其他债务值则以其账面价值计算。因此将托宾Q值代替企业绩效值作为替换变量来进行分析、研究。构建如下模型:

$$RB_{i,t} = (1-\delta)RB_{i,t-1} + zR\&DIn_{i,t} + \beta_1 Asset + \beta_2 ROA + \beta_3 RAA + \beta_4 COV + \beta_5 GMP + \beta_6 DFL + \beta_7 EPS + u_t + u_i + \omega_{i,t} \tag{5-10}$$

$$TQ_{i,t} = A_1 RB_{i,t-1} + A_2 R\&DIn_{i,t} + \beta_1 Asset + \beta_2 RAA + \beta_3 COV + \beta_4 GMP + \beta_5 DFL + \beta_6 EPS + \alpha_t + \alpha_i + \varepsilon_{i,t} \tag{5-11}$$

$$TQ_{i,t} = \beta_1 R\&DIn_{i,t} + \beta_2 RB \times R\&DIn_{i,t} + \beta_1 Asset + \beta_2 ROA + \beta_3 RAA + \beta_4 COV + \beta_5 GMP + \beta_6 DFL + \beta_7 EPS + \alpha_t + \alpha_i + \varepsilon_{i,t} \tag{5-12}$$

通过托宾Q值作为企业绩效指标与研发调整密度以及关系型债务做回归分析,最终回归分析结果与上述分析结果如表5-9所示:

表5-9 稳健性检验统计量

变量名称	模型(5-10) RB	模型(5-11) TQ	模型(5-12) TQ
Lag_RB (RDIn*RB)	0.009 (-0.444)	-0.034 (0.000)	-1.879 (0.001)
RDIn	0.221 (0.155)	-0.132 (0.018)	1.659 (0.003)
Asset	-0.061 (0.000)	-0.029 (0.000)	-0.040 (0.000)
ROA	-0.275 (0.000)		
RAA	0.000 (0.946)	0.000 (0.805)	0.000 (0.801)
COV	0.000 (0.405)	0.000 (0.000)	0.000 (0.000)
GMP	-0.001 (0.077)	0.001 (0.000)	0.001 (0.000)
DFL	-0.001 (0.445)	0.001 (0.111)	0.001 (0.114)
EPS	0.064 (0.000)	0.085 (0.000)	0.089 (0.000)
R^2	0.27	0.42	0.35
F值	13.33	17.25	31.74
观测值	3 401	3 401	3 401

注:括号内为相应P>t的值

根据上述回归分析结果,各变量相关性方向与前文分析一致,且拟合优度与F值均在合理范围内,因此模型的回归结果在总体上是稳定的,能通过稳定性检验。

6 研究结论及政策建议

6.1 研究结论

本书将研发活动费用投入情况与企业关系型债务相结合，实证地分析了二者的关系，并引入企业绩效因素，综合地分析了研发活动与关系型债务融资对企业价值的关系与影响，主要得出以下相关结论：

6.1.1 关系型债务融资对中小企业研发投资有着明显的促进作用

6.1.1.1 中小企业更需要关系型借贷

企业通过银行进行融资，可以通过债务性融资或者权益性融资。对于中小企业，往往其权益性融资渠道、规模等受限，而通过债务性融资，银行借贷往往是主要融资渠道之一。

对于中小企业而言，融资更加依赖于银行及其他公司，其主要有两种融资渠道，即交易型借贷和关系型借贷。一般对于交易型借贷而言，对于债务的偿还形式有明确的规定和时间要求，即在特定时间内，按照一定本息规则偿还债务，如无能力偿还时，需按法律相关要求进行破产清算，继而保护债权人利益。对于中小企业而言，交易型借贷往往会阻碍其对资金的管理和支配，对于研发活动而言，更具侵害性，刚性的债务及利息的偿还往往不利于企业研发活动的展开。

交易型借贷对于债权方而言，其往往只能要求固定的收益，无论债务方的运营状况如何，其最终都获得契约规定的利益，因此债权方更多地是评估债务方的偿债能力，而非企业发展，当企业保证了自身的偿债能力后，债权方也没有理由去关注企业的发展、赢利能力，从而失去了监管动机，在一定程度上不利于防范逆向选择及道德风险。

6.1.1.2 中小企业的关系型债务能够促进企业的研发投资活动

不同于交易型借贷，关系型借贷可以促进企业进行研发投资活动，从原理上讲，关系型借贷更加接近权益性融资的实质，企业研发投资越高，关系型债务占比相应地就越高，且本书通过实证发现，研发密度与关系型债务占比呈正相关关系，关系型债务占比越高的企业，其研发活动投入越发显著。我们可以总结得出，关系型债务融资有利于提高中小企业研发投资效率。

首先，关系型债务可以从根源上对资本的使用起到一定监督作用，从而保障了研发投入资金的必要开支。且由于这种契约形式建立在银行和企业之间，属内部信息交流，不涉及公开市场对信息的获取，因而一定程度上规避了信息不对称导致的沟通阻碍，并有利于保护研发信息不对外公开，从而提高企业的研发竞争力。

其次，债权方由于可以从企业良好的生产经营中获得投资回报，因而对于关系型借贷，银行往往会从源头上代理监管企业的营运状况，保证了研发活动的有效开展，能够在一定程度上抑制逆向选择和道德风险。

6.1.2 关系型债务对研发投资和企业绩效间有积极的调节作用

6.1.2.1 关系型债务对中小企业绩效有良好的保障作用

对于中小企业而言，其通过权益融资及交易型借贷融资都较为难行，一方面由于权益融资过高的融资成本，一方面又由于中小企业偿债能力相对较弱，难以获得银行的充分支持，再者对于创新企业而言，两种融资渠道都意味着较高的信息披露成本。而中小企业相对于大企业而言，其有着更强的发展能力，银行对其更愿意提供关系型借贷，能立足长远，为银行创造更多利益。恰好由于关系型债务更强的治理能力，也使得中小企业的业绩表现往往更好，因此，关系型债务对中小企业绩效有一定的保障能力。

6.1.2.2　研发投资不利于企业短期绩效表现

企业绩效反映良好的企业，其关系型债务占比相应提高，但是研发密度却相应地降低。前文分析得出关系型债务融资对中小企业研发投资有一定的促进作用，在这里，企业绩效的反馈结果恰好对这种促进作用起到了一定反向调节作用。关系型债务融资在一定程度上可以保证企业研发投资的健康有序地开展，同样的实证分析结果也表明关系型债务占比越高的企业，其市场价值与账目价值的比值也相应越高，即企业绩效水平越高，投资者越看好取得关系型债务的企业的发展，是基于其良好的银企关系以及其较为灵活的融资渠道带来的积极效应。但是由于研发投资的产出存在一定的滞后性，宏观而言，投资者要求的绩效产出是短期的，而对于企业而言，其生产投入与产出的配比是稳定的，研发投资在生产运营中的占比提高，便会造成本期的企业绩效水平相应地降低，所以研发投资密度的增加会在短期内影响企业绩效。

6.1.2.3　关系型债务能够更加积极地保障研发投资

关系型债务的占比量的增大，从源头上可以给予投资者更多的信心，因而关系型债务占比高的企业，其研发投资密度对企业绩效的影响会相应地降低。这就很好地解释了关系型债务的取得可以对研发投资和企业绩效的相关性起到积极的调节作用。

这个结果与温军、冯根福（2011）的研究结果是不同的。在前者的研究结果中，研发投资情况与企业绩效呈显著的正相关，也就是说关系型债务对其二者的影响起到了正向调节作用。但是温军、冯根福又指出企业规模对关系型债务与研发密度的相关性有显著的负向调节作用，其对企业规模的划分范围是在我国主板上市公司范围内进行的，那么其所谓的小规模企业在本书的研究样本下也成为规模较大的企业，所以本书得出结论：在中小企业中，由于资本保有量以及投资的局限性，使得关系型债务占比对企业资金的影响较大，在中小企业中，以银行贷款为主要债务融资渠道的企业，其研发投资对企业绩效的影响相对较小。

6.2　相关建议

要提高我国中小企业研发投资水平，加强中小企业的发展和创新，从而提高我国中小企业在经济社会中的地位，提高我国企业整体在国际中的地位，本书归纳如下政策建议：

6.2.1　对中小企业而言，要加强与银行的业务合作

对于中小企业而言，研发投资活动会对其短期企业绩效有所影响，但是企业发展离不开创新动力，作为中小企业更应该立足长远，建立有效的研发投资战略，根据其自身特点合理利用研发资源，从而通过合理的研发投资提高企业竞争力。为了避免研发投资占用资金降低从而导致公司短期绩效水平受到影响，中小企业应该从获得贷款源头考虑银行借贷，建立有效的银行企业关系，通过关系型债务融资方式获取研发资金。良好地保持银企关系，充分地获取关系型借贷，既能够在一定程度上保证企业研发活动的良好运行，也能够相应地提高企业绩效水平，增强企业在市场经济中的地位和竞争力。

篇二：融资约束与企业创新行为　105

6.2.2 对商业银行而言，要加强对中小企业贷款信息的合理评估与甄别

中小企业可能面临着更多的信息不对称因素，往往无法像成熟企业那样能获得更好的银企关系，获取更充足的银行借贷，但是中小企业对于关系型借贷的依赖程度，以及后期对银行带来的回馈作用往往要更大于大规模企业，将款项提供给发展阶段的中小创新企业，更能够保障银行这笔款项的未来收益，同时也为中小企业的发展提供了重要支撑。因而银行应该更充分地评估风险、甄别信息，从而更加合理充分地将贷款资源提供给研发活动密集的中小企业，建立长期、有效的关系型借贷。

6.2.3 对政府而言，要加强对中小企业的债务治理作用

对于中小企业，其研发活动更加有利于其未来发展，增强创新能力、提高研发效率不仅能够加强企业的竞争力，更能够提高我国企业的整体实力。通过银行取得贷款对我国中小企业上市公司的研发能力和投资效率有着良好的促进作用。要增强我国中小企业的创新能力，除了依靠直接性的政策支持、政府补助、文化建设的加强、法律制度的健全等，控制企业融资渠道的选择、给予其积极的引导、建立良好的银企关系能够更加有效地提高企业的研发、投资能力。

6.2.4 对资本市场监管者而言，要规范相关体系和制度

由于中小企业受制于企业规模、信用评价、财务制度体系等，往往无法更优地获得银行足够的贷款，这是委托代理成本导致的银行决策的最优结果。而且，很多中小企业由于在融资时处于被动地位，其为了更好地获得资金，就不得不被动地接收债权人过多的关于研发投入信息的披露要求，这恰恰抑制了企业创新。

要建立创新性国家，提高企业的自主创新能力，资本市场监管者在制度的制定上应发挥其应有的职能，为中小企业营造自主创新的有利条件和资源。要合理分配、积极引导资金在市场中的配置，提高研发活动在发展型企业中的地位，为中小企业营造一个更加良好的资本环境。

参考文献

[1] 柴俊武，万迪昉. 企业规模与研发投入强度关系的实证分析 [J]. 科学学研究，2003, 21: 58-62.

[2] 程小可，孙健，姚立杰. 科技开发支出的价值相关性研究——基于中国上市公司的经验证据 [J]. 中国软科学，2010, 6: 34-46.

[3] 方曙. 基于专利信息分析的技术创新能力研究 [D]. 成都：西南交通大学，2007: 21-78.

[4] 冯根福，温军. 中国上市公司治理与企业技术创新关系的实证分析 [J]. 中国工业经济，2008, 5: 90-102.

[5] 付明明. 关系型融资效率研究 [D]. 杭州：浙江大学，2005: 33-47.

[6] 郭斌. 规模、研发与绩效：对我国软件产业的实证分析 [J]. 科研管理，2006, 1: 91-101.

[7] 郭田勇，李贤文. 关系型借贷与中小企业融资实证研究 [J]. 金融论坛，2006, 4: 48-54.

[8] 李敦黎. 信息、公司治理结构与制度多样性——论青木昌彦的公司治理结构理论.

浙江社会科学, 2003, 6: 47-52.

[9] 李士萍, 孙云霞. 试论股权性质的界定及对公司治理的影响 [J]. 内蒙古农业大学学报, 2006, 4: 35-47.

[10] 李远勤. 公司治理与研发税收激励政策研究 [M]. 上海: 上海大学出版社, 2012.

[11] 梁莱歆, 张焕凤. 高科技上市公司研发投入绩效的实证研究 [J]. 中南大学学报, 2005, 4: 232.

[12] 刘虹, 肖美凤, 唐清泉. 研发补贴对企业研发支出的激励与挤出效应——基于中国上市公司数据的实证分析 [J]. 经济管理, 2012 (4): 19.

[13] 刘新同. 我国民营企业研发投资特征分析 [J]. 科技管理研究, 2009, 12: 341-342.

[14] 刘星, 魏锋. 国有企业内部治理机制对企业技术创新活动的影响: 来自我国深市的实证证据 [J]. 重庆大学学报, 2004, 3: 142-148.

[15] 青木昌彦. 比较制度分析 [M]. 上海: 上海远东出版社, 2001: 41-57.

[16] 孙阳, 王艳芳. 浅谈信息不对称与中小企业融资 [J]. 中国管理信息化, 2010, 6: 41-45.

[17] 汪辉. 上市公司债务融资、公司治理与市场价值 [J]. 经济研究, 2003, 8: 28-36.

[18] 王广谦. 金融中介学 [M]. 北京: 高等教育出版社, 2003.

[19] 王任飞. 企业研发支出的内部影响因素研究——基于中国电子信息百强企业之实证 [J]. 科学学研究, 2005, 23: 225-232.

[20] 温军, 冯根福, 刘志勇. 异质债务、企业规模与研发投入 [J]. 金融研究, 2011, 1: 167-181.

[21] 文芳, 胡玉明. 中国上市公司高管个人特征与研发投资 [J]. 管理评论, 2009, 11: 84-92.

[22] 许烨. 研发投资、异质债务与债务治理 [D]. 南京: 南京财经大学, 2012.

[23] 薛云奎. 无形资产信息披露及其价值相关性研究——来自上海股市的经验证据 [J]. 会计研究, 2006, 11: 40-49.

[24] 张杰, 经朝明, 刘东. 关系型借贷与小企业信贷约束——来自江苏的证据 [J]. 世界经济, 2007, 3: 78-84.

[25] 张捷. 中小企业的关系型借贷与银行组织结构 [J]. 经济研究, 2002, 6: 34-47.

[26] LEE C Y. Industry distributions: Regularities and underlying determinants [J]. Journal of Evolutionary Economics, 2002, 12: 306-341.

[27] DAVID P, O'BRIEN J, YOSHIKAWA T. The implication of debt heterogeneity for research and development investment and firm performance [J]. Academy of Management Journal, 2008, 1: 164-181.

[28] HIMMELBERG, CHARLES P. RD and internal finance: A panel study of small firms in hightech industry [J]. Review of Economics and Statistics, 1994, 6: 38-51.

[29] NAKAHARA T. Innovation in a borderless world economy [J]. Research Technology Management, 1997, 3: 7-10.

[30] O'BRIEN J. The capital structure implication of pursuing a strategy of innovation [J]. Strategic Management Journal, 2003, 24: 411-431.

[31] PETERSEN M A, RAJAN R G. The benefits of lending relationships: evidence from small business data [J]. Journal of Finance, 1994, 49: 3-36.

[32] SOETE, LUC L G. Firm size and inventive activity: The evidence reconsidered [J]. European Economic Review, 1979.

[33] WILLIAMSON O E. Corporate finance and corporate governance [J]. Journal of Finance, 1988, 43: 566-594.

融资约束、银行关联与企业创新
——来自中国民营上市公司的经验证据

1 引言

由于研发活动具有持续性长、不确定性高等特点，再加上其具有信息不对称的风险，融资问题一直是制约我国企业特别是民营企业研发投资活动的重要因素之一。改革开放以来，民营企业经历了飞速的发展，并已在国民经济中扮演了重要的角色。2013 年，民营经济中的城镇固定资产投资达 270 455.6 亿元，高于同期国有及国有控股和外商及港澳台商投资的金额。然而，对于正处于经济转型期的中国而言，金融发展的滞后使多数民营企业处于融资约束特别是研发投资融资约束的困境中。我国现行金融体制虽已经历多轮市场化改革，但以国有"四大行"为主导的国家金融体制倾向于向国有企业提供必要支持的现象仍十分明显，而企业债券、股票等融资渠道的发展明显滞后，导致我国众多民营企业特别是其中的中小企业外源融资十分困难。与国有企业相比，民营企业面临的研发投资、融资约束问题更巨大。这使得民营企业开始寻求通过"关系渠道"来获取融资，最直接的办法是聘请具有银行从业经历的人才进入企业的管理层。然而创造银行关联是否能缓解中国民营上市公司的融资约束？银行关联对民营企业研发投资的融资约束又有何影响？回答这些问题将有助于理解民营企业研发投资的融资约束情况，并有利于转型经济中的民营企业的发展。

随着企业面临的国际化竞争日趋剧烈，加强研发活动、提高自主创新能力进而获取核心竞争力成为企业在竞争中处于优势地位的重要战略。然而企业研发投资项目面临投资不足和融资难等问题，使得解决企业研发投资的融资约束问题成为政府和企业关注的焦点。

本研究立足于我国民营上市公司研发投资现状，运用信息不对称等理论，通过探究民营企业存在的研发投资、融资约束特征，研究银行关联在缓解民营上市企业研发融资约束问题中起到的作用，以此丰富研发投资、融资约束问题的相关文献体系，并尝试为民营企业解决研发融资约束问题提供实践性的建议。

2 文献综述与理论基础

现有文献对研发投资影响因素的研究主要包括三个方面：第一是企业外部制度环境因素，这类研究主要检验了税收政策、科技补助、经济周期和地区环境等对企业研发投资决策的影响。第二是从企业微观层面如企业成立年限、资产规模、公司治理和成长性等研究企业的研发投资决策。第三是通过企业高管特质如高管性别、学历和职业背景等考虑企业研发投资决策。

2.1 研发投资影响因素文献综述

2.1.1 外部环境因素

自 Hamberg（1966）首次利用截面数据研究美国国防部研发资助对厂商研发支出的影响以来，各国学者对政府补助与企业研发投资间的关系进行了广泛且深入的研究。Bloom 等（2002）、汪希和与王水娟（2015）、赵付民等（2006）、解维敏（2009）的研究表明政府补助对企业研发投资有正向的促进作用。安同良和周绍东等（2009）通过建立政府研发补贴与企业之间的关系模型，以甄别企业的真实创新类型。Czarnitzki 等（2011）通过研究研发投资税收抵扣政策的微观机理，发现研发税收抵扣降低了企业研发投资的边际成本，促进了企业的研发投资。张杰和周晓艳（2011）的研究发现，要素市场扭曲程度高的地区抑制了企业研发投资。李丹蒙和夏立君（2008）发现，地区市场化程度对民营企业的研发投资有显著的正向影响。成立为和戴小勇（2012）的研究显示，我国企业的研发投资地区分布不均衡。

关于外部融资环境的影响方面，由于各省、直辖市、自治区市场化程度不同，各地区银行受到的管制和银行业结构竞争激烈程度不同，不同地区民营企业对银行信贷的可获得性也不相同。许多研究显示，在金融发展水平高的地区积极地推动了民营企业特别是中小企业的研发投入（解维敏 等，2011）。

2.1.2 企业内部因素

2.1.2.1 企业特征

王任飞（2005）研究了研发投资的内部影响因素，发现企业规模、赢利能力均与企业研发支出呈正相关；而出口导向则与企业研发投入呈负相关。一些学者研究了企业外部融资渠道对研发投资的影响。温军、冯根福等（2011）研究了关系型债务占总债务的比例对研发投资的影响。肖虹和曲晓辉（2012）研究了公司研发投资行为的误定价迎合性，发现中国民营上市公司具有显著的研发投资迎合行为。但以上研究均建立在高管特征同质性的基础上，忽略了高管特征异质性的影响。

2.1.2.2 公司治理

在公司治理方面，众多学者的研究发现：股权激励、薪酬设计、高管任期等均会对企业的研发投资产生影响。李春涛（2010）等研究了高管持股对企业研发投资的影响，但未就高管持股对研发投资的促进作用得出一致结论。刘振（2014）从内生性视角分析发现私有控股企业通过将研发投入纳入 CEO 年薪考核变量激励了 CEO 进行研发投资。刘鑫和薛有志（2015）从公司业绩偏离角度分析了 CEO 继任对研发投入的影响。朱焱等（2013）则认为高管团队的同质性降低了冲突的可能并提高了沟通的效率，因而有利于公司研发战略的实施。刘运国和刘雯（2007）研究发现高管任期与企业研发投资呈倒"U"形影响。

2.1.2.3 高管特质

近年来，随着高阶理论的发展，出现了众多研究高管背景对研发投资影响的文献。研究结果显示，高管团队受教育程度（何霞 等，2012）、平均年龄（Baker et al.，2002）、晋升激励（张兆国 等，2013）、社会关系（陈爽英 等，2014）等均会对企业研发投资产生不同程度的影响。夏芸（2014）将高管权力纳入股权激励对研发投资的影响中，发现高管权力的增大削弱了股权激励对高管研发投资的激励作用。袁建国和后青松等（2015）的研究显示，企业建立的政治关联阻碍了创新活动，使得创新效率变低，并且这种对企业创新活动的负面效应将会自建立政治关联之时起持续三年。研究高管特质类文献详尽地探讨了高管特质对企业研发投资的影响程度，但少有文献解释高管特质如何影响企业研发投资的微观机理。

2.2 民营企业研发投资与融资约束文献的综述

2.2.1 企业研发投资与外部融资约束

企业研发投资对于提高企业核心竞争力的作用已得到广泛认可。但由于研发投资的高风险性和信息不对称引起的逆向选择与道德风险问题，加上研发活动成果多为人力资本和无形资产，不适合作为信贷担保物。企业难于通过外部融资渠道特别是负债渠道获取资金进行研发活动，由此导致了企业研发投资的不足以及其他问题。因此，企业需要在获取用于研发投资资金的基础上进行融资决策。

2.2.1.1 股票融资

Himmelberg、Petersen（1994）在融资优序理论的基础上提出，企业研发投资的融资渠道顺序依次为内源融资和外源融资，其中内部积累占研发投资来源的大部分。然而研发投资金额巨大，企业基于经营管理，需要不断将所有留存的资金用于研发活动，因此企业迫切需要来自外部融资渠道的资金支持研发。Brown、Petersen（2010）利用美国高新技术企业的数据发现，与大规模企业使用内部留存资金来进行研发投资相比，缺乏内部积累的中小企业更倾向于通过股票市场融资来支持研发投资所需资金。Muller、Zimmermann（2009）的研究显示，研发投入与企业的权益资本比例成正比。

2.2.1.2 债务融资

刘振（2009），卢馨、郑阳飞等（2013）发现，中国高新技术企业研发投资的主要资金来源是内部和股票市场，较少获得负债的支持。然而，缺少负债融资支持并不代表获取债务融资会抑制企业的研发投资。Sharma（2007）的研究发现，银行业与小企业研发投资之间的关系大于股票市场。Maksimovic 等（2007）根据世界银行投资环境调研数据研究发现，民营企业具有比国有企业更高的创新能力，且外部融资对民营企业创新活动的影响大于国有企业。并且他们还发现外资银行的贷款比国内银行贷款更能促进中国企业的创新活动的展开。张杰和芦喆（2012）利用大量企业数据，检验了经济转型背景下中国企业研发投资与融资约束间的关系，发现融资约束对民营企业的研发投资造成了显著的抑制效应，并且他们还发现与国有企业不同，民营企业的研发投资缺少来自银行贷款的支持，民营企业研发投资的资金来源主要是内部现金流、注册资本以及商业信用。唐清泉和巫岑（2015）基于中国银行业竞争的现实背景研究了银行业结构对企业研发投资融资约束的影响，研究发现：银行业竞争性市场结构有利于缓解企业研发投资面临的融资约束，且该作用对民营企业、高科技企业和中小企业更明显。

2.2.2 现金持有与研发平滑

Brown、Petersen（2010）首次提出了研发平滑（R&D Smoothing）这一概念：[①] 即企业研

[①] JAMES R B, BRUCE C, PETERSEN, et al. Cash holding and R&D smoothing [J]. Journal of Corporate Finance, 2010, 17 (3): 694-709.

发投资面临外部融资约束时,为保持研发活动稳定进行,企业有极强的动机去建立和管理现金缓冲库存,以实现研发平滑。他们的研究还发现了年轻企业通过现金持有来降低股票市场的波动对研发投资的影响。Shin、Kim(2011)基于信息不对称的角度分析了中小企业持有现金以平滑研发投资的动机,并指出不同的研发阶段、证券市场准入情况和信贷约束对企业的研发平滑都有重要影响。但是目前,研发平滑在世界范围内还不具有普遍性。Sasidharan、Lukose(2015)的研究发现,在印度制造业企业中并不会通过持有现金以平滑研发。众多学者对中国企业进行分析后,发现当财务波动较大时,企业会通过现金持有来平滑研发(鞠晓生,2013;黄振雷 等,2014)。并且由于民营企业面临更巨大的融资约束,相比国有企业,民营企业的这一行为更加明显(过新伟 等,2014)。杨兴全和曾义(2014)的研究发现金融市场的发展也会对研发平滑产生影响。

2.2.3 民营企业融资约束与银行关联

银行关联作为社会资本当中的一种,既是企业的资源,又是一种非正式制度。我国正处于经济转轨时期,市场建设有待完善,银行对民营企业的"所有制歧视"十分严重。加上与国有企业相比,民营企业存在经营规范性不足、信用困境等固有缺陷,很难达到银行的信贷标准,融资瓶颈对民营企业的发展构成了巨大的挑战。值得注意的是改革开放30多年来,中国民营经济表现出旺盛的发展活力。这说明,民营企业的融资约束得到过一定程度的缓解。

关系研究的文献表明,民营企业的社会关系会对其研发投资产生不同程度的影响(陈爽英 等,2010)。大量研究显示,许多民营企业通过聘请具有银行从业经验的高管建立银行关联缓解了部分融资困扰。Elif Ciamarra(2006)的研究结果显示,高管的银行业从业背景有助于减少企业的融资成本。邓建平和曾勇(2011)的研究发现,银行关联对民营企业长期贷款的可获得性有积极的影响,并且这一影响在金融市场化程度低的地区更显著。银行关联对民营企业融资约束情况改善作用的机理是:通过建立银行关联,民营企业获得了与银行之间信息交流的"媒介",从而增进了这些银行对其经营情况的了解,达到了缓解银企之间信息不对称问题的目的(杜颖洁 等,2013),进而提高银行债务的可获得性(Elsas et al.,1998)。

2.3 文献评述

研发投资对于提高企业价值的重要性已经被广泛认可。研发投资不仅可以提高企业的专利产出量(Jaffe,1993),还能提升企业的整体价值(Ahmed et al.,2006;姚靠华 等,2013;杜兴强 等,2012)。因此,大量文献研究了企业研发投资的外部和内部影响因素。解维敏和唐清泉(2009)、Hamberg(1966)等发现政府补助促进了企业的研发投资;张杰和周晓艳(2011)的研究则显示要素市场的扭曲抑制了企业的研发投资。一些学者(王任飞,2005;刘运国 等,2007)的研究发现,企业特征、公司治理和高管特质的异质性均会对企业的研发投资产生影响。

然而,由于研发投资的高风险性和不确定性,企业的研发投资面临融资约束。并且,民营企业由于受自身经营规范性和信用状况等不同固有缺陷的影响,其研发投资比国有企业面临更加巨大的融资约束。现阶段,我国正处于经济转型的关键时期,资本市场信息不对称严重且政策导向特征明显,金融市场有待进一步发展。在这样的制度背景下,企业的研发投资、融资约束问题具有不同于世界其他地区国家的特点,如何缓解民营企业研发投资融资问题，国内许多学者对这一问题进行了深入的探究。

吕玉芹（2005）提出，要通过加大政府支持、发展风险投资和健全法规体系等缓解我国高新技术企业研发投资的融资约束问题。张杰和卢喆等（2013）认为，在现阶段经济转轨的背景下，忽略通过深化金融改革来缓解企业研发投资的融资约束问题可能会导致政府创新支持政策的无效。唐清泉和巫岑（2015）则认为，企业研发活动资金的可获得性以及经济能否实现可持续增长都与银行体系能否支持中小企业紧密相关。刘端等（2015）发现，通过明显的研发平滑应对融资约束，可对企业在产品市场竞争中产生更积极的作用。

综上，国内对企业研发投资的研究大多停留在内外部制度层面对研发投资的影响上，研究企业研发投资、融资约束的文献相对较少。并且在研发投资融资约束的研究文献中，大多从宏观融资环境考虑企业的研发投资、融资约束，少有从企业从微观层面解释企业研发投资、融资约束的机理。笔者结合前人的研究成果，结合企业的微观特征，试图解释外部环境与企业微观特征相互作用的机理。本书的核心是对银行关联和民营企业研发投资、融资约束间的关系进行实证检验，借鉴 Fazzari（1988）的企业投资-现金流敏感小模型衡量民营企业研发投资、融资的约束情况。在模型的设计上，引入了银行关联作为调节变量，分析其对民营企业当期的长期债务增量和研发投资融资约束的影响。除此之外，本书在考虑不同地区金融市场化程度的不同基础上，采用樊纲（2010）中国市场化指数2011年报告中要素市场发展中金融市场化的数据，将各省、自治区和直辖市的得分按年平均后进行排名并按1/3比例将各地区分为高金融市场化程度和低金融市场化程度两组，以此来检验银行关联在不同金融市场化程度的地区对民营企业研发投资融资约束的影响，较为完整地考虑了银行关联对民营企业研发融资约束的作用机理。

2.4 相关概念界定

2.4.1 融资约束概念界定

融资约束，即由于存在信息不对称，导致企业内部融资成本远低于外部融资成本。当企业内部资金不能满足自身经营发展需求且外部融资成本较高时，企业会放弃一些好的投资项目。与国有企业相比，民营企业获得的金融资源更少，一方面作为银行业主导的大型国有银行的贷款给国有企业的居多且资金使用成本常常低于民营企业；另一方面，股票和企业债券市场的发展滞后，且民营企业自身规模和规范程度受限，其从股票市场等获得资金的难度巨大。关于企业融资约束对的度量，国内外学者已对此进行了深入的研究。鉴于本书研究对象为微观层面的中国民营企业，本书主要就衡量企业融资约束的指标进行简要梳理。企业融资约束的衡量方法大体上可分为直接测量法和代理测量法。

2.4.1.1 代理变量法

代理变量法的主要原理是通过代理变量来测量企业的融资约束，如盈利情况、企业规模和信用评级指数等。Harris 等（2003）将企业当期经营利润作为融资约束的代理变量。Czamitzki（2006）使用信用评级指数度量企业外部融资约束，当信用评级指数越高时，企业越有能力获得外部融资。

2.4.1.2 直接测量法

Kaplan、Zingales（1997）通过建立回归模型，将研究样本按融资约束程度分五组，将其分别回归得到回归系数，并据此计算出融资约束指数，该指数越大说明企业的融资约束程度越高。不过这种方法在学术研究中的使用并不如投资-现金流敏感度法广泛。Fazzari 等

（1988）首次将企业内部现金流引入 Tobin Q 模型中，以研究投资与现金流敏感性之间的关系，该方法在之后研究融资约束的文献中被广泛应用。在现有的研发投资融资约束的文献中（卢馨 等，2013；解维敏 等，2011）通过检验研发投资对融资来源敏感度来检验融资约束的程度。本书在参考该方法的基础上，采用相同原理检验中国民营上市公司研发投资与现金流的敏感性关系。

2.4.2 银行关联——非正式制度

由于我国制度环境还在不断建设与完善中，民营企业面临着严重的信贷困境。因此，民营企业开始寻求制度以外的非市场化的手段来缓解自身融资约束问题以支持有价值的投资项目。建立以政治关联和银行关联为主的金融关联是民营企业寻求制度外帮助的主要体现。许多研究发现，这类非正式途径也确实在一定程度上起到了替代正式制度的作用。唐建新和卢剑龙等（2011）、邓建平和曾勇（2011）、余蔚和汪淼君（2012）等通过将高管是否具有政府部门工作背景或银行业工作背景作为衡量企业是否具有某种关联的关键因素。而陈爽英和井润田（2010）通过民营企业过去的资金借贷来源，以确定民营企业的银行关联。高管工作背景使得民营企业与政府部门和银行之间建立的关联更为稳定。因为企业贷款来源数据不好获取，所以本书选取高管是否具有银行业从业背景作为衡量民营企业银行关联的关键因素。具体做法是，当高管具有商业银行或政策银行从业经验时该值取1，否者取0。

2.5 理论基础

2.5.1 企业研发投资中的信息不对称

在企业的研发活动中，信息不对称问题也是导致研发投资、融资约束的重要原因之一。企业研发活动中的信息不对称问题主要表现为以下三个方面：

第一，企业作为研发投资主体是资金的需求者，银行等外部投资者是资金的提供者。与企业普通生产活动产出的有形产品不同，研发投资活动的产出具有非排他性。企业出于保护研发成果的目的，有强烈的动机使研发活动信息处于保密状态，即便是对资金的提供者——银行等外部投资者，信息不对称便由此产生。对银行等外部投资者来说，未知意味着风险。为了降低投资风险，他们不得不花费更多的成本辨别研发项目的优劣，进而产生所谓的"柠檬效应"。

第二，当企业为投资项目向外部资金持有者进行融资时，外部资金持有者与企业签订资金使用合同时，往往需要企业提供自身资产作为抵押。特别是，当企业向银行借款时，银行会要求企业提供可抵押资产作为不能按期还款的担保。而由于研发投资成果一般为企业应用于生产经营的无形资产，无形资产估值的不确定性导致其可抵押性远低于固定资产。这使得银行难以评估研发投资项目的价值，进而降低了企业对债务资金的可获得性。

第三，由于委托代理关系的存在，一旦企业获得来自银行的借款，银行就失去了资金使用的控制权，企业的所有者和经营者可能为自身利益将资金投资到比债权人风险预期更高的项目上去，以此补偿信息不对称情形下为获取债务资金而支付的风险溢价（Arrow，1962）。如果项目成功，银行无法分享超额收益；如果项目失败，银行将可能承担额外损失。因此，银行在对企业研发项目进行贷款决策时将持更加谨慎的态度。

2.5.2 融资优序理论与研发投资的融资约束

经典的 MM 理论（Modigliani et al.，1958）认为，在完美资本市场的基本假设成立的条件下，企业价值与企业负债无关，即企业价值与企业的资本结构无关。融资优序理论在放宽 MM 理论基本假定的条件下提出，该理论认为，由于信息不对称的存在，外部投资者可能会对企业的真实情况产生错误的估计。外部权益投资者和债权人在对企业进行投资时，与经营者相比处于信息的劣势。债权人和外部权益投资者为弥补信息不对称导致的额外风险，通常要求企业提供比内部融资的机会成本更高的外部融资资金使用成本。这导致企业为达到最优资本结构而通常选择的筹资顺序为内部留存，外部融资。当企业管理层在选择外部筹资渠道时，考虑到信息不对称对企业股票产生误定价的可能性，通常优先考虑债务融资而不是股票融资。因此，在理论分析构架下，一般内部融资由于股票融资，股票融资优于债务融资。

但是，与企业一般投资项目不同，企业研发投资所支付的高昂人力资本和产出的无形资产使研发项目更难获得来自银行的融资。大多数学者的研究显示，企业因为研发投资而进行融资时，优先选择内部留存资金，这与优序融资理论的观点相符。而当企业研发投资面临融资约束而向外部渠道融资时，企业更易得到股权融资，而没有得到债务资金的支持（Himmelberg & Petersen, 1994; 刘振, 2009; 卢馨 等, 2013）。这是因为研发投资的高风险性使银行提高了资金的使用成本且银行借款的意愿低。当企业研发投资需要向外部渠道融资时，企业会倾向于选择股票融资。

2.5.3 关系型借贷理论与民营企业研发投资的融资约束

Hodgman（1961）最早在其研究中指出，企业与银行的关系在企业取得银行贷款的过程中起着重要的作用。之后，众多学者展开了融资约束领域中关系融资的研究。Berger、Udell（2002）将关系型借贷定义为银行的贷款决策是依据与企业和多种渠道的长期接触而积累的有关借款企业以及其所有者的相对私有的信息而做出的。这些信息主要通过办理企业结算、咨询以及存贷款业务获取。此外，银行还可通过债权人、股东、员工、供应商等与企业利益相关者处获取信息。这些信息涉及企业生产经营活动的各个方面，高于普通公众对企业信息的了解程度，可以帮助银行评估借款企业的风险。银行对企业这些信息的了解也是关系融资所获取的。

关系型借贷建立在银行与企业间保持长久、专属的交易的基础之上，即企业固定地与极少数的银行维持信贷关系。借贷双方在相对稳定的长期合作关系与交叉补贴机制的激励下，受共同存在的一定社会网络关系内的集体惩罚机制和声誉机制的约束，进而产生关系型融资合约，该合约具有隐形契约特征。Berger、Udell（1995）的研究发现，美国中小企业通过建立关系型贷款，在提高了自身获得银行贷款可能性的同时，企业使用贷款资金的成本也有所降低。与大型国有企业不同，民营企业由于受规模限制，同时其研发投资项目成果的可抵押性很弱，使得为研发项目向银行融资非常困难，而关系借贷的产生为以中小企业居多的民营企业缓解了银行融资的困境。

银行与企业之间借贷关系的确立取决于双方之间的信用评价情况，而银企之间的信用评价质量依赖于整个社会信用体系的发展，社会信用体系的发展在一定意义上决定了金融市场的发展。我国目前正处于经济转轨时期，社会信用体系建设有待加强，不同地区金融市场发展不平衡，这就使得关系型借贷成为以中小企业为主的民营企业获取外部融资的有效途径。

3 我国企业研发投资融资背景与现状分析

3.1 民营企业研发投资现状分析

随着市场化体制的健全,民营经济逐步发展成为支撑我国经济持续快速增长的主要力量。2013年,民营经济实现城镇固定资产投资270 455.6亿元,高于同期国有及国有控股投资的144 055.5亿元,以及外商及港澳台商投资的22 016.6亿元;吸纳的就业人数有2.19亿人;缴纳的税收为18 168.9亿元。据wind统计数据显示,截至2014年6月30日,我国民营上市公司总量达到1 329家,约占上市公司总量的一半。上市民营企业作为民营企业中的佼佼者,其发展状况对整个民营企业团体来说具有很强的代表性。与国家整体研发投资水平不断增长的趋势不同,民营企业研发投资在2010—2014年经历了一次下跌,原因可能是由于民营企业研发存在着巨大的外部融资约束,所以其研发所需资金强烈依赖内部留存。

3.2 民营企业研发投资的融资情况分析

3.2.1 民营企业融资现状分析

随着金融市场的发展,金融市场融资渠道多元化逐渐呈现。然而作为传统的融资渠道,银行贷款仍是大多数企业的主要外部融资来源。近年来,民营企业从金融机构获取的贷款余额不断增加,由表3-1可知,2013年我国广义民营经济贷款约为47.3万亿元,比2012年增长了14.4%。内资民营经济贷款余额约为36.3万亿元,较2012年增长了17.5%;除内资集体经济之外的狭义民营经济即个体私营经济贷款余额约为13.4万亿元,比2012年增长了21.9%。

表3-1　　　　　　　　　不同层次民营经济贷款余额情况　　　　　　　　单位:万亿元

年份	广义民营经济	内资民营经济	狭义民营经济
2007	16.45	13.82	3.75
2008	19.57	16.95	4.17
2009	22.30	19.82	5.10
2010	29.07	26.81	7.07
2011	36.01	26.30	9.09
2012	41.38	30.83	11.02
2013	47.33	36.21	13.43

数据来源:中国民营经济发展报告(2013—2014年)。

图3-1报告了不同层次民营经济融资贷款余额占全部贷款余额的比例。由图中展示的信息可以看出,金融系统对民营经济的贷款支持呈逐年上升的趋势,其中2013年的广义民营经济贷款余额占全部贷款余额的比例已经达到65.8%,值得注意的是,直到2013年,代表个体私营民营经济的狭义民营经济贷款余额仅占全部贷款余额的18.7%。

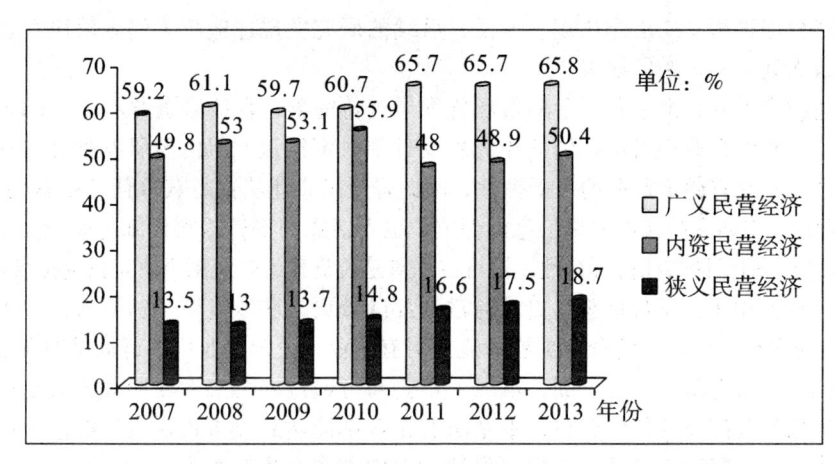

图 3-1　不同层次民营经济融资贷款余额占全部贷款余额的比例
数据来源：中国民营经济发展报告（2013—2014 年）

3.2.2　民营企业研发投资的融资约束情况分析

融资约束制约着企业的创新活动。由于研发结果的不确定性和缺乏抵押资产，外部投资者特别是银行均不愿借钱给企业进行创新活动。企业的研发投资普遍存在着比一般项目更巨大的投资约束。一般来说，民营企业进行研发投资的资金来源于内部现金流。内部现金流具有使用风险小、可获得性高等优点。但是，持有高现金储备又会产生巨大的资金持有成本，会对企业资金使用效率和生产经营产生影响。在外部融资方面，高风险和缺乏可抵押资产导致企业受银行债务融资约束，股票增发的条件苛刻使得企业获得股票融资的可能性降低。

特别是，国有企业由于其与国家之间的直属关系，当其面临研发投资的融资约束时，可以求救于国有控股的银行，获得来自银行的资金支持，国有企业"预算软约束"将在一定程度上缓解其研发投资面临的融资约束问题。与之不同的民营企业，由于规模普遍没有国有企业大，加上自身的经营规范程度和信息披露不够透明，民营企业研发投资的资金来源主要依赖内部积累，对内部现金流状况较敏感，导致其研发投资面临比国有企业更强的融资约束。这也是本书研究民营企业研发投资融资约束的主要原因。

4　研究设计与变量选取

4.1　假设提出

4.1.1　研发投资与融资约束

研发投资对企业创新能力和企业价值的提升有着积极的作用，然而企业的研发投资项目需要大量资金长期不断地注入，若研发项目期间资金不足或中断将导致研发活动中止或失败，由此引发的高额调整成本将对企业进行研发活动的积极性产生负面影响。此外，研发投资的产出一般会改善企业生产经营的技术知识或服务理念，由于知识的非排他性使得企业的创新成果不被企业完全占有，这进一步损害了企业进行研发投资的积极性，导致出现研发投资不足的现象。近年来，政府针对我国企业研发投资不足，制定了许多激励政策和与知识产权保护相关的法律法规。但是，后续的研究发现这些政策仍未解决企业研发投资面临的最大问题——融资约束。

与发达国家不同，由于我国金融市场化发展有待完善，直接融资并不是我国企业的主要融资渠道。我国企业仍以银行借款作为主要外部融资渠道。但由于研发投资的预期成果为无形资产，不具有固定资产的可抵押性，因此降低了企业从银行获取债务融资的可能性。此外，企业出于对研发阶段性成果信息的保密，也不愿意向银行透露详细的研发投资项目信息。没有足够的信息评估项目可行性，银行往往对是否贷款给企业用于研发投资持谨慎态度。

与国有企业相比，民营企业则更难通过外部融资渠道获取发展所需资金。一方面，以"四大行"为主导的银行业的资源更容易流入国有企业，民营企业从银行取得的资金不仅使用成本较高且总量有限。另一方面，虽然上市公司可通过增发或者配股等方式通过股票市场融资，但增发和配股的条件严格，不是所有企业都能达到股市再融资的标准。由于外部融资渠道存在诸多限制，民营企业的研发活动对内部现金流有很强的敏感性，并且当企业进行研发活动时，会增加其现金的持有量。

因此，本书认为我国民营企业的研发投资存在融资约束，并且当企业需要外部融资时，更倾向于股票融资，债务融资没有支持企业的研发投资。基于上述分析，提出假设1.1和1.2：

假设1.1：我国民营上市公司研发投资存在外部融资约束，研发投资与内部现金流、现金持有量呈正相关。

假设1.2：我国民营上市公司因研发投资向外部融资时，债务融资比股票融资更难获得。

4.1.2 银行关联与研发投资的融资约束

债务融资是企业融资的重要途径，在我国现阶段经济转轨的背景下，向银行举债成为企业获取资金的重要来源。研发活动本生的风险性使得企业难以获得银行贷款来支持研发投资项目，我国大部分民营企业具有规模小、信用状况低以及财务信息披露质量差等缺点，使得民营企业难以从银行获得债务资金支持研发投资。再加上我国现有的金融系统是适合粗放式经济增长阶段的，仍以支持大型国有大型企业为主。以银行业为例，经过银行业改革，国有"四大行"为主的商业银行开始在信贷资源配置中利用经济原则做决策，但由于政府具有主导作用，国有企业得到了更多银行信贷的支持。张杰、芦哲等（2012）的研究发现，民营企业的研发投资主要依赖内部现金流、注册资本和商务信用；而国有企业的研发投资除依靠以上资金外还有来自银行贷款资金的支持。难于通过银行信贷获取用于研发投资资金的民营企业有极强的动机改善融资现状，建立银行关联就是其对外部信贷融资困境做出的积极反应。

社会资本资源理论认为，企业发展的社会关联越多，其获取资源的能力也越强（Lin，1999）。这种社会关系使相互认识和相互公认的网络连接起来，使网络内的成员可以获取彼此的创新资源并识别不同的创新机会。尤其在我国现阶段特殊的制度背景下，我国经济正在向着创新驱动的精细化增长方式转变，而金融系统起着服务实体经济的作用，其结构改革却滞后于转型中的实体经济发展方式模式。

银行关联的存在为银行与民营企业建立稳定的关系提供了一条便利的途径，减少了银行因为信息不对称所产生的信息搜集成本。因此，相对于国有企业来说，民营企业更需要聘请具有银行任职背景的人来减少信息不对称和代理成本。民营企业聘用曾在银行担任重要职务的人员作为高管时，便无形中为自己建立了一种特殊的银企关系，拥有这种关系能够显著提高企业的贷款效率（Elsas et al.，1998），尤其是能够使民营企业贷款的条件有所放松。正因如此，社会资本的作用开始日益突显出来，当企业具有这种社会资本也就是银行关联时，便与银行有了一种直接的联系。这些曾经在银行担任过要职的高管，就像一座无形的桥梁，将借款人与贷款人联系起来，不仅提高了沟通的效率，还提升了企业的透明度。这种特殊的"关系"加固了银行对企业的信任度，相当于企业为银行提供了一种潜在的担保，有助于缓解企业的融资约束。

金融市场的完善可以显著改善交易双方的信息不对称问题，进而缓解企业研发投资面临的融资约束。首先，金融市场化程度低的地区与金融市场化程度高的地区相比，其战略投资者与外部投资资金极度缺乏，这些企业面临的金融市场融资渠道缺乏多样性，银行贷款就成为其依赖的主要外部资金的融资渠道。其次，处于金融市场化程度低的地区的企业与外部信息不对称的程度更高，银行关联对信息不对称的缓解程度也更高。最后，金融市场化程度高的地区金融人才更多，融资形式也更加丰富，金融市场化程度低的地区通过创建银行关联可以弥补融资技能匮乏这一劣势。因此，金融市场化程度高的地区，企业研发投资面临的融资约束更低，银行关联对企业研发投资、融资约束的缓解程度也就更低。由此分析，提出假设 2.1、2.2 和 2.3：

假设 2.1：高管人力资本中的银行关联可以提高民营企业长期债务的可获得性。

假设 2.2：高管人力资本中的银行关联与民营企业研发投入呈正相关。

假设 2.3：高管人力资本中的银行关联会缓解企业研发投入的融资约束，并且这一作用在金融市场化程度低的地区更明显。

4.2 变量选择

4.2.1 被解释变量

本书的被解释变量包括研发投资支出 *RD* 和现金持有量 *CASH*。*CASH* 通过现金资产与年初总资产之比计算而得，用以考察企业的现金持有情况。在 *RD* 方面，目前文献中对研发投入的衡量方式主要有三种，分别是研发支出/年初总资产、研发支出/企业主营业务收入以及研发投资即研发投资变化率。Jan Bena、Lai Li（2015）在研究公司的研发创新对并购活动的影响时使用研发投资来衡量公司的研发投入情况。罗婷（2009）通过研发支出/主营业务收入来探究研发投资与企业价值间的相关性。张兆国、刘亚伟等（2013）将研发支出/年初总资产作为企业研发投资的衡量。由于营业收入可能存在复制或极小值，所以本书参考以上学者的方法，采用研发支出/年初总资产作为企业研发投资支出的衡量，以研发支出/主营业务收入作为研发投资支出的衡量。其中研发支出包括企业年度内研发支出的资本化支出和费用化支出。

4.2.2 解释变量

4.2.2.1 研发投资强度（*RDI*）

本书采用卢馨、郑阳飞等（2013）的做法，在检验现金持有对企业研发投资强度的影响时通过使用最能体现研发投资强度的公司的研发支出/主营业务收入，这样做的理由是在衡量企业研发投资对现金持有的影响时，将企业收入情况考虑在内。

4.2.2.2 内部现金流（*CF*）

本书参考了 Fazzari 等（1988）建立的检验融资约束与投资-现金流敏感系数关系的如下模型：

$$\left(\frac{I}{K}\right)_{i,t} = f\left(\frac{X}{K}\right)_{i,t} + g\left(\frac{CF}{K}\right)_{i,t} + \varepsilon_{i,t}$$

该模型中，I 表示 i 企业在 t 期间内的所有固定资产投资，K 为 i 企业同时期期初股本，X 代表投资决定性因素的变量向量，$f(X/K)$ 即为代表投资机会的 Q 值，CF 为企业当期的内部现金流。

本书将 CF（内部现金流）引入回归模型，CF 前的系数即为投资-现金流敏感系数，用以衡量企业研发投资面临的融资约束。内部现金流为企业净利润扣除折旧与摊销前的值再减去当期支付的现金股利。依照企业内部现金流的定义，本书通过公式计算得出内部现金流。即：

内部现金流 = 当期净利润 + 当期折旧与摊销 + 当期长期待摊费用 - 当期分配现金股利等支付的现金

4.2.2.3 当期股权融资（EF）

当期股权融资（EF）为当期发行股票的融资金额与年初总资产的比值，用以衡量企业当期从股票市场获取融资的情况。

4.2.2.4 当期债务融资（Debt）

当期债务融资（$Debt$）是企业当期增量长期借款，用以衡量企业长期借款的可获得性，计算方法为：

当期债务融资 =（当期长期借款 - 上期长期借款）/ 企业年初总资产

4.2.3 调节变量

基于高管背景的异质性对企业研发投资的影响，本书引入高管银行背景（Bank R）考察民营企业建立银行关联是否有助于缓解其研发投资面临的融资约束问题。在此基础上，本书将进一步研究样本分组（按金融市场化程度分组）。参考邓建勇、曾勇（2011）的方法，采用樊纲、王小鲁等（2011）所编制的《中国市场化指数》中各地区要素市场发育程度的子部分金融业的市场化得分算出 2001—2009 年的平均数，按平均数进行排序。将排名前十的地区作为金融市场化程度高的一组，将其余的自动归为金融市场化程度低的一组。在分组的基础上考察金融关联在不同金融市场化程度地区对企业研发投资的融资约束缓解作用的异同。其中，银行关联（Bank R）为哑变量，当具有相应银行背景时取 1，否则取 0。

4.2.4 控制变量

目前，学者研究了企业规模（$Size$）（温军 等，2011）、企业年龄（Age）和企业成长性（$Grow$）（成力为 等，2012）这些控制变量。此外，考虑到资产负债率（Lev）和股权制衡情况（$Top1$）的影响，本书将其引入控制变量检验假设 1。其中第一的股东持股比例为衡量股权制衡情况的代理变量。此外，假设 1 中的控制变量还有企业投资机会（$Tobin\ Q$）、控制年度（$Year$）和行业（$Industry$）的哑变量。

为了检验假设 2，参考邓建平和曾勇（2011）的做法，本书加入企业固定资产情况（AM）和企业总资产净利率（ROA）作为控制变量。其中，企业固定资产为年初固定资产与总资产的比值。此外，假设 2 中的控制变量也包括第一大股东持股比例（$Top1$）以及控制年度（$Year$）和行业（$Industry$）的哑变量。

主要变量的计算方法和含义如表 4-1 所示：

表 4-1　　　　　　　　　　变量说明

变量名	符号	含义
研发投入	RD	年度研发支出/年初总资产
现金持有量	Cash	（现金+交易性金融资产）/年初总资产
研发投资强度	RDI	年度研发支出/主营业务收入
现金流量	CF	经营现金流/年初总资产
高管银行背景	Bank R	有银行背景时取1，否则取0
当期固定资产余额	AM	期初固定资产/总资产
企业投资机会	Tobin Q	企业市场价值/年末总资产账面价值
总资产净利率	ROA	净利润/总资产
企业成长性	Grow	△当期营业收入/上年营业收入
企业成立年限	Age	企业年龄
资产负债率	Lev	企业年末资产负债率
企业规模	Size	年末总资产自然对数
年度	Year	年度虚拟变量
行业	Industry	行业虚拟变量

4.3　模型构建

4.3.1　假设1——融资约束对研发投资的影响

本书在借鉴卢馨、郑阳飞（2013）模型的基础上，构建如下模型以检验民营企业研发投资的融资情况。其中，模型（4-1）为主要模型，用于检验研发投资与企业内部现金流之间的关系，由于企业成长性（Grow）、资产负债率（Lev）等会对企业研发投资产生影响，本书将其引入作为控制变量。

$$RD_{i,t} = \alpha_0 + \beta_1 CF_{i,t} + \beta_2 Grow_{i,t} + \beta_3 Tobin\,Q_{i,t-1} + \beta_4 Lev_{i,t} + \beta_5 Size_{i,t} + \beta_6 Age_{i,t} + \beta_7 Top1_{i,t} + \sum \beta_{8*} Year_{i,t} + \sum \beta_{9*} Industry_{i,t} + \varepsilon_{i,t} \quad (4-1)$$

为了考察外部融资方式对民营企业研发融资约束的影响，本书在模型（4-1）的基础上，引入了股票融资（EF）和长期借款融资（Debt），建立模型（4-2）用以检验股票融资和债务融资对企业研发投资的影响。

$$CASH_{i,t} = \alpha_0 + \beta_1 RDI_{i,t} + \beta_2 Grow_{i,t} + \beta_3 Tobin\,Q_{i,t-1} + \beta_4 Lev_{i,t} + \beta_5 Size_{i,t} + \beta_6 Age_{i,t} + \beta_7 Top1_{i,t} + \sum \beta_{8*} Year_{i,t} + \sum \beta_{9*} Industry_{i,t} + \varepsilon_{i,t} \quad (4-2)$$

此外，为了进一步验证企业研发投资对内部现金的敏感性，本书将现金持有量（CASH）作为被解释变量，建立了模型（4-3），该模型主要考察民营企业研发投资强度对企业现金持有的影响：

$$RD_{i,t} = \alpha_0 + \beta_1 CF_{i,t} + \beta_2 Debt_{i,t} + \beta_3 EF_{i,t} + \beta_4 Controls + \sum \beta_{5*} Year_{i,t} + \sum \beta_{6*} Industry_{i,t} + \varepsilon_{i,t} \quad (4-3)$$

4.3.2　假设2　银行关联对民营企业研发投资融资约束的影响

为了探究高管金融关联对民营研发投资融资约束的影响，本书分别建立了模型（4-4）

和模型（4-5）。模型（4-4）主要检验民营企业银行关联对当期增量长期借款可获得性的影响，其中企业长期借款的主要影响因素包括反映企业抵押资产情况的因素、盈利情况、股权制衡情况等。比如，固定资产持有情况、企业的净资产净利率以及第一大股东持股比例等。模型（4-4）具体如下：

$$Debt = \beta_1 Bank\,R_{i,t} + \beta_2 EF_{i,t} + \beta_3 AM_{i,t} + \beta_4 Grow_{i,t} + \beta_5 Size_{i,t} + \beta_6 Lev_{i,t} + \beta_7 Top1_{i,t} + \beta_8 ROA_{i,t} + \sum \beta_9 * Industry_{i,t} + \sum \beta_{10} * Year_{i,t} + \varepsilon_{i,t} \quad (4\text{-}4)$$

模型（4-5）进一步检验了银行关联是否缓解了研发投资面临的融资约束问题。此外，对于我国这样一个具有新兴加转型双重制度特征的经济体制而言金融发展水平在整体不断推进的同时，还存在区域之间的发展不平衡。本书对模型（4-5）进行全样本回归后，以金融市场化程度高低将样本进行分组，分别考察银行关联在金融市场化程度不同的地区内对民营企业研发投资融资约束的影响。

$$RD_{i,t} = \alpha_0 + \beta_1 CF_{i,t} + \beta_2 Bank\,G_{i,t} + \beta_3 Bank * CF_{i,t} + \beta_4 Controls + \sum \beta_5 * Year_{i,t} + \sum \beta_6 * Industry_{i,t} + \varepsilon_{i,t} \quad (4\text{-}5)$$

通过检验以上模型，本书首先对总体样本进行变量描述性统计分析。其次，对总体样本进行实证检验。在考虑到高管的金融背景和融资渠道、融资差异对企业研发融资约束产生影响的条件下，进一步分析高管银行背景和高管证券等其他背景，以及不同的融资渠道对研发融资约束影响的差异。

4.4 样本数据来源

本书选取了2010年至2014年A股市场上所有披露了研发支出的民营企业作为基础样本。并借鉴了王志强（2011）的民营企业衡量标准，以CSMAR数据库中的"上市公司控制人文件"中的公司实际控制人（其性质为民营企业和中国公民）为民营企业最终样本，剔除了最终控制人为国有机构、事业单位和境外自然人等的样本。本书的研发投资数据为研发支出资本化与费用化之和，该部分数据为手工收集的在深交所和上交所披露了年报的上市公司年报中的"开发支出"附录披露的研发支出资本化数据，"管理费用"附录中披露的关键字为"研发费用""技术发展费"等研发费用化数据。此外，本书采用的其他数据均来自CSMAR上市公司的研究数据库。

在此基础上，本书对样本做了如下处理：

（1）由于金融行业经营活动的特殊性，剔除了金融行业的所有样本。

（2）为了避免受ST、PT和*ST企业财务异常性的影响，剔除了简称中含ST、PT和*ST的样本。

（3）剔除了企业中未披露研发投资数据的样本。

（4）剔除了银行关联高管背景中既不是董事会成员也不是高管团队成员的样本。

（5）剔除了当年相关变量数据不完整的样本。

（6）最后，为了进一步避免极端值的影响，本书对通过对以上处理的样本用Winsorize（缩尾处理），对所有变量进行了1%分位和99%分位的缩尾处理。

经过上述处理后得到2010年至2014年披露了研发投资数据的民营企业共3 199家，其中2010年的样本企业为298家，2011年为454家，2012年为733家，2013年为845家，2014年为869家。

4.5 描述性统计分析

4.5.1 高管银行关联情况

首先表4-2展示了民营企业中高管金融背景的情况,也就是民营企业金融关联的情况。金融关联不仅包括银行关联,还包括监管部门关联、证券关联以及投资银行关联等其他金融机构关联。由表4-2可以看出,有金融背景的民营企业数量逐年增加,但在民营企业中的占比维持在10%左右,变化幅度不大。

表4-2　　　　　　　　　　　总体金融关联情况

年度	金融背景数量(家)	民企数量(家)	金融背景占比
2010	26	272	9.56%
2011	42	412	10.19%
2012	73	660	11.06%
2013	82	763	10.75%
2014	86	783	10.98%

表4-3展示了民营企业金融关联中银行关联的构成情况。如表4-3所示,2010—2014年,银行背景在金融背景中占的比重约为50%以上,是金融背景的最重要的组成部分,这与其他学者的研究相吻合(邓建平 等,2011),也是本书为何主要考察银行关联对民营企业研发投资所面临的融资约束的缓解机制的原因之一。

表4-3　　　　　　　　　　　银行关联情况

年度	银行背景数量(家)	金融背景数量(家)	金融背景占比
2010	11	26	42.31%
2011	20	42	47.62%
2012	42	73	57.53%
2013	46	82	56.10%
2014	47	86	54.65%

4.5.2 描述性统计

表4-4展示了主要变量的描述性统计。如表4-4所示,本研究样本由3 199家民营上市公司组成。在中国民营上市企业中,其研发投资支出(RD)最大的企业,研发投资占到了总资产的10.25%,研发投资支出最低的企业的研发投资仅占总资产的0.003%,全样本研发投资支出的均值和标准差分别为2.15%和1.72%。这说明我国民营上市企业研发投资支出的差异巨大,且大多数民营上市企业研发投资支出的水平偏低。

在研发投资的融资方面,现金流量(CF)均值为5.53%,股权融资额(EF)和债务融资额($Debt$)的均值分别为3.53%和2.95%,这说明我国民营上市企业为研发投资进行融资的渠道偏好依次是内部现金流、股权融资和债务融资。值得注意的是股权融资表现出巨大的标准差,一定程度上表明我国民营上市企业选取股票融资的方式偏好存在较大差异。此外,现金持有量($Cash$)均值和标准差分别为27.91%和19.03%,说明民营上市企业持有的现金和交易性金融资产较多,且不同民营企业的现金持有情况差异较大,这也许是由企业间不同的现金持有需求所导致的。另外，资产负债率（Lev）的均值为35.86%，标准差为19.56%，说明民营企业整体杠杆水平不高，但样本间差异较大。Tobin Q均值为1.94，标准差为1.06；企业成长性指标（Grow）均值为17.11%，企业规模（Size）均值为21.43。

对于银行关联（Bank G），拥有银行关联的民营上市企业所占比例均值为5.19%，表明不是所有民营企业都会聘请具有银行背景的高管，部分民营企业中并没有具有银行背景的高管。值得注意的是，第一大股东持股（Top1）比例的均值为33.15，标准差为13.79，这说明民营上市企业股权较为分散，但这种现象不具有普遍性。

表4-4　　　　　　　　　　描述性统计

变量名	均值	中位数	标准差	最小值	最大值
RD	0.021 5	0.017 2	0.020 0	0.000 0	0.102 5
RDI	0.039 3	0.029 9	0.049 6	-0.078 2	0.725 6
CF	0.055 3	0.050 3	0.057 3	-0.110 4	0.240 9
EF	0.035 3	0	0.132 0	-0.024 5	2.410 8
Debt	0.029 5	0	0.079 2	0	2.138 5
Cash	0.279 1	0.227 6	0.190 3	0	0.924 6
Bank G	0.051 9	0	0.221 8	0	1
Tobin Q	1.935 9	1.566 9	1.055 5	0.904 4	7.116 7
AM	0.205 6	0.181 2	0.132 9	0.002 1	0.815 9
ROA	0.053 2	0.047 0	0.081 6	-0.399 2	2.933 0
Grow	0.171 1	0.136 9	0.278 2	-0.432 6	1.187 6
Size	21.427 4	21.321	0.905 0	19.691 6	25.037 0
Lev	0.358 6	0.341 1	0.195 6	0.045 9	0.901 0
Age	14.366 7	14	5.022 4	5	28
Top1	33.153 4	30.95	13.791 4	2.197	88.23

5　假设检验

5.1　主要变量相关性分析

表5-1为假设1中主要变量Pearson相关性的检验结果。其中，民营企业研发投资（RD）与现金流量（CF）、企业现金持有量（Cash）、股权融资（EF）和反映企业投资机会的托宾Q值（Tobin Q）在1%的水平上呈显著正相关，而研发投资（RD）与企业债务融资（Debt）在1%的水平上呈显著负相关，这一结果与假设相符。此外，高管金融背景与研发投入呈负相关，这一结果与假设3不符，原因可能是其他控制变量未加入，无法准确考察民营企业高管金融关联对现金流的影响，假设3将通过多元线性回归做进一步的解释。反映企业股权制衡情况的第一大股东持股比例（Top1）与研发投资呈负相关，但并不显著。此外，由于表5-1中的变量之间Pearson的相关系数均小于0.8，这说明本书所使用的模型不存在多重共线性。

表 5-1　　　　　　　　　　Pearson 相关系数检验（假设 1）

Var	RD	CF	Cash	Debt	EF	Tobin Q	Top1
RD	1						
CF	0.311***	1					
Cash	0.208***	0.111**	1				
Debt	−0.157***	−0.070***	−0.228***	1			
EF	0.060***	0.161***	−0.121***	0.129***	1		
Tobin Q	0.147***	0.339***	−0.048***	0.005	0.161***	1	
Top1	−0.044**	0.047***	0.075***	0.034*	−0.061***	−0.081***	1

注：***、**、* 分别表示在 1%、5%、10% 水平上的显著水平

为了进一步测试变量间的多重共线性，本书计算了模型（4-3）中各变量之间的方差膨胀因子，其变量均值均在可接受的范围内，VIF 均值为 1.17，说明变量间不存在严重的多重共线性，如表 5-2 所示。

表 5-2　　　　　　　　　　模型（4-3）VIF 值（假设 1）

Variable	VIF	1/VIF
Lev	1.42	0.701 797
Size	1.29	0.772 279
DEBT	1.23	0.811 4
CF	1.16	0.865 203
Grow1	1.15	0.868 335
Age	1.12	0.895 829
EQU	1.07	0.936 471
Tobin Q	1.04	0.960 09
Top1	1.03	0.968 657
Mean VIF		1.17

表 5-3 报告了假设 2 模型中主要变量的相关系数检验。其中，内部现金流（CF）与研发投入强度（RD）呈正相关，表明企业研发投资对内部现金流的敏感性高。银行关联方面（Bank G），企业当期增量长期负债（Debt）与银行关联呈显著正相关，说明企业金融关联与企业当期增量长期负债之间存在相互影响。企业研发投资与企业当期增量长期负债呈负相关，与理论分析结果相一致，说明企业的研发投资项目并没有得到外部债务融资的支持。当期固定资产余额（AM）与当期增量长期负债呈正相关，说明企业固定资产提高了企业增量长期负债的可获得性。

值得注意的是，银行关联与企业研发投资呈负相关，与前文假设不符。笔者认为可能的原因是，相关性分析中只采用了模型中的部分重要变量，没有完全加入所有控制变量，未能完全解释银行关联对企业研发投资影响的作用机理，之后的多元线性回归分析很好地解释了这一点。

此外，相关系数检验虽然在一定程度上解释了变量间的相互关系，但并不能解释变量间的因果关系，本书在下文中将报告前述模型的多元线性回归分析，以验证前文的假设。

表 5-3　　　　　　　　　　Pearson 相关系数检验（假设 2）

Var	RD	CF	Bank G	Debt	Top1	ROA	AM
RD	1						
CF	0.311***	1					
Bank G	−0.017	−0.014	1				
Debt	−0.157***	−0.070***	0.065***	1			
Top1	−0.044**	0.047***	0.031*	0.034*	1		
ROA	0.188***	0.682***	0.041**	−0.064***	0.053***	1	
AM	−0.141***	0.034*	0.003	0.110***	−0.027	−0.086***	1

注：***、**、*分别表示在 1%、5%、10%水平上的显著水平

为了进一步测试变量间的多重共线性，本书计算了模型（4-5）中各变量之间的方差膨胀因子，其变量均值均在可接受的范围内，VIF 均值为 1.43，说明变量间不存在严重的多重共线性，如表 5-4 所示。

表 5-4　　　　　　　　　　模型（4-5）VIF 值（假设 2）

Variable	VIF	1/VIF
CF	2.61	0.383 84
Bank GCF	2.45	0.407 41
Lev	1.53	0.655 539
Size	1.33	0.752 399
DEBT	1.24	0.807 054
Grow1	1.2	0.835 924
Bank G	1.13	0.887 619
Age	1.12	0.895 819
EQU	1.07	0.930 603
Tobin Q	1.04	0.958 961
Top1	1.04	0.965 398
Mean VIF	1.43	

5.2　多元线性回归结果分析

在本部分中，笔者使用多元线性回归检验了前文提出的两个关于民营企业研发投资与融资约束相关的假设，并在此基础上解释了回归结果的含义。

5.2.1　民营企业研发投资与融资约束

5.2.1.1　内部现金流与研发投资

表 5-5 展示了模型（4-1）的多元线性回归结果，显示了民营企业研发投资（RD）与融资约束之间的关系。由表 5-5 可知，民营企业内部现金流对研发投资有正向的影响（CF 系数为 0.113，显著水平为 1%），根据 Fazzari（1988）的融资约束理论，CF 系数大于 0 时表示民营企业的研发投资对内部现金流较敏感，存在着外部融资约束，这一结果表明我国民营企业的研发投资存在融资约束，部分证实了本书的假设 1。企业规模（Size）和企业年

龄（Age）均与研发投资呈负相关，这意味着规模越小，企业创新意愿越强，所以对研发的投入也越多，与解维敏、方红星（2011）的研究结果一致。此外，民营企业成长性对研发投资呈显著的正影响（系数0.005，显著水平为1%），这说明高成长性的民营企业专注于获取核心竞争力以扩大市场占有份额，十分重视对研发活动的投资。模型（4-1）和本书其他模型均控制了年度效应和行业效应。

表5-5　　　　　　　　　　多元线性回归分析结果（模型4-1）

Variable（变量）	Coef.（相关系数）	Std. Err.（标准差）	T（T值）
Constant	0.034***	0.009 3	3.55
CF	0.080***	0.007 0	11.44
Tobin Q	0.001***	0.000 3	4.28
Grow	0.005***	0.001 2	3.77
Size	−0.001***	0.000 4	−2.82
Lev	−0.008***	0.002 2	−4.06
Age	−0.000***	0.000 0	−3.70
Top1	−0.000*	0.000 0	−1.68
Year	Controls	Controls	Controls
Industy	Controls	Controls	Controls
N	3 199.000		
R^2	0.256		
P-Value	0.000 0		

注：***、**、*分别表示在1%、5%、10%水平上的显著水平

5.2.1.2　研发投资与企业现金持有情况

表5-6展示的回归结果对民营企业研发投资的现金流敏感性做了进一步解释。在表5-6中，民营企业的研发投资强度（RDI）与现金持有量（Cash）呈显著正相关（RDI系数为0.451，显著水平为1%），说明民营企业的研发投资在存在外部融资约束的情况下，其研发投资强度越大时，企业会持有越多的现金类资产。这一结果结合表5-5使本书的假设1.2得到证实。

此外，资产负债率（Lev）与民营企业研发投资（RD）、现金持有量（Cash）均呈显著负相关。这说明由于研发投资的高风险性，一方面，企业通过债务融资取得的研发资金有限；另一方面，由于债务违约风险的存在，企业为规避财务风险更愿意持有更多的现金以支持自身研发活动。

表5-6　　　　　　　　　　多元线性回归分析结果（模型4-2）

Variable（变量）	Coef.（相关系数）	Std. Err.（标准差）	T（T值）
Constant	0.758***	0.072 0	10.44
RDI	0.451***	0.056 5	8.01
Tobin Q	−0.020***	0.002 6	−7.81

表5-6(续)

Variable (变量)	Coef. (相关系数)	Std. Err. (标准差)	T (T值)
Grow1	0.044***	0.009 3	4.90
Size	-0.013***	0.003 1	-4.10
Lev	-0.504***	0.015 0	-33.38
Age	-0.001	0.000 5	-1.17
Top1	0.001***	0.000 2	5.22
Year	Controls	Controls	Controls
Ind	Controls	Controls	Controls
N		3 199.000	
R^2		0.482	
P-Value		0.000	

注：***、**、* 分别表示在1%、5%、10%水平上的显著水平

5.2.1.3 不同融资渠道与研发投资的融资约束

表5-7报告了模型（4-3）的估计结果。为了深入探究不同融资方式对民营企业研发投资所面临的融资约束问题的影响，本书在前文探讨内部现金与研发投资的相互作用的基础上，进一步分析了外部股票融资和债务融资如何通过缓解融资约束对民营企业的研发投资起到促进作用，以解释民营企业为研发活动筹集资金时的偏好。Tobin Q与企业研发投资（RD）呈显著负相关（系数为0.002，显著水平为1%），说明民营企业的研发投资的价值导向存在偏差，原因可能是民营企业研发投资信息不对称问题严重，外部投资资金在支持民营企业研发投资时的资源配置出现了问题。

由表5-7可知，外部股票融资（EF）与研发投资呈正相关关系（系数为0.001，t值为0.39），但不显著，说明股票融资可以为企业的研发投资提供支持，但其正向作用有限。债务融资（Debt）和资产负债率均与企业研发投资呈负相关，且都在1%的水平上显著。企业的研发投资没有得到债务资金的支持，债务水平的提高对企业研发投资的抑制作用十分明显，这在另一方面也展示了银行不愿借钱给企业进行研发投资活动的态度。这也在一定程度上解释了Tobin Q与企业研发投资呈负相关的原因。

表5-7   多元线性回归分析结果（模型4-3）

Variable (变量)	Coef. (相关系数)	Std. Err. (标准差)	T (T值)
Constant	0.030***	0.009 4	3.17
CF	0.079***	0.007 0	11.28
EF	0.001	0.002 4	0.39
Debt	-0.016***	0.004 2	-3.79
Tobin Q	0.002***	0.000 3	4.31
Grow	0.005***	0.001 3	4.11
Size	-0.001**	0.000 4	-2.32
Lev	-0.007***	0.002 0	-3.29

表5-7(续)

Variable （变量）	Coef. （相关系数）	Std. Err. （标准差）	T （T值）
Age	-0.000***	0.000 0	-3.48
Top1	-0.000	0.000 0	-1.5
Year	Controls	Controls	Controls
Industry	Controls	Controls	Controls
N		3 199	
R^2		0.259	
P-Value		0.000	

注：***、**、*分别表示在1%、5%、10%水平上的显著水平

5.2.2 银行关联与研发投资的融资约束

5.2.2.1 银行关联与长期借款

表5-8报告了模型（4-4）的回归结果。由表中数据可知，银行关联与长期负债呈显著正相关（相关系数为0.016，显著水平为1%）。这说明民营企业通过聘请具有银行工作背景的人员作为高管，可以显著提高其长期借款的可获得性。而长期借款对民营企业进行研发投资所需要的大量、稳定的资金支持来说，具有重要的意义，并且在一定程度上解释了假设2.3。在控制变量方面，长期借款与固定资产呈显著正相关（相关系数为0.032，显著水平为1%），这与已有的文献研究结果一致（余明贵 等，2008），说明企业固定资产水平的提高增加了企业长期债务的可获得性。表5-8展示的实证回归结果充分证明了民营企业通过高管的银行关系具有显著的贷款效应，然而这一贷款效应能否缓解企业研发投资所面临的融资约束问题需要进一步进行证实。

表5-8　　　　　　　多元线性回归分析结果（模型4-4）

Variable （变量）	Coef. （相关系数）	Std. Err. （标准差）	T （T值）
Constant	-0.179***	0.035 0	-5.11
Bank G	0.016***	0.005 7	2.89
Grow	0.024***	0.003 7	11.44
EF	0.072***	0.009 7	6.48
Size	0.012***	0.001 6	7.68
Lev	0.091***	0.007 6	10.51
Top1	0.000**	0.000 0	2.39
ROA	-0.070***	0.016 4	-4.29
AM	0.032***	0.010 6	2.98
Year	Controls	Controls	Controls
Industry	Controls	Controls	Controls
N		3 199	
R^2		0.214	
P-Value		0.000	

注：***、**、*分别表示在1%、5%、10%水平上的显著水平

5.2.2.2 银行关联与研发投资的融资约束

表5-9报告了模型（4-5）的回归结果，模型（4-5）旨在探究高管银行关联对民营企业研发投资所面临的融资约束问题的缓解。本书在模型（4-5）的基础上，进一步将样本分为金融市场化程度高和金融市场化程度低的地区进行讨论，探究不同金融市场化程度的地区内，民营企业建立的银行关联对研发投资融资约束的作用的异同。

通过PanelA可知，银行关联（Bank G）对民营企业的研发投资有正向的促进作用（系数为0.002，t值为1.15）。并且银行关联和现金流量的交乘项（Bank G * CF）显著为负（系数为-0.060，显著水平为1%），说明银行关联可以显著缓解民营企业研发投资所面临的融资约束。PanelB展示了金融市场化程度不同的地区的银行关联对民营企业研发投资的影响。PanelB中的数据显示，银行关联无论在金融市场化程度高的地区还是金融市场化程度低的地区，都可以促进企业的研发投资，并且能缓解民营企业研发投资面临的融资约束。但与金融市场化程度高的地区相比，金融市场化程度低的地区中，银行关联对民营企业研发投资面临的融资约束问题的缓解作用更加显著（系数为-0.088，显著水平为10%）。这说明，金融市场化程度低的地区，由于法律保护制度较为不健全，信任文化缺失，再加上研发投资的高度不确定性，导致这些地区的企业的研发活动面临的融资约束更为巨大。银行关联带来的声誉和担保机制可在一定程度上缓解企业研发活动在融资过程中的信息不对称问题，进而缓解企业研发投资的融资约束问题。

表5-9　　　　　　　多元线性回归分析结果（模型4-5）

Variable（变量）	PanelA（总样本）	PanelB（子样本） 金融市场化程度低	PanelB（子样本） 金融市场化程度高
Constant	0.038*** (3.44)	0.016 (0.80)	0.044*** (3.95)
Bank G	0.002 (1.15)	0.000 (0.02)	0.002 (0.89)
Bank GCF	-0.060*** (-6.82)	-0.088* (-1.86)	-0.025 (-1.07)
Tobin Q	0.000 (1.59)	0.001 (1.13)	0.002*** (4.92)
CF	0.125*** (9.73)	0.113*** (5.16)	0.075*** (5.30)
EF	-0.001 (-0.43)	0.005 (1.06)	0.000 (0.01)
Debt	-0.021*** (-3.96)	-0.018*** (-2.72)	-0.009 (-1.51)
ROA	-0.001** (-2.10)	-0.039 (-1.57)	0.033** (2.15)
Size	-0.001** (-2.10)	-0.000 (-0.12)	-0.002*** (-3.83)
Lev	-0.008*** (-3.44)	-0.019*** (-4.42)	0.003 (1.02)
Top1	-0.000 (-1.42)	0.000 (1.21)	-0.000** (-2.43)
Age	-0.000** (-2.47)	-0.000** (-1.96)	-0.000*** (-2.84)
Year	Controls	Controls	Controls
Industry	Controls	Controls	Controls
N	3 199	1 022	2 177
R^2	0.203	0.253	0.280
P-Value	0.000	0.000	0.000

注：***、**、*分别表示在1%、5%、10%水平上的显著水平

6 研究结论与研究展望

6.1 研究结论

通过分析，本书验证了我国民营企业研发投资活动存在的融资约束，并且随着研发投资的增加，企业会选择留存现金以应对研发投资产生的资金需求。原因是，由于研发投资的高度不确定性和研发资产的可抵押性低，外部投资者不愿投资于企业的研发投资项目。特别的，来自银行的债务资金并没有为民营企业的研发投资提供过多的支持。

本书研究结果还发现，银行背景通过改善民营企业与银行之间的信息不对称问题，在一定程度上缓解了民营企业研发投资所面临的外部融资约束困境，提高了民营企业长期负债的可获得性。因此，民营企业聘请具有银行背景的高管建立银行关联，在克服民营企业研发融资障碍方面起到了较好的作用。总体来说，银行关联为民营企业获取长期资金提供了一个可选择的渠道，但由于民营企业多为中小企业，并不是所有民营企业都有能力聘任具有前银行重要任职背景的人员担任企业的高管，对刚刚起步的民营企业更是如此。

有研究显示，金融市场化通过建立完善的信用评价体系，合理化社会融资资源的配置，同样可以起到缓解企业研发投资融资约束问题的作用。因此，笔者在以上研究的基础之上，从缓解民营企业融资约束的角度对民营企业、国有企业、银行、政府科技政策支持的民营企业以及本书研究没有涉及的国有企业提出如下建议：

6.1.1 针对民营企业的建议

一方面，民营企业应着力提高内部治理水平。民营企业以中小企业为主，在经营规范程度、人才素质和对国家政策的理解方面都与国有企业存在差距，而这些都是影响企业对外融资的重要因素。外部投资者特别是银行，在做出是否向企业提供信贷、提供多少信贷和信贷期限的长短的决策时，都会考虑企业的经营稳定状况、财务风险以及内部控制质量。民营企业应通过自身发展状况选择最优的企业治理结构，设立合理的高管激励机制使所拥有的资源在各投资项目和生产经营活动中得到合理的分配，提高投资的效率。

另一方面，为应对研发投资面临的融资约束。在研发投资项目启动前，企业应当做好相应的可行性研究准备，认真搜集相关方面的研究成果，以降低研发投资项目失败而为企业带来损失的概率，而不是盲目跟风地开展研发项目。此外，企业应当建立内部现金储备机制，在外部融资资源的获取存在困难时及时通过内部渠道缓解，以避免研发投资项目终止带来的高额调整成本。并且，企业应通过合法渠道，在使用银行关联缓解与银行间信息不对称的基础上获取银行信贷。有条件的民营企业通过任命曾在银行担任要职的高管，对企业整体的财务管理水平也存在积极的影响。

6.1.2 针对国有企业的建议

国有企业研发投资不足一直是学者研究的热点问题之一。导致这一现象的原因是：第一，国有企业相对民营企业来说承担了更多的社会责任，国有企业有强烈的需求将企业业绩作为其经营的目标而不是研发创新；第二，由于研发成果的滞后性，多数国有企业管理者出于对政绩的考虑更愿意将企业资源投放于投资周期更短的基础设施建设工程中。这严重损害了国有企业的创新活动。

研究显示，大规模企业比小企业持有的专利更多，对研发的投资更少（Kai Li，2015）。因此，由于国有企业的规模大多庞大，开展研发投资将面临比民营企业更巨大的调整成本。国有企业应加强与民营企业的研发合作交流，因为自主创新不代表封闭创新。行业内民营企业与国有企业加强合作一方面可以缓解民营企业的研发投资、融资约束问题，另一方面可以整合各方面的研发资源，共享实验信息，以缩短研发周期来提高整个社会的创新水平。

6.1.3 针对政府科技政策的建议

政府在科技政策的制定中，应注意结合企业所在的行业、成立期限以及企业所在地区的外部环境。通过完善研发政策支持对象的识别机制，提高政府的科技政策在企业间的配置效率，让想创新且有实力创新的企业有能力创新。要缓解市场失灵对企业研发投资所产生的"柠檬效应"。此外，中央政府应当针对研发支持政策实施配套的监控机制，确保科技支持政策在地方政府层面和企业层面得到良好的贯彻，并保证相应的资金能顺利地到达相应企业的账户，用于研发活动而不是用于其他无关的投资项目。

此外，政府应出台对缓解民营企业研发投资的融资约束更有针对性的措施，对不同规模、行业以及成立年限的民营企业应采用不同的激励措施。虽然，近年来出台了一系列鼓励小微企业成长的措施，但是，由于民营企业中不乏传统手工制造企业，加之我国现阶段正处于经济转型的特殊时期，这类企业的转型升级有待政府出台更有力的措施加以引导，鼓励创新就是其中重要的一条。因此，政府的科技政策应当更加有针对性和指导性。

6.1.4 针对银行业的建议

直接的研发补贴支持并不能从根本上缓解企业研发投资的融资约束问题，企业研发投资的融资约束问题主要是由企业与外部资金提供者之间的信息不对称所导致。信息不对称的缓解有赖于企业研发投资信息披露制度的合理完善以及金融市场的发展。我国现阶段正处于经济转轨的关键时期，改善金融系统使金融能够识别出创新能力强的企业，推进金融市场化建设，为民营企业创造更加公平的融资平台，能为缓解企业研发投资的融资约束问题起到积极的作用。同时，能为企业建立信用档案，并使企业信用信息在不同银行之间共享，降低银行间反复对企业进行征信调查的无畏成本，从而使企业的资金使用成本降低。

我国现有银行体系仍然是以国有"四大行"为主，虽然民营银行的试点对丰富金融市场主体具有重要意义，但试点民营企业在数量和地区分布上都不具有普遍性。尽管近一两年来，央行提高了降准降息的力度以加强金融系统对实体经济的支持，但以中小企业为主的民营企业仍然存在"融资难""融资贵"的问题，企业的研发活动面对的融资约束情况更是如此。因此，国有"四大行"应充分发挥其地区覆盖面广、资源丰富的优势，建立合理的借贷项目评估机制和民营企业信用评估档案，为民营企业的研发投资活动提供债务资金支持，发挥其在实体经济中的支持作用。

6.1.5 针对研发信息披露的意见

信息不对称是研发投资融资约束存在的主要问题之一，信息不对称问题的缓解有赖于企业研发投资信息披露质量的提高。虽然，自2006年起，企业会计准则已经对企业研发投资信息的披露做了强制性要求，但许多企业尤其是民营企业对研发投资信息的披露仍不够规范。

以证监会为主的资本市场的主要监督机构和企业会计准则指定组应当加强合作，深入探讨企业研发投资信息披露制度的完善工作。准则制定组应进一步明确企业研发投资信息中哪些是必须披露的、以何种形式披露，企业对研发投资进行披露时相关专有名词的使用以及研发投资信息应当披露的具体位置。证监会等监管部门则应当加强对企业研发投资信息披露执行情况的监督，及时对企业的披露情况向企业做出反馈，以改善企业研发投资存在的信息不对称现象，以增强资本市场信息的可信度。

6.2 研究展望

业内人士广泛认为，我国企业特别是民营企业的研发投资面临严重的融资约束困境，融资约束制约了企业的研发投资，使得我国大多数企业存在研发投资不足的问题。针对企业的研发投资不足，政府出台了一系列的措施以激励企业进行创新活动，然而民营企业研发投资面临的融资约束问题仍然巨大。研发投资是企业提升创新能力的重要途径，然而融资约束将损害企业这种能力的提高进而阻碍企业的良好发展。为了获取研发所需资金，民营企业应建立银行关联以提高长期贷款的可获得性。然而要从根本解决企业研发投资的融资问题有赖于金融市场的完善，因此，金融市场化建设就有着重要的意义。

当然，缓解研发投资的融资约束不仅需要政府在政策支持层面和市场建设方面为民营企业的研发环境创造有利的条件，还需要企业自身治理结构的改善。民营企业融资难的内部原因是其经营规范程度和信息披露完善程度均不如国有企业。这对以后的相关研究给出了启示：在银行方面，国有"四大行"与其他商业银行对民营企业研发投资的支持是否存在差异？在企业产权性质方面，国有企业研发投资面临的融资约束与民营企业是否相同？企业获取的短期借款对企业研发投资的作用与长期借款的作用有何不同？这些都是值得后续研究、探讨的问题。

参考文献

[1] 安同良，周绍东. R&D 补贴对中国企业自主创新激励效应 [J]. 经济研究，2009 (10)：87-98.

[2] 陈爽英，井润田. 转型经济中民营企业研发投资研究 [M]. 北京：科学出版社，2014：72-86.

[3] 成力为，戴小勇. 研发投入分布特征与研发投资强度影响因素的分析——基于我国 30 万个工业企业面板数据 [J]. 中国软科学，2012 (8)：152-165.

[4] 杜兴强，曾泉. 寻租、R&D 投资与公司业绩——基于民营上市公司的经验证据 [J]. 2012 (1)：57-70.

[5] 邓建平，曾勇. 金融生态环境、银行关联与债务融资 [J]. 会计研究，2011 (12)：33-40.

[6] 过新伟，王曦. 融资约束、现金平滑与企业 R&D 投资 [J]. 经济管理，2014 (8)：144-155.

[7] 何霞，苏晓华. 高管团队特征、高管激励与企业 R&D 投入——来自 A 股上市高新技术企业的数据分析 [J]. 科技管理研究，2013 (6)：100-108.

[8] 黄振雷，吴淑娥. 现金持有会影响研发平滑吗？[J]. 经济与管理研究，2014 (2)：119-128.

[9] 鞠晓生，卢获. 融资约束、营运资本管理与企业创新可持续性 [J]. 经济研究，2013 (1)：4-16.

[10] 解维敏,唐清泉.政府R&D资助与企业R&D支出与自主创新——来自中国上市公司的经验证据[J].金融研究,2009(6):86-99.

[11] 解维敏,方红星.金融发展、融资约束与企业研发投入[J].金融研究,2011(5):171-183.

[12] 罗婷,朱青.解析R&D投入和公司价值之间的关系[J].金融研究,2009(6):100-110.

[13] 李丹蒙,夏立军.股权性质、制度环境与上市公司R&D强度[J].财经研究,2008(4):93-104.

[14] 卢馨,郑阳飞.融资约束对企业R&D投资的影响研究——来自中国高新技术上市公司的经验证据[J].会计研究,2013(5):51-58.

[15] 刘端,薛静芸.现金持有、研发平滑和产品市场竞争绩效——基于中国高科技行业上市公司的实证[J].系统管理学报,2015(5):717-726.

[16] 刘鑫,薛有志.CEO继任、业绩偏离度和公司研发投入——基于战略改革方向的视角[J].南开管理评论,2015(3):34-47.

[17] 刘振.CEO薪酬设计、研发投资行为与公司价值创造[J].中国科技论坛,2014(5):143-154.

[18] 迈克尔·波特.国家竞争优势[M].李明轩,邱如美,译.北京:华夏出版社,2002:9-10.

[19] 孙早,宋炜.企业R&D投入对产业创新绩效的影响——来自中国制造业的经验证据[J].数量经济技术经济研究,2012(4):49-63.

[20] 唐清泉,夏芸.我国企业高管股权投资激励与研发投资——基于内生性视角的研究[J].中国会计评论,2011(1):21-42.

[21] 唐清泉,巫岑.银行业结构与企业创新活动的融资约束[J].金融研究,2015(7):116-134.

[22] 唐建新,卢剑龙.银行关系、政治联系与民营企业贷款——来自中国民营上市公司的经验证据[J].经济评论,2011(3):51-58.

[23] 吕玉芹.中小高科技企业R&D融资问题探讨[J].会计研究,2005(4):69-72.

[24] 刘运国,刘雯.我国上市公司的高管任期与R&D支出[J].管理世界,2007(1):128-136.

[25] 王任飞.企业R&D支出的内部影响因素研究——基于中国电子信息百强企业之实证研究[J].科学学研究,2005(2):225-231.

[26] 李春涛,宋敏.中国制造业企业的创新活动:所有制和CEO激励的作用[J].经济研究,2010(5):55-67.

[27] 温军,冯福根.异质债务、企业规模与R&D投入[J].金融研究,2011(1):167-181.

[28] 肖虹,曲晓辉.R&D投资迎合行为理性迎合渠道与股权融资渠道——基于中国上市公司的经验证据[J].会计研究,2012(2):42-49.

[29] 夏芸.管理者权力、股权激励与研发投资——基于中国上市公司的实证分析[J].研究与发展管理,2014(4):12-22.

[30] 约瑟夫·熊彼特. 经济发展理论 [M]. 何畏, 易家祥, 等译. 北京: 商务印书馆, 1991: 73-80.

[31] 余蔚, 汪森君. 政治关联和融资约束: 信息效应与资源效益 [J]. 经济研究, 2012 (9): 125-139.

[32] 姚靠华, 唐家财. 研发投入、研发项目进展与股价波动——基于创业板上市高新技术企业的实证研究 [J]. 中国管理科学, 2013 (21): 205-213.

[33] 杨兴全, 曾义. 现金持有能平滑企业的研发投入吗?——基于融资约束与金融发展视角的实证研究 [J]. 科研管理, 2014 (7): 107-115.

[34] 袁建国, 后青松. 企业政治资源的诅咒效应——基于政治关联和企业技术创新的考察 [J]. 管理世界, 2015 (1): 139-155.

[35] 张兆国, 李亚伟. 管理者任期、晋升激励与研发投资研究 [J]. 会计研究, 2014 (9): 81-88.

[36] 张杰, 周晓艳. 要素市场扭曲抑制了中国企业R&D? [J]. 经济研究, 2011 (8): 78-91.

[37] 张杰, 卢喆. 融资约束、融资渠道与企业R&D投入 [J]. 世界经济, 2012 (10): 66-90.

[38] 赵付民, 苏胜安. 我国政府科技投入对大中型工业企业投入的影响分析 [J]. 研究与发展管理, 2006 (2): 78-84.

[39] 朱焱, 张孟昌. 企业管理团队人力资本、研发投入与企业绩效的实证研究 [J]. 会计研究, 2013 (11): 45-52.

[40] 中华全国工商业联合会. 中国民营经济发展报告No.11 (2013—2014) [M]. 北京: 社会科学文献出版社, 2015: 58-66.

[41] ADAM B JAFFE. Technological opportunity and spillovers of R&D: Evidence from firms' patents, profits, and market value [J]. The American Economic Review, 1986: 984-1001.

[42] AN BERGER, GF UDELL. Small business credit availability and relationship lending: The importance of bank organizational structure [J]. Economic Journal, 2002, 112 (477): 32-53.

[43] CHARLES P H, BRUCE C, et al. R&D and Internal Finance: A Panel Study of Small Firms in High-Tech Industries [J]. The Review of Economics and Statistics, 1994, 76 (76): 38-51.

[44] DANIEL HAMBERG. R&D: Essays on the economics of research and development [M]. New York: Random House, 1966.

[45] DIRK CZARNITZKI, HOTTENROTT H, THORWARTH S. Industrial research versus development investment: The implication of financial constraints [J]. Cambridge Journal of Economics, 2011, 35 (3): 527-544.

[46] ELIF SISLI CIAMARRA. Monitoring by affiliated bankers on board of directors: Evidence from corporate financing outcomes [J]. Financial Management, 2012, 41 (3): 665-702.

[47] ELISABETH MULLER, VOLKER ZIMMERMANN. The importance of equity finance for R&D activity [J]. Small Business Economics, 2009 (3): 303-318.

[48] HARRIS M, ROGERS M. Modeling firm innovation using panel probit estimators [J].

Applied Economic Letters, 2003, 10 (11): 683-686.

[49] JAFFE A B, HENDERSON R. Geographic localization of knowledge spillovers as evidenced by patent citations [J]. Quarterly Journal of Economics, 1993, 108 (3): 577-598.

[50] JAMES R B, BRUCE C P. Cash holding and R&D smoothing [J]. Journal of Corporate Finance, 2010, 17 (3): 694-709.

[51] JAN BENA, KAI LI. Corporate Innovations and Mergers and Acquisitions [J]. The Journal of Finance, 2014 (5): 1924-1960.

[52] KAMRAN AHMED, HAIM FALK. The value relevance of management's research and development reporting choice: Evidence from Australia [J]. Journal of Accounting & Public Policy, 2006 (3): 231-264.

[53] KENNETH J ARROW. Economic welfare and the allocation of resource for invention [J]. Social Science Electronic Publishing, 1962: 609-626.

[54] MODIGLIANI F, MILLER M. Corporate income taxes and the cost of capital: A correction [J]. American Economic Review, 1963, 53 (3): 433-443.

[55] MINSHIK SHIN, SOOEUN KIM. The effects of cash holdings on R&D smoothing of innovative small and medium sized enterprises [J]. Asian Journal of Technology Innovation, 2011, 19 (2): 169-183.

[56] BLOOM N, GRIFFITH R, REENEN J V. Do R&D tax credits work? Evidence from a panel of countries 1979-1997 [J]. Journal of Public Economics, 2002, 85 (1): 1-31.

[57] LIN N. Building a network theory of social capital [J]. Connections, 1999, 22 (1): 28-51.

[58] RALF ELSAS, JAN PIETER KRAHNEN. Is relationship lending special? Evidence from credit-file data in Germany [J]. Journal of Banking & Finance, 1998, 22 (98): 1283-1316.

[59] Siddharth Sharma. Financial Development and Innovation in Small Firms [J]. Social Science Electronic Publishing. 2007-1 (2): 74-76.

[60] SUBASH SASIDHARAN, JIJO P J LUKOSE, SURENDERRAO KOMERA. Financing constraints and investment in R&D: Evidence from India manufacturing firms [J]. Quarterly Review of Economics & Finance, 2015 (55): 28-39.

篇三:
管理团队与企业创新行为

高管人力资本、激励方式与企业创新

1 引言

要推动产业结构的发展和维持可持续发展战略，必须要增强企业创新能力，而研发投入则是实施创新的途径。各种实践证明，研发投入是企业战略的重点与可持续发展的重要途径。而现代公司治理机制决定了企业经营权与治理权的分离，高管与股东具有不同的利益倾向，为了规避经营过程中的风险，高管更喜欢较低风险的投资项目；股东以企业价值最大化为自身目标，实现资金的保值与增值。高管与股东的不同利益倾向，必然产生"道德风险"。因此，企业在日常生产经营过程中，必然需要一定的规章制度来维护股东与高管的利益。

在两权分离制度背景下，股东为了维护资产的安全性，必然希望高管增大研发投入，实现企业价值最大化。研发投入具有高风险、不确定性等因素，高管需要权衡这种风险与收益之间的关系，维护自身利益并降低声誉风险。因此，对于研发投入必然要慎重考虑。在企业研发投入过程中，高管激励是否在高管人力资本与研发投入之间具有调节作用，现有研究成果并没有达成一致意见。Me Connen（1990）研究发现，股权激励与企业研发投入呈负相关，冯根福和温军（2008）、刘雯（2007）等研究发现，高管持股比例与企业研发投入呈正相关，因此，关于高管激励对研发投入的激励效应需要继续探索。

根据委托代理理论，由于经营权与所有权相分离，委托人并不能直接参与公司的经营决策，委托人为了应对技术变化的经营环境，需要找到最合适的高管参与经营，而高管个人特征会影响企业研发投入决策，所以研究高管个人特征显得非常重要。依据高阶理论，高管个人特征主要是用年龄、教育背景、职业背景、学术背景、任期、高管性别等指标衡量。高管这些特征在一定程度上具有代表性，对委托人具有一定的指导作用，因此研究高管人力资本对企业研发投入的影响具有现实意义。

为了更深入地研究高管人力资本对企业研发投入的影响。在研究过程中，本书加入了高管激励调节变量，并将高管激励细分为高管薪酬激励与高管股权激励，从短期薪酬激励与长期股权激励两个角度来研究高管激励的调节作用。随着现阶段我国"供给侧"改革的不断深入，不同行业对待研发投入的态度参差不齐，为了探究不同行业高管人力资本对研发投入的态度，本书将研究的行业分为了高新技术企业与非高新技术企业，从而使研究具有可比性。

从理论上讲，现阶段研究高管人力资本与研发投入的文献较少，大多数学者都提取了高管某一变量来加以研究，刘鑫和薛有志（2013）研究了高管团队继任与研发投入，刘运国和刘雯（2006）研究了高管团队任期与研发投入。本书从高管各个指标的均值出发，将其作为衡量高管个体特征的标准来研究高管人力资本对研发投入的影响，并通过引入高管激励来研究高管激励的调节效应。因此，在研究中起了丰富相关研究文献的作用，对现有研究具有重要的意义。

从公司治理的角度来看，本书从高管激励的视角来研究我国高管激励在高管人力资本与企业研发投入之间的调节效应。目前，我国高管激励形式主要包括高管薪酬激励、高管股权激励、高管晋升激励。由于目前上市公司激励形式不明确，激励实施太广泛，许多企业都选择短期的薪酬激励，而忽略了长期的股权激励，所以本书从两个视角来研究高管在薪酬激励与股权激励条件下对研发投入的影响，拓宽了现有研究的范围，因此，本书的研究结果对高管人员的激励方式具有借鉴意义。

2 文献综述与理论基础

2.1 概念界定

2.1.1 高管人力资本

高管人力资本是指企业经营战略的决策者，是对企业经营决策具有重大影响的高管群体。在实证研究中，高管的个人特征易于被测量，也能很好地被利用。高管会对企业投融资决策产生重大影响，包括董事长、总经理、总经理助理、副总经理以及各部门总监（孙海法 等，2006）。高管包括在上市公司年报中予以披露的总经理、董事长兼任总经理、总裁以及 CEO（刘运国 等，2007）。在企业经营过程中，他们管理企业的经营决策、经营业绩规划以及战略决策等，在企业经营过程中起主导作用。国外研究者认为，高管指的是在公司面临重大决策时参与其中的高级经理；或者是在企业经营过程中，对于企业绩效的决策起到作用的团体（Finkelstein et al.，2005）；又或者是董事会主席、副主席、首席执行官、总裁、副总裁和执行副总裁等（Carpenter，1998）。

鉴于以上分析，本书认为高管是指在公司做重要决策时具有表决权以及发言权的人，主要包括披露于上市公司年报中的总裁、副总裁、总经理、副总经理、董事长兼总经理、首席执行官、首席财务官等。

2.1.2 高管激励

高管激励是指通过对高管进行一定的经济与物质的刺激，使高管团队更努力地为企业工作，有助于提高企业经营效益。目前，我国的高管激励形式主要包括薪酬激励、股权激励。

高管薪酬激励是短期激励的一种形式，也是目前最普遍的一种模式。陈运森、谢德仁（2011）的研究发现，公司前三名高管薪酬具有代表性，高管薪酬激励的效果往往会受到多方因素的影响，前三名高管的薪酬更能反映出高管薪酬激励情况。股权激励是指通过向高管派发股份的一种激励方式，是促进高管个人利益与股东利益相一致的一种激励方式，根据代理理论，股权激励致使股东大会在考虑高管人员的效用函数时将企业的价值指标计算在内，并且迫使高管预期与企业利益保持一致。目前，我国企业更重视股权激励的重要性，股权激励才能真正地起到激励高管的作用（曹阳，2008）。而对于股权激励的衡量指标，在研究中主要采用高管的持股比例。

鉴于以上分析,本书将高管薪酬激励定义为公司前三位高管薪酬的自然对数,将股权激励定义为高管持股比例。

2.1.3 研发投入

随着技术革命的到来,研发投入的研究越来越重要。1963年,经济合作与发展组织明确规定了研究与发展活动是科技活动最基本的和核心的内容。并将研发投入定义为"为了使包括社会和文化在内的人类知识总量得以增加而进行的创造性的、系统性的工作"[①]。我国对研发投入的定义主要是依据中国《企业会计准则第6号——无形资产》(财会〔2006〕3号)的规定。"研究阶段"是指为获取新的技术和知识等进行的有计划的调查。"开发阶段"是指企业将研究成果、知识生产出用于商业性质的新的或在原有基础上予以改进的产品、装置或材料。具体而言,研发费用的处理方法有两种。对于研发支出,研究阶段全部费用化,开发阶段符合资本化条件形成的无形资产,不符合资本化条件下进行的费用化处理。

因此,本书将企业年报中披露研发费用、研究开发费、科研费以及技术开发费定义为企业研发投入。研发投入的衡量方法是用企业研发投入/营业收入来表示。

2.2 文献综述

2.2.1 高管人力资本综述

关于高管人力资本,自提出"高阶理论"以来,人们普遍认可高管人力资本在企业发展中的重要作用。研究者从年龄(魏立群等,2002;张建君等,2007)、学历(Bhagat et al.,2010;何韧等,2010)、任期(Hambrick et al.,1991;Simsek,2007)、高管的来源(Huson et al.,2004;Ang et al.,2008)、性别(李焰等,2011)等角度研究高管人力资本。从而揭示高管人力资本对企业经营决策的影响。

年龄越大的高管在经营决策时越倾向于采取较小风险的决策(Carlsson et al.,1970;Vroom et al.,1971)。年长的高管拥有稳定的社交圈,其消费相对单一,加上退休待遇,他们更倾向于采取保守策略以维持现状,避开颠覆现状的风险行为。Tihanyi、Ellstrand(2000)研究发现当公司处在复杂环境中时,高管团队平均年龄水平较低时更能增强其自信心,更愿意采取国际化经营战略。

高管的受教育程度越高,对公司的战略变化以及开展差异化经营就越有利,高管的平均学历水平与企业战略变化呈正相关。在企业的正常运营中,平均学历高的高管团队更容易成功地施行战略变革(Bantel,1992),高管平均学历水平对企业战略的变化具有重大影响。高管学历水平高有助于提高企业绩效,高管从教育中获得的道德观念,以及价值观会在高管之间进行传播,从而会影响企业绩效(Smith et al.,1994)。

高管的任期与企业的发展息息相关,高管任期对组织战略和绩效等有着显著的影响(Smith et al.,1994)。当高管的任期增加时,他们开始趋于对企业发展战略做较少的调整(Grimm et al.,1991)。企业在日常经营中,外部环境变化多端,而高管任期在一定条件下

[①] 目前世界上许多国家都采用经济合作与发展组织对研发的定义。联合国教科文组织分别于1978年、1979年发表了《科技统计国际标准化建议书》和《科技活动统计手册》,其中对研发活动进行了重新界定,指出"科学技术活动是科技教育、科技培训和科技服务三者的统称"。

有助于企业更好地识别外部环境的变化，高管的任期与高管识别外部环境中存在的机会的能力呈正相关（Sutcliffe, 1994），高管任期越长，越有利于企业发展。

高管在不同行业、不同企业、不同部门的任职经历会影响其知识结构、观念和工作态度。拥有不同行业任职经历的高管对外部环境的变化比较敏感，能从多角度审视环境变化带来的利弊（Lant et al., 1992）。拥有不同从业经历的高管，能从多侧面、多角度看待问题，对问题的分析也更深刻，高管团队也会制订多个备选方案，从而更好地解决企业在经营过程中所出现的问题，提高了企业的业绩（Katz et al., 1982）。

高管性别在企业的日常经营过程中具有重要的作用，而女性高管更易影响企业的经营状况。研究者认为公司中过低的女性比例将对公司的产出带来负面的影响（Kanter, 1977）。高管团队的性别与公司文化等具有一定的相关性（Richard et al., 2004）。女性高管参与企业相关经营决策会从不同的视角考虑问题。女性高管在企业日常活动中相对于积极，对企业文化具有促进作用。在企业的管理过程中，女性高管与男性高管相比，女性更容易维持现状（Nucci et al., 2000）。

2.2.2 研发投入影响因素综述

在企业研发投入的影响因素中，财务不确定性会在一定程度上抑制企业的研发投入，政府补贴可以有效降低企业的财务不确定性，从而加大了企业的研发投入。而研发投入受到多重因素的影响，关于研发投入的影响因素，国内外主要从内部因素与外部因素两方面来研究。外部因素包括政治、经济、法律、地区差异以及行业竞争等。内部因素包括公司规模、公司文化、公司年龄、财务状况、股权结构、高管特征等，大体上可以分为企业特征和高管特征两个层面。

在政府行为上，主要包括产权保护与政府补贴等。提高知识产权保护水平，对研发活动具有刺激作用（Lederman et al., 2003）。在政府补贴方面，政府补贴有利于促进企业研发投入并与之呈倒"U"型关系，而企业的财务状况也影响企业研发投入，财务不确定性会在一定程度上抑制企业的研发投入，政府补贴可以有效降低企业的财务不确定性，从而加大了企业的研发投入（Czarnitzki et al., 2006）。

在行业层面上，从竞争的角度来看，行业竞争程度越高，研发投入越大，说明了研发投入与行业竞争程度正相关（Schumpeter, 1950）。随着行业竞争程度的激烈，研发投入会加大，而当达到一个拐点时，研发投入会急剧下降，研发投入与行业竞争程度呈倒"U"型关系（Aghion et al., 2005）。在公司规模方面，研发投入与公司规模呈正相关，公司规模越大越有助于增加企业研发投入（Soete, 1979; Rob, 1999）。然而Holmstrom（1989）研究发现，公司规模与研发投入呈负相关。Pavitt（1987）的研究发现，公司规模与研发投入之间存在倒"U"型关系。研究发现从市场集中度来看，市场集中度越高，越有助于企业研发投入的增加（Hill et al., 1988; Hosono et al., 2004）

从股权集中度的角度来研究，股权集中度有助于增强企业研发投入，大股东持股比例的提升对企业研发投入有积极作用。而高管成员"两职分离"对企业研发投入具有影响，"两职分离"对企业研发投入有明显的促进作用。从高管人力资本的角度来看，高管的年龄均值、教育背景均值、职业背景均值、任期、男性比例等与企业研发投入呈正相关（Wall-Baum et al., 1994）。高管任期的变化对研发投入具有重要的影响，但是任期的影响不是固定的。高管在任期内对待研发投入的态度会随着时间的推移而改变（Barker et al., 2002）。

2.2.3 高管人力资本、高管激励与研发投入综述

2.2.3.1 高管人力资本对研发投入的影响

依据高阶理论，衡量高管人力资本的重要指标主要有高管年龄、任期、教育背景、职业背景、学术背景、性别等。高管个人特征对企业研发投入具有影响，关于高管人力资本对企业研发投入的影响因素主要有以下几点：

（1）高管年龄对企业的决策有决定性的作用。Bantel（1989），Hambrick、Mason（1984）的研究发现管理者的年龄与研发投入呈负相关。王胜海和徐经长（2010）以高管团队特征为视角，研究发现年龄异质性程度较高的高管团队，不倾向于采取研发行为，在一定程度上削弱了企业的成长性。另外，基于学习理论，年长的高管在学习新思想和新行为上有更大的困难（Hambrick et al., 1991）。李玉君（2005）发现在技术含量高的企业中，高管的平均年龄较小，他们更能适应激烈的竞争环境，更能接受技术创新带来的不确定因素。

（2）高管教育背景在一定程度上决定了高管人员是否有创新精神。高管学历越高，对战略目标的制定越明确（Wiersema et al., 1992）。高管学历与企业获取信息呈正相关关系（Tihanyi et al., 2000），学历越高的高管，获取信息的渠道越多，越利于企业发展。在技术创新方面，教育程度高的高管团队将更多地采用管理创新与技术创新（Kimberly et al., 1981）。文芳、胡玉明（2007）研究发现高管团队规模、平均任期、平均教育水平与研发投入呈显著正相关。然而，Daellenbach（1999）研究发现高管学历与企业研发投入不相关。

（3）高管在离任前经常会减少研发投入（Dechow et al., 1991）。Thomas（1991）、Bushee（1998）的研究都表明 CEO 的任期与研究开发费用存在相关关系。任期增加有助于企业提高研发投入，然而部分国外学者认为高管任期与企业研发投入之间成相反的关系（Grimm et al., 1991; Miller, 1991; Thomas, 1991）。国内学者刘运国和刘雯（2007）研究表明高管任期与研发投入呈显著正相关，高管任期越长，研发投入越多。陈海声和王华宾（2011）研究发现，高管任期与企业研发投入呈负相关。总经理随着任职期限的延长，社会阅历以及管理经验也随之提高，管理能力也会大大增强。从而有助于企业高管增加企业研发投入。

（4）高管职业背景的变化对企业研发投入具一定的影响。现有的研究者发现职业背景对企业的研发投入有影响，管理者的专业背景会对企业的战略决策产生影响，具有工程专业背景的管理者对企业研发投资有积极的影响（Hitt et al., 1991）。在企业的正常经营过程中，高管职业背景对企业高管眼界的开阔具有促进作用，企业管理者的职业经验与企业成功实施的战略类型息息相关，人力资本与研发投入呈正相关关系（Govindarajan, 1989）。团队成员的职业背景异质性越高，越重视企业的研发投入（Carpenter, 2001）。

（5）高管团队学术背景对企业研发投入具有重要作用。这方面的文献目前较少，因此本书参照独立董事的学术水平来分析高管团队学术水平对研发投入的影响。具有学术背景的独立董事提高了更换高管的透明度和对薪酬的业绩敏感度，而且降低了操纵利润的可能性（Francis, 2015）。高管学术水平也能提高公司对研发投入的职业敏感度。

（6）高管性别与企业研发投入之间的关系。王清和周泽将（2013）研究了女性高管和企业研发投入的联系，发现女性高管对风险很敏感，通常做决策时比男性更保守和谨慎，而由于对风险的厌恶性，女性高管对创新的热衷度较低，实证结果表明，女性高管显著降低了企业对研发的投入。康艳玲等（2011）则认为高管人员的性别与研发投入没有必然联

系。在性格特征方面，男女之间均存在显著的差异。男性比女性表现出更强的进取性，男性比女性具有更大的风险偏好。因此，当面临投资风险时，男女的感知存在着较大的差异。

2.2.3.2 高管激励调节效应

高管激励对于现在的公司制企业的发展具有重要意义，在企业正常运营中，对提高企业生产效率具有促进作用，企业也常用高管激励来测量业绩敏感度。高管激励包括高管薪酬激励、高管股权激励、高管晋升激励，高管激励在缓解公司委托代理冲突中起到了重要的作用。

从公司治理的角度出发，高管薪酬激励主要调节委托人与代理人之间的矛盾，并在测量企业绩效方面具有重要作用。而在测试高管薪酬激励有效性时最重要的工具就是薪酬业绩敏感（Michael，1999；Holmstorm，1989），高管薪酬激励的效果往往受到多方因素的影响。而在研究中发现，高管薪酬敏感度与激励合约有效性存在显著的正相关关系（Holthausen et al.，1999；杜兴强 等，2009）。高管薪酬激励对高管团队的决策有一定的调节作用。对高管进行适当的货币薪酬激励可以有效缓和股东与高管间的代理矛盾，在一定程度上减少了高管规避风险的行为，并激励高管实施更多风险性项目，诸如研发投资，使其从企业长期收益的角度做出经营决策而非只考虑眼前利益（Coles et al.，2006）。但是中国上市公司激励性得分依然很低，很多上市公司的薪酬体系设计根本无法保证高管与股东目标一致（魏明海 等，2010）。

在企业的经营过程中，股权激励不仅能很好地将高管个人利益与股东利益、公司价值相联系，而且也能更好地与高管的预期相匹配，在一段时期内可以对高管起到持续激励的作用。股权价格的变化与高管的经营状况息息相关，经营前景好的企业，高管持有一定的股权能使他们具有主人翁意识，更愿意为了企业的经营目标而努力。由于股权激励的存在，在建立高管人员效用函数时要考虑公司的价值变量，使得高管自身的利益与公司的发展相符，当高管与股东的利益保持一致性较强时，高管越有可能做出有利于公司发展的决策。当企业资源较为丰富或经营业绩较佳时，股权激励会对研发投入产生积极影响（Wu et al.，2007）。股东对高管进行激励的目的是为了让高管做出更好的资源配置决策，使公司保持活力和创新力（Eisenhardt，1989）。由于股票期权、限制性股票等股权激励工具规定了等待期和锁定期，股权激励较其他薪酬方式更能留住高管（Paul Oyer，2004）。而对于高科技技术企业来说，经营者股权激励和企业价值间的关系相对稳定和显著（王华 等，2006）。股权激励方案既存在激励效应又存在福利效应（吕长江 等，2009）。

以上研究表明企业高管薪酬激励与股权激励在一定程度上有助于企业提高企业绩效，对企业未来发展具有重要意义。

2.2.3.3 高管激励对研发投入的影响

研发投入是一个长期过程。从短期来看，研发投入意味着增加管理费用、加重企业成本费用负担，对企业当年的经营成果具有负面效应，抑制了高管进行研发活动。从长远来看，研发投入对增加企业的经营业绩有利，有利于改善企业经营状况，有利于企业长期稳定的发展。目前对高管激励的调节作用主要停留于单一激励行为对研发投入的影响上。李华晶和邢晓东（2007）研究发现，高管的激励约束水平在人口特征和创业战略间起到了调节作用。一直以来，代理理论认为风险收入可以很好地激励高管，使得高管在做经营决策时把股东的利益放在首位。高管为了实现其自身价值，倾向于选择股票期权等长期报酬激励方式。高管的经营管理经验越丰富，战略眼光可能越长远，越偏好于股权激励等长期薪酬激励方式（牛建波，2004）。

目前，高管激励方式主要有薪酬激励、股权激励与晋升激励等。学者在研究高管与研发投入方面的激励行为时，主要关注薪酬激励与股权激励。货币薪酬带给高管的往往是短期性激励，高管可能出于自身利益的考虑采取规避风险的行为，因而货币薪酬激励对企业的研发投资具有双重影响。高管薪酬激励对研发投入具有影响（Fu，2012；Wu et al.，2007）。深入研究分析后，发现高管薪酬激励对研发产出具有重要作用（Bulan et al.，2011；李春涛 等，2010）。唐清泉和甄丽明（2009）对薪酬激励进行分类研究发现，短期薪酬激励效果优于长期薪酬激励。研发投入可能为股东带来高额的长期收益，但是由于研发投入回收期长、风险大，可能对以短期经营业绩为基础的货币性薪酬产生负面影响（Tosi et al.，2000）。工资和奖金对高管来说是既得利益，风险较小，研发投入给高管带来的长期收益具有很大的不确定性，高管人员可能为了短期利益放弃诸如研发投入带来的长期收益。马文聪等（2013）分析发现，传统产业的薪酬激励显著调节了研发投入与创新绩效的作用关系。高管薪酬激励对企业研发投入具有调节作用，高管薪酬激励有利于促进公司彼此之间的资源共享。

长期股权激励在企业研发创新实践中具有"利益趋同效应"，有助于提高高管的创新意识，使得高管在研发投入过程中更加积极主动，同时也有利于增强高管团队整体的向心力和凝聚力，减少偷懒和"搭便车"行为。高管持股比例与企业研发投入呈正相关，高管股权激励有利于增加研发投入（冯根福 等，2008；刘雯，2007）。股权激励对民营企业研发支出具有促进效应（张宗益 等，2007；刘笠，2002；张洪辉 等，2010）。高管大量持股可以将高管的利益与股东财富统一起来。公司业绩越好，高管股权激励对研发投入具有的正面效应越大（Jensen et al.，1990）。股权激励能够促进研发投入，能对研发投入与企业绩效之间的正相关关系起到强化作用。在企业的经营过程中，高管持股使企业增加了人力资产成本，并不一定有利于企业研发投入的增加，股权激励与企业研发投入呈负相关（Gertler et al.，1995）。Lerner、Wulf（2007）发现高管持股比例与企业研发之间存在非线性关系。

2.2.4 文献述评

本书主要从高管人力资本、高管激励调节效应、研发投入等角度收集了相关文献，高管人力资本对企业业绩、企业经营战略、企业变革、企业研发投入、企业文化都具有重要的影响。高管薪酬激励能使企业绩效增加，高管股权激励使企业价值趋向于稳定和显著。政府层面的税收与补助、企业股权集中度、高管个人特征等对研发投入具有重要影响。在高管人力资本、高管激励与研发投入综述中，主要分析了高管人力资本对企业研发投入的影响，从高管年龄、教育、任期、职业背景、学术背景、性别等角度做了评述。高管薪酬激励与股权激励对企业研发投入具有调节作用。

高管薪酬激励与股权激励在企业研发投入中具有调节作用，企业通过设计有效的管理薪酬体系和保持相对较高的股权集中度，提高了企业研发投入的能力，有助于提升企业绩效。深入分析高管薪酬激励与股权激励对研发投入的影响具有重要的意义。研究研发投入的作用机理不仅可以为企业研发资源的优化配置提供建设性意见，也可为各级政府部门制定和完善区域、产业创新、资源配置政策提供理论参考和经验借鉴。研发决策是企业高管面临的最重要的决策之一。而高管薪酬激励往往影响高管对研发投入的态度，合理有效的高管薪酬激励是研发投入成功实施的内部驱动力，对研发投入的成功运行具有重要影响。

2.3 理论基础

2.3.1 高阶理论

自从"高阶理论"被提出以来,开创了领导理论研究的新领域。该理论认为企业的战略选择、战略决策不仅受经济的影响,而且也受高管的认知和人生经历的影响。高管的教育水平和工作经历影响高管的特征,因此,在研究高管特征的影响因素时,可以用高管年龄、性别、任期、教育背景、职业背景、学术背景等个人特征衡量。

高阶理论认为运营良好的企业需要凝聚管理团队共同的智慧与能力。高阶理论的基本前提是在有限的理论下做出战略选择,关注团队对企业的影响。高阶理论认为高管特征能有效地预测组织的战略选择和绩效。如果说战略选择受多种行为因素共同影响,那么高管战略的决策必能反映出高管团队特性,每个高管都会将他们积累的经验、知识,带入管理情景分析中。① 这些行为特征的不断积累可以反映出决策制定者的认知水平、价值观、责任感。

企业的发展离不开高管的智慧、学习环境、工作环境、人生经历,这些因素都影响高管面临重大问题持有的态度。不同类型的管理者对环境认知的侧重点不同,可能导致其对真实环境的认知不同。因此,企业在经营过程中,应根据不同的经营环境选择不同类型的高管。对成长型企业来说,在应聘高管时,应该对高管团队特征、学习经历、进行全面的了解,并以此来对高管进行评价。依据高阶理论,在实际工作中,企业需要寻找优秀的管理者参与经营决策。

2.3.2 委托代理理论

委托代理关系最早随着现代公司制度的出现而产生,逐渐发展形成了委托代理理论,该理论是现代企业管理问题的核心。依据委托代理理论可以分析高管与股东之间的委托代理关系。委托代理理论基于以下两个假设:

第一,"经济人"假设。在委托代理关系中,委托人与受托人都是为了自身利益而服务的,委托人努力工作,为了能获得更高的回报,从而提高自身价值。受托人为了使资产保值、增值,希望在生产过程中减少开支,比如减少高管人员薪酬等以提高企业利润。因此在委托代理关系中,双方都为了各自利益而服务。

第二,委托人与受托人信息不对称,为了有效缓解代理冲突,委托人和受托人会通过博弈制定由最优的激励契约策略。当委托人与代理人在信息不对称条件下产生利益相互冲突时,受托人为了自身利益,可能做一些高风险、高回报的投资项目,一旦项目失败,就会使委托人的利益受损,从而产生"道德风险"问题。而委托人为了使受托人更加努力的工作,必须给予一定的激励机制,从而减少"道德问题"的发生。

在企业经营过程中,基于委托代理理论,为了避免信息不对称,在委托人与受托人之间必须建立一种有效的治理机制来进行相互监督,从而实现委托人与受托人双赢的局面。

2.3.3 激励理论

关于激励理论,Berle、Means(1932)指出公司所有权与控制权相分离,代理人的经营决策对企业的经营战略具有影响,企业需要对代理人的行为进行有效的激励,才能有利于

---

① BOWEN D E, SIEHL C. The future of human resource management: march and simon (1958) revisited [J]. Human Resource Management, 1997, 36 (1): 57-63.

委托者对管理者实行更好的监督。代理理论认为,当股东拥有高管和企业经营的所有信息,就可以通过签订契约的方式对高管进行约束与奖励。

从激励方式的视角出发,将激励方式分为单维的货币激励与多维的股权激励,如果只采取货币激励,随着激励边际递减,单维激励行为将增加激励成本。企业在实际经营管理过程中,即使实施了多种激励方式,但若选择的激励方式不适当,也不能对高管起到很好的激励作用。因此,在实施激励的过程中,管理者应该实施恰当的激励组合,在有限的成本下实现企业价值的最大化。

从管理学的角度出发,激励机制的建设需要不断地修正与完善,企业在实施激励决策时,应该根据企业的具体情况,合理利用激励方式,有助于激发高管的积极性、主动性,从而能更好地实现企业的经营目标。

3 制度背景与现状分析

3.1 高管激励发展历程

我国高管薪酬激励制度的发展主要经历了两个阶段,分别为探索阶段、改革与发展阶段。经过这两个阶段的发展,我国高管薪酬激励机制逐渐完善,在公司治理中具有重要的指导作用。高管股权激励主要经历了两个阶段,分别为摸索阶段的股权激励制度阶段、初级阶段的股权激励制度阶段。

3.1.1 高管薪酬激励发展历程

我国高管薪酬激励的发展主要经历了两阶段,第一阶段主要是从集体经济到市场经济转变过程中的承包责任制阶段,第二阶段主要是高管薪酬机制的改革发展阶段。经过两阶段的发展,我国高管薪酬激励制度逐渐完善。

第一阶段,高管薪酬激励探索阶段。随着改革开放,我国逐渐实施了承包责任制,承包责任制在全国的展开对我国企业的发展具有促进作用,在一定程度上来说,承包责任制也是高管薪酬激励的一种。国家在管理过程中,通过合同承包的方式,将国家与企业之间的权利与责任分开,使企业自主经营,该制度将变革扩展到了管理层的权力领域。在这一阶段,行政权力对高管的激励占据主导地位,且由行政权力带来的物质财产成了对高管激励的具体体现方式。1984年,我国国有企业正式实施了承包制,承包制的实施让国有企业在国家政策下可以自由实施激励机制,有助于增强国有企业的活力。[①] 1986年,我国正式开始实行承包制,这标志着我国承包制从理论阶段转变为实施阶段。在这种制度下,企业与个人可以自己创收,有助于提高企业经营业绩,使我国的激励机制向前迈进了一大步。[②] 而到了1987年,承包制在全国范围内全面推进,从此,我国的承包制全面展开,为我国现代化企业的发展奠定了实践基础。[③] 1990年是我国承包制走向成熟的一年,在这一年里,承包制实现了从全面展开阶段到成熟阶段的过渡。承包制的成熟对我国公司制企业的发展具有重要意义。

[①] 参见:1984年通过的《中共中央关于经济体制改革的决定》标志着承包制开始推行。
[②] 参见:1986年国务院发布的《关于深化企业改革增强企业活力的若干规定》。
[③] 参见:1987年国家经委、国家体改委发布的《关于深化企业改革完善承包经营责任制的意见》。

第二阶段,高管薪酬激励的改革与发展阶段。高管薪酬体系随着市场经济体制和现代管理体系的完善而逐步变革、发展,高管薪酬制度的改革主要试点企业为英雄金笔厂、上海油墨厂和上海纸箱厂这三家企业。这三家企业的试点成功标志着我国进入了"薪酬制时代"。从此以后,我国企业开始普遍实施年薪制。到了 1994 年 9 月,深圳市开始正式推出关于高管薪酬激励的文件,高管薪酬激励的推行得到了有效的提高。① 随着深圳市对高管薪酬推进的加快,很多省份也开始实施薪酬制。截至 1997 年,全国范围内已经有 20 多个省市开始实施薪酬制。1998 年,由于薪酬制包含内容不统一、实施范围和对象不明确等原因而被全面暂停。此时,我国高管薪酬激励处在不断探索和发展的过程中。国家对"央企"负责人的薪酬结构和薪酬水平、职务消费以及支付方式做出了具体规定。② 2015 年 1 月,中央政治局召开会议,"央企"负责人实施"限薪令",使我国"央企"高管在当年普遍降薪三成。随着公司信息披露质量的提高以及治理机制的完善,高管薪酬水平和薪酬结构也日趋合理。

3.1.2 高管股权激励发展历程

自改革开放以来,我国股权激励经过了两个阶段的发展,逐渐形成了今天的股权激励的雏形。摸索阶段与初级阶段的股权激励制度在我国股权激励的发展道路上具有重要意义。

第一阶段,摸索阶段的股权激励制度。自改革开放以来,我国从计划经济体制转向市场经济体制,股权成为衡量企业股东话语权的一大指标。随着公司制企业的逐渐发展,股权激励逐渐从企业内部产生。1982 年,沈阳部分企业从内部吸引员工,以股份的形式参与到企业经营中来。1989 年,中国人民银行为了管理企业内部集资问题出台了相关规定,该规定主要详细地规定了企业内部职工发行股份的问题,并加强了对内部发行股份的监管。③ 在 1993 年,深圳房地产企业——万科股份有限公司对企业员工的股份规划进行了详细的规定。1994 年,原外经贸与国家体改委对职工持股的组织形式进行了规定④。1997 年,民政部、原外经贸等相关部门对职工合法持股会的协会法人地位给予了确认。⑤ 1999 年,国务院首次提出了在国家控股公司中实行股权激励的政策。高管激励的形式应该由单一的货币性激励方式转变为货币激励与股权激励并存的方式。⑥ 随着我国股权激励的发展,我国形成了多种股权激励形式,但是由于有关股份来源、股份流通转让等问题缺乏法律法规的保障,股权激励发展缓慢。

第二阶段,初级阶段的股权激励制度。随着我国股权分置工作改革的顺利进行,资本市场被逐渐完善。国家制定了相关法律法规以确保股权激励的正常实施。2002 年,财政部和科技部进一步对股权激励的对象、实施的条件以及具体程序做了明确规定。⑦ 2003 年 12 月国务院在《关于进一步加强人才工作的决定》中明确规定经营者的薪酬与其承担的责任

---

① 参见:1994 年,深圳市推出的《试点企业董事长、总经理年薪制试行办法》。
② 参见:2009 年 9 月,人力资源部和社会保障局联合六部委出台的《关于进一步规范中央企业负责人薪酬管理的指导意见》。
③ 参见:1989 年,中国人民银行发行的《中国人民银行关于加强企业内部集资管理的通知》。
④ 参见:1994 年,原外经贸委和原国家体改委颁布的《外经贸股份有限公司内部职工持股企业试点暂行办法》。
⑤ 参见:1997 年,民政部等部委颁布的《关于外经贸试点企业内部职工持股会登记管理问题的暂行规定》。
⑥ 参见:1999 年 12 月,国务院颁布的《中共中央国务院关于加强技术创新,实现产业化的决定》。
⑦ 参见:2002 年 10 月,财政部和科技部联合出台的《关于国有高新技术企业开展股权激励试点的指导意见》。

和经营业绩直接挂钩，此后又陆续规定了股权改革完成的上市公司可以实施管理层股权激励，对高管的激励要遵循薪酬激励与股权激励并存的方式。2005 年，证监会在法律上为我国股权改革的顺利实施铺平了道路。[①] 相继，财政部于 2006 年对股权激励的实施细节加以规划。[②] 2007 年，为了加强对上市公司的治理，证监会对上市股权激励的相应工作暂缓实施。2008 年，证监会对激励对象，即实际控制人的股权激励行为加以严格的规定；对企业违反重大事件间隔期的规定更加严格；在股票定价方面实行了更加严格的审查。2009 年，国家税务总局对所得税进行了严格的规定，特别是对于股权激励过程中产生的所得税。[③] 在此，我国上市公司股权激励随着相关文件的执行逐渐加强。

3.2 高管人力资本分布现状

高管作为企业最主要的资本，其团队的构成情况决定了企业的发展方向。现阶段，关于我国高管人员的研究主要从高管的年龄、任期、教育背景、职业背景、学术背景等相关数据来进行统计研究。

由于年龄均值与任期是相对数指标，对于 2013—2015 年上市公司的研究如图 3-1 所示：

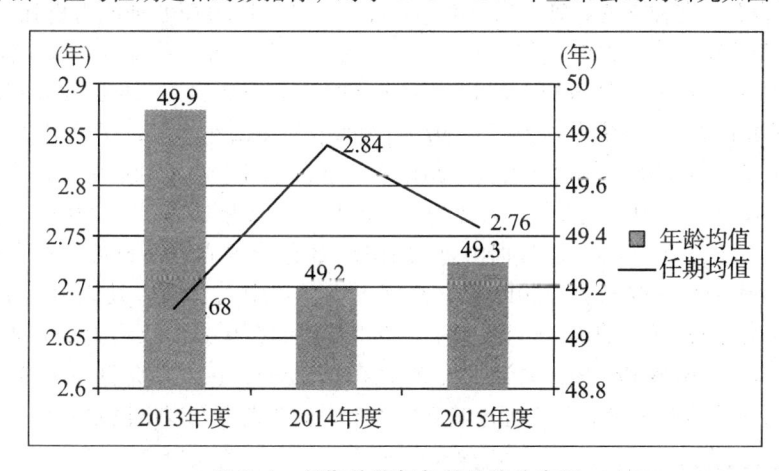

图 3-1 任期均值与年龄均值分布图

数据来源：从 CSMAR 数据库整理形成

我国上市公司中高管任期在 2013 年为 2.68 年，2014 年的平均任期为 2.84 年，2015 年的平均任期为 2.76 年，任期均值在这几年间变化不大。高管平均在任时间普遍不长，这说明高管人员的流动性较大。上市公司中，高管团队平均年龄一定程度上决定了公司的发展方向，从目前我国近三年的统计数据来看，我国上市公司高管团队的年龄均值维持在一个常量之间。2013 年，我国上市公司中高管的平均年龄为 49.9 岁，2014 年的平均年龄为 49.2 岁，2015 年的平均年龄为 49.3 岁，相比这几年，他们的年龄变化不大，平均维持在 49 岁左右。由于高管职位具有特殊性，因此他们需要经历社会的磨炼，需要经验、知识的不断储备，才能胜任相应的职位，并最终使企业获得最大回报。

---

① 参见：2005 年 12 月，证监会发布的《上市公司股权激励管理办法（试行）》。
② 参见：2006 年财政部颁布的《国有控股上市公司（境内）实施股权激励试行办法》。
③ 参见：2009 年国家税务总局出台的《关于股票增值权所得和限制性股票所得征收个人所得税有关问题的通知》。

我国上市公司人口统计指标中，对高管的学术背景、职业背景、女性高管和硕士以上的高管人数比例经过统计，得到表3-1的数据：

表3-1　　　　　　　　　　　　　　高管背景分布表

年份	2013年		2014年		2015年	
项目	人数（人）	占比	人数（人）	占比	人数（人）	占比
总人口	46 725	100%	51 323	100%	56 228	100%
学术背景	8 848	18.94%	10 236	19.95%	11 437	20.34%
职业背景	10 276	21.99%	11 682	22.76%	13 553	24.10%
女性高管	7 608	17.44%	8 562	16.83%	9 797	16.28%
硕士以上	8 177	17.5%	9 341	18.2%	10 740	19.1%

2013年，我国上市公司中具有学术背景的有8 848人，占比为18.94%；2014年具有学术背景的有10 236人，占比为19.95%；2015年具有学术背景的有11 437人，占比为20.34%。受教育程度较高的高管对信息的感知能力、搜寻能力和处理能力更强，更有能力胜任多职能部门的业务。在职业背景中，2013年我国上市公司中具有研发职业经历的高管团队有10 276人，占比为21.99%；2014年有11 682人，占比为22.76%；2015年有13 553人，占比为24.10%。具有工科研发背景的高管数量和比率都在增加，这说明具有研发、设计职业背景的人员具有更大的成长潜力。2013年，我国上市公司中的高管女性人数为7 608人，占比为17.44%；2014年的女性人数为8 562人，占比为16.83%；2015年的女性人数为9 797人，占比为16.28%。从数据中可以发现，我国女性高管人数近三年来逐渐增加，但是女性高管比例呈下降趋势。2013年，我国上市公司中具有硕士及以上学历的高管为8 177人，占比为17.5%；2014年具有硕士及以上学历的有9 341人，占比为18.2%；2015年有10 740人，占比为19.1%，高管团队学历的不断提升，在未来会更加明显。随着社会的发展，企业需要大量的拥有扎实理论基础的人来为企业大力发展出谋划策。

3.3　高管激励现状分析

3.3.1　高管薪酬激励现状

通过对2013—2015年的数据进行收集，最终得到了高管最高年薪、行业最高值、地区最高值等相关指标数据。如表3-2所示。

表3-2　　　　　　　　　　高管薪酬详细表　　　　　　　　　单位：万元

项目	企业高管最高年薪			行业最高值（金融）	地区最高值（江苏）
年份	样本量（个）	金额	增长比	金额	金额
2013	2 363	81.81	3.6%	332.95	122.73
2014	2 591	87.84	7.38%	348.62	132.31
2015	2 755	97.39	10.87%	372.36	128.58

数据来源：《中国企业家价值报告》

A股上市公司高管最高年薪均值在2013年为81.81万元，与2012年相比仅增长3.6%，整体增速放缓；2014年均值为87.84万元，与2013年相比增长7.38%；2015年均值为

97.39 万元，与 2014 年相比增长 10.87%。从这两年的情况看，高管年薪水平整体呈上升态势，政府对"央企"实施的"限薪政策"并未起到明显效果。在目前，中国经济增速放缓、产业结构不断优化的背景下，上市公司要想得以长久发展，必须提高企业经营管理水平和质量，而科学、有效的管理水平又离不开高管人力资本的支持，为了留住高管，激励高管更好地为企业服务，势必要提高企业整体薪酬水平。

从行业角度看，金融业在 2013—2015 年连续 3 年稳居行业高管薪酬均值首位。这是由于金融行业中的上市公司大多数属于国有控股或参股，其特殊的性质决定了高管薪酬水平并非单纯地与经营业绩挂钩，金融业由于其自身的垄断性质以及受到政府的扶持，其产品存在垄断定价，使得公司经营业绩表现优良，但其业绩并非真正反映高管个人能力和管理水平，高管薪酬整体水平仍居高不下。

从地区角度看，江西在 2013—2015 年连续 3 年稳居地区高管薪酬均值首位，排在广东、上海前面，说明了经济相对不太发达的地区其公司治理机制的有效性并不一定比经济发达的地区差，而市场化进程以及公司治理结构的优化起到了关键作用。

3.3.2 高管股权激励现状

目前，我国股权激励主要有限制性股票、股票期权、期权+限制性股票这三种股权激励模式。本书收集了 2014 年与 2015 年两年的数据来研究我国上市公司实施股权激励的情况，如表 3-3 所示。

表 3-3　　　　　　　　高管股权激励详细表

	年份	2014		2015	
	项目	公司数（家）	占比	公司数（家）	占比
股权激励	限制性股票	76	63%	117	79.59%
	股票期权	25	21%	23	15.65%
	期权+限制性股票	20	16%	7	4.76%

数据来源：《中国企业家价值报告》

最近三年，资本市场改革如火如荼，实施股权激励计划的上市公司逐年增加。于 2014 年达到 121 家，其中有 63% 的公司使用限制性股票工具，16% 的公司使用期权和限制性股票工具，21% 的公司使用了股票期权工具。于 2015 年达到 147 家，其中有 79.59% 的公司使用限制性股票工具，4.76% 的公司使用期权和限制性股票工具，15.65% 的企业使用股票期权工具。在股权激励计划的结构方面，限制性股票工具占比增加，是由于限制性股票激励对股东财富的稀释效应要小于股票期权，其激励与约束性功能较强，且该类激励工具风险较小。在限售期内，限制性股票的股价纵然下跌，但只要不跌至零，该类股票仍然具有价值。从股票期权来看，当股价小于执行价格时，被激励者就会放弃行使权并面临较大损失，其承担的风险也相对较高。由此可知，限制性股票更符合被激励者的预期。股权激励主要存在于民营企业中，原因是在国企中实施股权激励计划有很多无形的约束条件，诸如存在复杂审批程序、苛刻的绩效考核等。

4 研究假设与实证检验

4.1 研究假设

4.1.1 高管年龄与企业研发投入

依据高阶理论，高管的阅历、经验与风险倾向会随着其年龄的增大而发生变化。由于外部环境的不确定性，高管在进行研发投入时，更多依靠个人的经验和阅历做出决策，年长的高管的体力、精力、记忆、学习和推理能力不断变差，个人的创新能力随着年龄的增加而递减。随着高管年龄的增加，他们更倾向于成为风险的规避者，从而在公司决策上犹豫不决，甚至不敢去尝试新鲜事物。因此，年长的高管更愿意实行低增长战略，对风险持厌恶态度。但年轻的高管与年长的高管在管理经验等方面的不同导致他们对同一问题具有不同的看法。年轻的高管更具有拼搏精神，更愿意尝试新鲜事物，他们可能为了职位晋升而选择更激进的投资、决策方式。

高管年龄对企业研发投入具有重大影响，年长的高管由于具有陈旧的思维模式，不愿意去改变已有的经营模式，也不愿意在技术上战胜竞争对手。由于管理者的年龄与研发投入呈负相关，[①] 所以高管年龄越大越不利于研发投入。基于学习理论，年长的高管在学习新思想和新行为上有更大的困难（Hambrick et al., 1991）。在外部环境不确定因素多且竞争激烈的市场条件下，年长的高管的体力和精力有限，不愿意冒险进行研发投入。

基于以上分析，本书提出假设 H1：

H1：高管年龄与企业研发投入呈负相关。

4.1.2 高管教育背景与企业研发投入

依据高阶理论，高管的教育背景被认为是影响企业战略选择最有力的指标，通常，高管受教育程度越高，越具有较强的学习力和洞察力，在市场条件变幻多端的情况下仍能保持理性思维，做出正确的研发投资决策。与此同时，高管受教育水平越高，对外部信息越敏感，搜集和处理信息的能力也越强，同时社会认知水平越高。较高的教育水平使高管在复杂、多变、多元的经营环境中能找到适合企业运营的经营模式，能在企业经营活动中及时地做出正确的决策。高管在企业经营过程中，需要时刻关注宏观经济环境的变化，了解同行业目前的经营状况。因此，教育程度高的高管越有可能从相关渠道获得资源。随着外部环境的变化，当企业处于复杂多变的商业环境中时，高管教育背景的增加有助于高管综合素质的提升，从而抵御外部竞争者的介入。周围的竞争者每时每刻都有可能做出竞争性商业决策，从而破坏当前的竞争平衡，企业管理者应该具备敏锐的洞察力和扎实的专业基础，才能在竞争对手之前把握机会。

高管接受教育的水平影响着其对创新的态度，受教育水平较高的管理者在对待研发投入时会采取更加积极、主动的态度。高管团队的受教育程度与其战略行动的可见性、范围和速度成正比，能准确、及时地对竞争对手的进攻做出反击。Kimberly、Evanisko（1981）

[①] BARKER, VINCENT L, MULLER GEORGE C. CEO Characteristics and Firm R&D Spending [J]. Management Science, 2002, 48 (6): 782-801.

指出：受教育水平较高的高管团队更易于接受创新，更具创造力，更倾向于在管理和技术上使用创新手段。

基于以上分析，本书提出假设 H2：

H2：高管教育背景与企业研发投入呈正相关。

4.1.3 高管任期与企业研发投入

根据高阶理论、委托代理理论，在国有企业中，企业高管团队危机往往非常突出，领导人的地位不稳定，容易被更换与调离领导岗位。而在民营企业中，高管团队维持稳定的结构，不易被替换与调离。高管在一个岗位的时间长短，对企业的发展具有促进作用。一方面，高管的职业熟悉度与任期呈正相关，当高管对职位的熟悉度增强，更能深思熟虑地考虑企业当前面临的主要问题。而在做决策时，任职时间长的高管更愿意接受新的挑战和做出决策。另一方面，高管任期增加，更有助于增加对企业的责任感，从而全身心地投入到企业管理中去。高管在管理过程中不断提升自己的业务处理能力，成长为企业骨干人员后，更愿意用创新观念来改变现有模式的不足。从而在加强企业研发投入方面具有重要的作用。因此，高管任期的增加，可以延长企业对于某领域的研究。高管对自己从事的行业越熟悉，越有助于提高工作的积极性，从而全身心投入到工作中。同时，高管团队任期的增加会使团队成员产生某种情感上的依赖和政策偏好，在团队合作中易于达成某种默契。

企业研发投入是一个长期过程，需要高管团队不断的修正、调整。而对于任期较短的高管，由于在短期内看不见收益，更不愿意去从事研发投入。对任期较长的高管而言，高管在任时间越长越有较多的时间去考虑企业的经营战略，高管任期与研发投入呈正相关（刘运国 等，2007）。牛建波（2004）研究指出总经理的从业经验和社会阅历随着任期的延长和年龄的增长得到大幅度提高，其管理能力也相应得到加强，企业的研发投资额也随之增加。

基于以上分析，本书提出假设 H3：

H3：高管任期与企业研发投入呈正相关。

4.1.4 高管职业背景与企业研发投入

高管拥有研发、产品设计等职业背景，更有助于研发投入。基于高阶理论，高管的思维、行为、认知等特征会影响企业的经营效益与决策，高管是否拥有相应的职业技术背景，对技术资源的配置与决策具有重要的作用。对具有相关职业背景的高管来说，会加大企业的研发投入力度。具有职业技术背景的高管对技术的重视程度会比具有其他职业背景的高管更高（Havtor，2005）。具有研发、产品设计职业背景的高管团队，其团队成员之间在分享彼此工作经验与思维模式时，有利于他们更好地应对未来环境的变化。

具有研发、产品设计职业背景的高管具有较强的逻辑思维能力，在判断未来经济形势上具有较大的优势，具有研发、产品设计职业背景的高管更重视研发投入（Barker et al.，2002）。在产品设计方面，具有研发、产品设计职业背景的高管更加关注产品改进的细节问题，注重加强设备的升级和技术创新，在合理的范围内增加研发投入，为企业的长远发展打下坚实的基础。Govindarajan（1991）认为高管团队的职业背景经历影响着企业战略实施的类型。

基于以上分析本书提出假设 H4：

H4：高管职业背景与企业研发投入呈正相关。

4.1.5 高管学术背景与企业研发投入

依据高阶理论，高管的学术背景影响企业经营决策，学术型高管对公司的战略变化以及开展差异化经营比较有利。在企业的正常经营过程中，高管的思维模式与其知识、技能基础具有直接的联系。因此，学术型高管在信息处理能力方面具有较大的优势，他们聚集战略资源的效率相对也会更高。高管学术背景与其所接受的知识体系教育有很大的关系，学术型高管在某一领域具有较深入的研究，成为某领域的专家后看问题较全面，从而对未来能做出较精确的判断。企业的研发投入是一个长期的过程，需要不断地进行深入的研究与分析。在实际工作中，需要不断地佐证、检验。因此，学术型高管利用其学术分析能力有助于企业增加研发投入。

在知识经济时代，任何一个领域都需要加大专家型人才的储备，对于非学术型高管来说，没有系统的知识积累，不能站在宏观的视角看问题在所难免。研发投入是一个高风险、长期性、不确定的过程。高管对企业研发投入的判断，更需要系统、深入的研究，然而学术型高管具有相应的学术研究能力，对当前经济形势具有较好的判断，能够把握住企业发展的机会。学术型高管，尤其是没有行政职位的高校教授，显著地提升了公司治理水平，提高了高管更换的透明度和薪酬的业绩敏感度，而且降低了利润操纵的可能性（Francis, 2015）。所以，高管学术型背景在企业研发投入中发挥着重要的作用，且相信在企业未来的发展中，更要注重此类人才的培养与需求。

基于以上的分析，本书提出假设 H5：

H5：高管学术背景与企业研发投入呈正相关。

4.1.6 女性高管比例与企业研发投入

依据高阶理论，在男性占绝对领导地位的团队中，团队整体的决策会偏向男性思维，女性参与经营并不会对企业战略选择产生显著影响。高管决策过程与其认知基础在一定程度上一致，而女性高管在决策过程中会有较多的顾虑。因此，女性高管的思维模式可能会削弱企业团队对研发的投入。在商业世界中，女性高管在风险投资方面略显保守和谨慎，为了保持投资的低风险性，通常会选择期限短、收益稳定的投资行为。而男性管理者往往更具有挑战能力和推陈求新的决心，在企业的正常经营过程中更愿意冒险和挑战当前不利的环境。

我国上市公司中，女性高管占比较低（康宛竹，2007），在企业研发的过程中，男性高管表现出更激进的思维模式。相较于女性高管，男性高管更具竞争意识、冒险精神和自信心，在做出企业研发投入决策时更激进，更易采取创新方案。女性高管对风险很敏感，通常做决策时比男性更保守和谨慎（王清 等，2013），由于对风险的厌恶性，女性高管对创新的热衷度较低，表明女性高管显著削弱了企业对研发的投入。因此高管团队中女性高管比例的增加并不利于企业研发投入的实施。

基于以上分析，本书提出假设 H6：

H6：女性高管比例与企业研发投入呈负相关。

4.1.7 高管激励调节效应

依据高阶理论、委托代理理论和激励理论。高管激励作为一种有效调节所有者与经营者利益冲突的机制，能够有效激励经营者，促使经营者与股东利益趋于一致，有效提升企业的经营业绩。薪酬激励可以使高管获得丰厚的短期回报，而股权激励能缓解高管与股东之间的利益冲突。在企业股权较为分散的情况下,不拥有企业股权的经理人与广大小股东们之间存在利益冲突。代理理论认为,由于高管与股东利益存在不一致性以及所获信息存在不对称性,股东难以观测到高管的努力程度以及高管行为的意图,高管可能为了自身利益做出偏离股东财富最大化的决策。因此,高管激励显得十分必要,如果对高管的激励仅仅停留在货币激励上,而不是更多地包含股权激励,则高管可能更关注短期财务绩效而忽略了长期绩效。依据激励理论,企业在运营中不能单一地只考核货币薪酬激励,应该考虑多种激励组合。股权激励作为一种长期激励方式,其激励功能不同于工资薪金和奖金。因此,为了使股权激励能够发挥对高管的长期激励作用,在实施激励的过程中,管理者应该设计激励组合,将高管薪酬激励与股权激励相结合,从而提高企业的竞争力。

高阶理论从人口统计特征出发,将高管人力资本分为年龄、性别、任期、教育背景、职业背景等指标,高管个人特征影响企业的经营决策与战略。从公司治理层面来看,高管薪酬激励具有短期性、单一性等特点,高管股权激励具有长期性与多维性等特点。张宗益、张湄(2007),刘笠(2002)的研究表明以直接薪酬与股权激励为代表的高管具有较强的创新能力。冯根福、温军(2008),刘雯(2007)等研究发现高管持股比例与企业研发投入呈正相关,对高管进行股权激励可以增强企业对研发投入的强度。李华晶和邢晓东(2012)研究指出高管激励在高管背景特征和企业创业战略间起到了调节作用。高管薪酬激励与股权激励有利于企业高管增加研发投入。

基于以上分析,本书提出假设 H7a、H7b:

H7a:高管薪酬激励在高管人力资本与研发投入之间具有正向调节作用。

H7b:高管股权激励在高管人力资本与研发投入之间具有正向调节作用。

调节变量识别过程如图 4-1 所示。

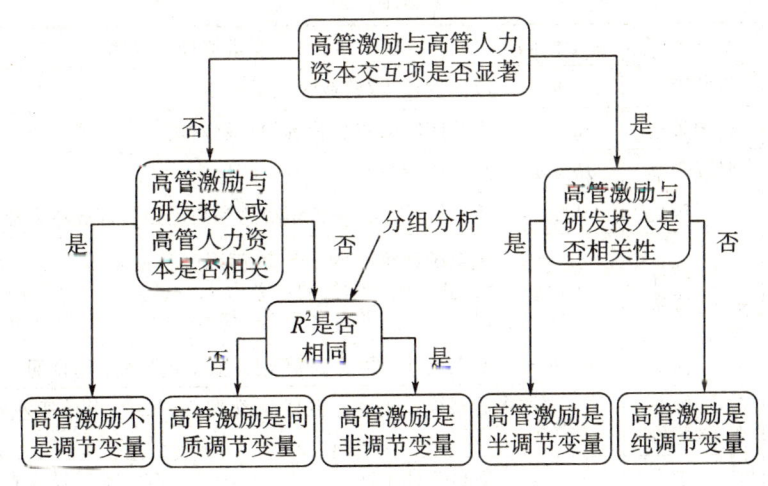

图 4-1 调节变量识别过程

4.2 研究设计

4.2.1 数据来源与选取

本书的数据主要由如下几部分构成:高管人力资本数据、薪酬激励与股权激励数据(主要来自国泰安中国经济金融研究数据库 Csmar、Wind、锐思数据库等)、研发投入数据

（主要来自 Wind 数据库）。数据不足则可通过查询财经频道、新浪网的巨潮资讯，以及相关网站等进行数据补充。还可以利用 Stata12 软件进行相关的描述性统计与多元回归分析。

本书选取了沪深两市 A 股上市公司 2007 年至 2015 年的数据作为初始样本，为了确保研究的严谨性、准确性，经过筛选处理，最终确定了样本区间的 11 040 个观测值，具体筛选过程如下：

（1）由于 ST 公司经营状况差，不具有普遍性和代表性，因此，在研究中剔除了 ST 公司；

（2）由于金融业会计准则与企业会计准则理论基础不同，因此，在研究中剔除了金融行业的上市公司；

（3）剔除数据不全的企业，比如高管团队个人信息不全、股权激励与薪酬激励数据缺失、研发投入数据缺失的企业；

（4）为了消除异常值带来的影响，对数据进行两端 1% 的 Winsorize 处理以剔除以上数据，得到各年实际的样本公司数如表 4-1 所示。

表 4-1　　　　　　　　　　　　　样本年度分布表

年度	2007	2008	2009	2010	2011	2012	2013	2014	2015
样本量（个）	288	399	545	1 066	1 395	1 805	1 751	1 795	1 996

4.2.2　变量定义

本书从高管人力资本均值出发，将高管人力资本划分为高管团队年龄均值、高管教育背景均值、高管任期均值、高管职业背景均值、高管学术背景、女性高管比例等指标，变量定义表如表 4-2 所示。

表 4-2　　　　　　　　　　　　　变量定义表

变量类型	变量名称		变量代码	变量解释与说明
被解释变量	研发投入		Rd	以研发投入/营业收入来衡量
调节变量	薪酬激励		Salary	高管团队前三名薪酬的自然对数
	股权激励		Hratio	高管持股与企业总股本的比率
解释变量	高管人力资本均值	年龄	Aage	截至统计年，高管年龄总和与当期管理成员人数之比
		教育背景	Aedu	截至统计年度的平均教育程度。将获得博士学位的定义为 5，获得硕士学位的定义为 4，获得学士学位的定义为 3，获得专科学历的定义为 2，获得高中及以下学历的定义为 1
		任期	Atenure	截至统计年度，高管实际进入企业的平均日期
		职业背景	Awork	截至统计年度，在任高管具有研发、设计职业经历的高管占比
		学术背景	Aacade	截至统计年度，高管成员中，具有学术背景的成员占高管成员之比
		女性比例	Awomen	截至统计年度，企业管理层中女性高管与全部高管之比

表4-2(续)

变量类型	变量名称	变量代码	变量解释与说明
控制变量	企业规模	Lnsize	截至统计年度,用资产的自然对数来表示
	两职合一	Dual	董事长与总经理两职合一取值为1,否为0
	资产负债率	De_et	截至资产负债表日,公司当年的资产负债率,资产负债率越高,企业偿债能力越弱
	托宾Q值	Tq	用来衡量企业长期的成长能力
	总资产净利率	Roa	反应每单位资产能够生产多少利润,总资产净利率越高,企业资产盈利越高
	地区	Area	依据公司注册所在地来划分,将东部地区的省份赋值为1,将中部地区省份赋值为2,将西部省份赋值为3,将东北部省份赋值为4
	行业	Industry	分组讨论。分为高新与非高新技术企业
	年度	Year	控制不同年份宏观经济因素的影响

高管薪酬激励主要有高管前三名薪酬之和与高管薪酬总和两种表示方法。本书用前三名高管薪酬之和的对数来表示。高管股权激励的衡量方法为高管持股数量/上市公司发行总股数。

4.2.2.1 研发投入（Rd）

本书采用了企业年报中董事会报告中披露的"研发费用、研究开发费、技术开发费、科研费"等作为研发投入的衡量基础。用研发收入/营业收入来衡量。

4.2.2.2 企业规模（Lnsize）

用资产的自然对数来表示,资产规模越大,代表企业规模越强大,Cohen（1989）表明企业在竞争中更具有研发投入能力。Pavitt等（1987）认为企业规模与企业研发投入呈倒"U"形关系,公司资产规模不同,研发投入会有显著差异。为了消除这种因数的存在,本书将对其进行控制。

4.2.2.3 资产负债率（De_et）

作为企业偿债能力的判断标准,越来越受到企业管理者的重视。Bhagat（1995）认为资产负债率高会削弱企业的研发投入,研发投入是一个具有长期性、高风险性的研究项目,由于这种风险的存在,公司如果没有较为宽松的财务环境排除后顾之忧,研发投入将大大削减。

4.2.2.4 企业成长性（Tq）

以托宾Q值来衡量企业的成长性。借鉴（吴世农 等,1999）对成长性的界定,企业的未来成长性决定了企业高管团队是否愿意投入大量资金参与研发投入,对于成长性优良的企业,为了更好地占领市场,会不断地进行技术创新、管理创新,从而加大研发投入。

4.2.2.5 总资产净利率（Roa）

参照刘国云、刘雯（2006）的研究,在资产一定的情况下,利润的波动必然引起资产收益率的波动,控制总资产收益率,可以消除盈利的不稳定性和持久性所引起的总资产收益率的差异。

4.2.2.6 两职合一（Dual）

为了消除高管团队中的董事长兼任总经理所引起的控制权的变化,在本书的研究中,

篇三：管理团队与企业创新行为 | 157

将董事长与总经理两职合一的高管定义为 1,将非两职合一的高管定义为 0。

4.2.2.7 行业 (Industry)

本书根据科技部研究中心对行业的分类,把行业分为高新技术企业和非高新技术企业。

4.2.2.8 地区文化 (Area)

地区文化作为一种非正式的约束机制,会影响市场交易和商业活动。因此,在研究中,本书控制了地区造成的差异。依据《国务院发布关于西部大开发若干政策措施的实施意见》关于地区的划分①,本书将东部地区的省份赋值为 1,将中部地区的省份赋值为 2,将西部省份赋值为 3,将东北部省份赋值为 4。

4.2.3 模型构建

在研究过程中,本书借鉴了温忠麟等 (2004) 的调节效应分析模型②,构建了如下回归模型:用来检验高管人力资本与企业研发投入之间的关系。其中 TMT 代表高管特征,主要包括年龄均值 (Aage)、教育背景均值 (Aedu)、任期均值 (Atenure)、职业背景 (Awork)、学术背景 (Aacade)、女性高管比例 (Awomen) 等指标。高管薪酬激励模型中主要用前三名高管薪酬 (Salary) 来表示;高管股权激励用股东持股比例 (Hratio) 来表示;研发投入用研发投入/营业收入 (Rd) 来表示。

模型 (4-1) 用来检验高管人力资本对企业研发投入的影响,而 TMT 代表高管人力资本的各项指标。

$$Rd = a_0 + \alpha_{1i} TMT_i + \alpha_2 Lnsize + \alpha_3 Dual + \alpha_4 De\_et + \alpha_5 Tq + \alpha_6 Roa + \alpha_7 Area + \alpha_8 Year \tag{4-1}$$

模型 (4-2) 用来检验高管薪酬激励在高管人力资本与企业研发投入之间的调节作用,其中:而 $TMT_i * Salary$ 代表高管人力资本的各项指标与薪酬激励的交互项。

$$Rd = a_0 + \alpha_{1i} TMT_i + \alpha_2 Salary + \alpha_{2i} TMT_i * Salary + \alpha_3 Lnsize + \alpha_4 Dual + \alpha_5 De\_bt + \alpha_6 Tq + \alpha_7 Roa + \alpha_8 Area + \alpha_9 Year \tag{4-2}$$

模型 (4-3) 用来检验高管股权激励在高管人力资本与企业研发投入之间的调节作用,其中:而 $TMT_i * Hratio$ 代表高管人力资本的各项指标与薪酬激励的交互项。

$$Rd = a_0 + \alpha_{1i} TMT_i + \alpha_2 Hratio + \alpha_{2i} TMT_i * Hratio + \alpha_3 Lnsize + \alpha_4 Dual + \alpha_5 De\_et + \alpha_6 Tq + \alpha_7 Roa + \alpha_8 Area + \alpha_9 Year \tag{4-3}$$

4.3 实证分析

4.3.1 描述性统计

为了分析变量的相关情况,表 4-3 中对主要变量进行了全样本统计分析,主要变量包括:研发投入/营业收入 (Rd)、高管人力资本均值、高管薪酬激励 (Salary)、高管股权激励 (Hratio),其中被解释变量为研发投入/营业收入 (Rd),Rd 均值为 0.04,中位数为 0.05,平均研发投入强度较弱,只占了营业收入的 4%,可能的原因是管理层对研发投入不够重视。

---

① 《国务院发布关于西部大开发若干政策措施的实施意见》将我国的经济区域划分为东部、中部、西部和东北四大地区。东部包括:北京、天津、河北、上海、江苏、浙江、福建、山东、广东和海南。中部包括:山西、安徽、江西、河南、湖北和湖南。西部包括:内蒙古、广西、重庆、四川、贵州、云南、西藏、陕西、甘肃、青海、宁夏和新疆。东北包括:辽宁、吉林和黑龙江。

② 温忠麟,张雷,侯杰泰,等.中介效应检验程序及其应用 [J].心理学报,2004,36 (5):614-620.

在解释变量方面，高管平均年龄为45.99，中位数为48.57，这说明高管成员年龄比较集中，这个年龄段的高管具有丰富的职业经历，对企业的经营具有促进作用。平均学历为3.28，这表明高管成员的学历普遍都在本科以上，我国上市公司高管注重自身建设，综合素质较高。平均任期为3.11，表明高管成员任职期限普遍较短，最大值为13.42，说明高管任期离散程度较大。平均职业背景为0.16，说明我国高管团队中具有研发和设计等职业专业的人员普遍较少，对企业的研发投入具有一定的影响。平均学术背景为0.05，说明高管团队中高管具有科研背景的与在研究机构中有任职经历的普遍较少。平均女性高管比例为0.14，说明我国上市公司中女性高管普遍较少，女性高管对企业经营具有较大的影响。女性高管较少，不利于促进企业管理层的和谐。

在调节变量方面，高管薪酬均值为14.06，方差为0.68，说明高管团队薪酬差异较大，引起差异性的原因可能是在上市公司中，高管薪酬与企业绩效相关，不同行业高管报酬不同是由经营业绩不相同引起的。高管股权差异均值为0.08，标准差为0.14，说明我国上市公司中的高管持股普遍较低。高管持股较低可能使高管不努力工作，从而无法提高工作效益。离散程度大说明我国高管团队持股具有较大差异，可能是由于高管也是公司股东。

控制变量方面，规模均值为21.78，方差为1.21，说明我国上市公司资产规模差异较大，资产规模差异大会使高管层对企业发展的重视程度不同。资产负债率均值为0.4，说明我国上市公司平均负债率不高，资产远大于负债。资产净利率均值为0.04，说明资产创造利润较低。两职合一均值为0.28，说明董事长与总经理为同一人的企业较多，可能对企业经营管理造成不利影响。

表4-3　　　　　　　　　　　　全样本描述性统计分析

变量	样本量（个）	均值	方差	最小值	中位数	最大值
Rd	11 040	0.04	0.04	0	0.05	0.24
Rda	11 040	0.02	0.02	0	0.03	0.09
Aage	11 040	45.99	3.68	36.8	48.57	54.5
Aedu	11 040	3.28	0.5	2	3.67	4.29
Atenure	11 040	3.11	1.89	0.00	2.83	13.42
Awork	11 040	0.16	0.07	0.08	0.25	0.25
Aacade	11 040	0.05	0.09	0	0.09	0.38
Awomen	11 040	0.14	0.16	0	0.22	1
Salary	11 040	14.06	0.68	12.03	14.49	15.89
Hratio	11 040	0.08	0.14	0	0.09	0.5
LNsize	11 040	21.78	1.21	18.96	22.41	25.71
De_et	11 040	0.4	0.21	0.04	0.56	1.15
Dual	11 040	0.28	0.45	0	1	1
Tq	11 040	2.47	2.1	0.21	3.15	12.84
Roa	11 040	0.04	0.05	-0.22	0.07	0.22
Area	11 040	1.55	0.88	1	2	4

4.3.2　相关系数检验

为了讨论变量间是否有相关性，表4-4为变量间的Person相关系数表。研发投入强度

表 4-4　主要变量的 Person 相关性分析

	Rd	Rda	Aage	Aedu	Atenure	Awork	Aacade	Awomen	Hratio	Salary	Lnsize	Dual	De_et	Tq	Area	Roa
Rd	1															
Rda	0.758***	1														
Aage	−0.151***	−0.126***	1													
Aedu	0.105***	0.101***	0.057***	1												
Atenure	0.072***	0.067***	0.287***	0.028***	1											
Awork	0.217***	0.174***	0.060***	−0.001 00	0.038***	1										
Aacade	0.187***	0.141***	0.023***	0.179***	0.030***	0.237***	1									
Awomen	0.069***	0.034***	−0.163***	−0.079***	−0.003 00	−0.096***	0.035***	1								
Hratio	0.256***	0.195***	−0.185***	−0.125***	−0.061***	0.129***	0.198***	0.098***	1							
Salary	0.090***	0.167***	0.190***	0.285***	0.177***	−0.016*	0.066***	−0.028***	−0.056***	1						
Lnsize	−0.267***	−0.226***	0.320***	0.279***	0.202***	−0.083***	−0.113***	−0.167***	−0.309***	0.428***	1					
Dual	0.151***	0.116***	−0.085***	−0.068***	−0.005 00	0.025***	0.178***	0.117***	0.506***	0.002 00	−0.197***	1				
De_et	−0.390***	−0.259***	0.188***	0.124***	0.033***	−0.161***	−0.154***	−0.145***	−0.331***	0.030***	0.495***	−0.174***	1			
Tq	0.334***	0.272***	−0.139***	−0.010 0	−0.066***	0.070***	0.133***	0.130***	0.217***	−0.017	−0.443***	0.126***	−0.419***	1		
Area	−0.126***	−0.169***	0.108***	0.043***	0.003 00	0.035***	−0.041***	−0.058***	−0.137***	−0.159***	0.070***	−0.087***	0.130***	−0.068***	1	
Roa	0.105***	0.232***	−0.110***	−0.001 00	−0.119***	0.041***	0.074***	0.069***	0.171***	0.219***	−0.095***	0.084***	−0.406***	0.318***	−0.099***	1

与年龄均值为-0.151,在1%水平上显著,说明高管年龄越大越不利于企业研发投入,高管年龄越大,越保守,不愿意冒险进行高风险的投资活动。而高管学历、高管任期、高管职业背景、高管学术背景、女性高管占比都与研发投入呈正相关,在1%条件下显著,高管特征有助于增加企业研发投入。但小于0.5,说明变量间不存在多重共线性。高管薪酬水平和持股比例与研发投入的相关系数分别为0.090、0.256,说明企业高管薪酬激励与高管股权激励对研发投入具有正向作用。在控制变量方面,研发投入与企业指标相关系数的绝对值都小于0.5,各变量之间的相关系数都较低,在1%条件下显著,说明变量间具有较好的相关性,变量间不存在多重共线性,说明高管特征与研发投入具有很好的线性关系。

综合以上的分析,高管人力资本与企业研发投入之间具有显著的相关性。

4.3.3 回归结果与分析

在研究中,为了消除高管其他个人特征的影响,分别验证了高管年龄、学历、任期、职业背景、学术背景和性别对研发投入的影响。并对高管薪酬激励和股权激励调节效应进行回归检验。依据行业分类标准分别对高新技术企业与非高新技术企业分组讨论,以佐证在全样本下的回归结果。

4.3.3.1 高管年龄、高管激励与研发投入

如表4-5所示,在全样本下,PanelA表示高管年龄均值对研发投入的影响,高管年龄均值与研发投入的相关系数为-0.000 9,在1%的水平下呈显著负相关,这说明高管平均年龄越大,越不利于企业的研发投入。随着年龄的增加,高管追求更加安稳的生活方式,更不愿意冒险尝试新鲜事物,验证了假设H1。PanelB表示高管薪酬激励的调节效应,高管薪酬激励与年龄均值交互项为-0.000 5,在1%水平下呈显著负相关,证明高管薪酬激励对高管年龄与研发投入具有正向调节作用。薪酬激励可以使高管获得丰厚的短期回报,有利于企业研发投入,验证了假设H7a。PanelC表示高管股权激励的调节效应,股权激励与年龄均值交互项为0.001 0,在1%条件下呈显著负相关,说明高管股权激励对研发投入具有负向调节作用,原因是股价波动较大,年龄大的高管更喜欢短期薪酬激励,不愿意为不确定的股权激励冒险。

根据行业分组研究,在非高新技术企业中,高管平均年龄与企业研发投入呈负相关,高管薪酬激励具有正向调节作用,高管股权激励不显著。在高新技术企业中,高管薪酬激励不显著,高管股权激励显著。这种现象出现是由于行业特性不同所引起的。

研究总结:高管年龄与企业研发投入呈负相关,高管年龄越大,越追求安稳的生活。在全样本和高新技术企业与非高新技术企业中得到验证。薪酬激励与企业研发投入呈正相关,在全样本与高新技术企业中得到验证,综上所述,高管年龄与企业研发投入呈正相关,高管薪酬激励具有正向调节作用。验证了假设1与假设H7a,股权激励未得到验证,希望在后续中加强研究。

表4-5　　　　　　　高管年龄、高管激励与研发投入的回归结果

	全样本			非高新企业			高新企业		
	PanelA	PanelB	PanelC	PanelE	PanelF	PanelG	PanelH	PanelI	PanelJ
Auge	-0.000 9***	0.005 4***	-0.000 9***	-0.001 0***	0.008 9***	-0.001 0***	-0.000 7***	0.000 5	-0.000 8***
	(-9.68)	(2.92)	(-9.34)	(-7.65)	(3.51)	(-7.20)	(-5.34)	(0.20)	(-5.36)
Salary		0.029 7***			0.040 4***			0.014 0	
		(4.87)			(4.85)			(1.58)	

表4-5(续)

	全样本			非高新企业			高新企业		
	PanelA	PanelB	PanelC	PanelE	PanelF	PanelG	PanelH	PanelI	PanelJ
Sage		−0.000 5***			−0.000 7***			−0.000 1	
		(−3.49)			(−3.95)			(−0.52)	
Hratio			−0.012 3			0.005 5			−0.026 5*
			(−1.05)			(0.32)			(−1.69)
Hage			0.001 0***			0.000 6			0.001 3***
			(3.29)			(1.39)			(3.08)
Lnsize	0.000 7*	−0.001 5***	0.001 1***	−0.000 3	−0.002 1***	0.000 1	0.001 8***	−0.000 7	0.002 2***
	(1.73)	(−3.67)	(2.87)	(−0.61)	(−3.75)	(0.21)	(3.36)	(−1.25)	(4.08)
Dual	0.005 1***	0.004 5***	0.001 6*	0.004 3***	0.003 5***	0.000 5	0.005 5***	0.005 1***	0.002 5*
	(6.69)	(5.99)	(1.90)	(3.97)	(3.26)	(0.37)	(5.28)	(4.96)	(2.19)
De_et	−0.056 3***	−0.055 0***	−0.053 4***	−0.054 3***	−0.053 4***	−0.051 3***	−0.055 2***	−0.053 6***	−0.052 6***
	(−27.03)	(−26.62)	(−25.47)	(−18.50)	(−18.31)	(−17.36)	(−18.96)	(−18.59)	(−17.94)
Tq	0.004 9***	0.004 7***	0.004 9***	0.005 8***	0.005 5***	0.005 7***	0.003 9***	0.003 7***	0.003 9***
	(22.43)	(21.31)	(22.35)	(18.51)	(17.65)	(18.30)	(12.85)	(12.09)	(12.89)
Roa	−0.089 8***	−0.113 9***	−0.092 7***	−0.073 3***	−0.094 8***	−0.076 2***	−0.100 4***	−0.127 7***	−0.102 8***
	(−11.89)	(−14.86)	(−12.30)	(−6.68)	(−8.51)	(−6.96)	(−9.93)	(−12.42)	(−10.19)
Area	−0.003 0***	−0.002 0***	−0.002 8***	−0.000 3***	−0.002 3***	−0.002 7***	−0.003 4***	−0.002 0***	−0.003 3***
	(−7.90)	(−5.22)	(−7.30)	(−5.43)	(−4.21)	(−4.89)	(−6.66)	(−3.91)	(−6.36)
Year	控制	控制	控制	控制	控制	控制	控制	控制	控制
_cons	0.063 5***	−0.297 8***	0.051 6***	0.084 9***	−0.434 2***	0.072 0***	0.033 0***	−0.099 8	0.023 7*
	(7.35)	(−3.46)	(5.93)	(7.13)	(−3.69)	(6.00)	(2.68)	(−0.80)	(1.90)
N	11 040	11 040	11 040	6 073	6 073	6 073	4 967	4 967	4 967
R^2	0.241 9	0.256 8	0.247 9	0.255 1	0.267 4	0.261 5	0.233 6	0.253 2	0.239 4
F	234.451 7	223.977 0	213.722 8	138.290 1	130.005 0	126.091 6	100.627 6	98.692 1	91.607 2

注：***、**、*分别表示在1%、5%、10%的水平上显著（双尾）

4.3.3.2 高管教育背景、高管激励与研发投入

如表4-6所示，在全样本下，在PanelA中，高管教育背景与研发投入的相关系数为0.014 1，在1%的水平下呈显著正相关，高管受教育程度越高，理论教育知识越完善，越有利于企业提高业绩。企业在经营过程中，需要时刻关注客观经济的变化，有利于把握目前的处境，教育程度高的高管越有可能从相关渠道获得资源，验证了假设H2。PanelB表示高管薪酬的调节效应，高管薪酬与教育背景均值的交互项为0.003 6，在1%条件下呈显著正相关，说明高管薪酬激励有助于增加企业研发投入，验证了假设H7a。在PanelC中，高管股权激励与高管教育背景的相关系数为0.045 1，且在1%条件下显著。说明高管股权激励具有正向调节作用，验证了H7b。

根据行业分组回归，在非高新技术企业中，高管教育背景与企业研发投入呈正相关，高管薪酬激励与股权激励具有正向调节作用，在高新技术企业中，高管薪酬激励与股权激励同样具有调节效应。相比非高新技术企业，高新技术企业薪酬激励的调节作用更加显著。原因是高新技术企业更加重视研发投入。

研究结论表明高管教育背景与企业研发投入呈正相关，高管薪酬激励与股权激励具有调节作用，在全样本与高新技术企业和非高新技术企业中得到验证。高管教育背景对企业

的研发投入具有促进作用。综上所述,高管教育与企业研发投入呈正相关,高管激励与薪酬激励具有正向调节作用。验证了假设 H2 与假设 H7a、H7b。

表 4-6　　　　　　高管教育背景、高管激励与研发投入的回归结果

	全样本			非高新企业			高新企业		
	PanelA	PanelB	PanelC	PanelE	PanelF	PanelG	PanelH	PanelI	PanelJ
Aedu	0.014 1***	-0.037 8***	0.011 1***	0.014 4***	-0.019 6	0.011 2***	0.013 2***	-0.054 3***	0.010 3***
	(20.56)	(-2.81)	(13.95)	(15.18)	(-1.05)	(10.32)	(13.48)	(-2.84)	(8.92)
Salary		-0.006 0*			-0.002 8			-0.008 4*	
		(-1.88)			(-0.65)			(-1.85)	
edu		0.003 6***			0.002 3*			0.004 7***	
		(3.75)			(1.76)			(3.44)	
Hratio			-0.111 3***			-0.123 4***			-0.100 0***
			(-6.45)			(-5.01)			(-4.22)
Hedu			0.045 1***			0.049 8***			0.040 1***
			(8.29)			(6.42)			(5.37)
Lnsize	-0.002 3***	-0.003 8***	-0.001 6***	-0.003 4***	-0.004 6***	-0.002 7***	-0.000 9	-0.002 9***	-0.000 3
	(-5.95)	(-9.31)	(-4.22)	(-6.34)	(-8.06)	(-5.02)	(-1.59)	(-4.85)	(-0.46)
Dual	0.005 4***	0.005 1***	0.001 1	0.004 0***	0.003 7***	-0.000 4	0.006 4***	0.006 1***	0.002 4**
	(7.27)	(6.82)	(1.30)	(3.79)	(3.44)	(-0.35)	(6.28)	(6.07)	(2.10)
De_et	-0.056 7***	-0.055 6***	-0.053 5***	-0.055 1***	-0.054 4***	0.051 5***	-0.055 5***	-0.053 8***	-0.052 8***
	(-27.60)	(-27.15)	(-26.02)	(-19.04)	(-18.84)	(-17.80)	(-19.35)	(-18.87)	(18.37)
Tq	0.004 3***	0.001 1***	0.004 1***	0.005 2***	0.005 1***	0.005 0***	0.003 2***	0.003 1***	0.003 2***
	(19.39)	(18.90)	(19.02)	(16.66)	(16.37)	(16.14)	(10.56)	(10.13)	(10.53)
Roa	-0.081 8***	-0.098 8***	-0.085 0***	-0.067 3***	-0.080 9***	-0.070 9***	-0.091 7***	-0.112 9***	-0.094 4***
	(-10.98)	(-12.97)	(-11.50)	(-6.21)	(-7.31)	(-6.60)	(-9.19)	(-11.05)	(-9.53)
Area	-0.003 5***	-0.002 7***	-0.003 1***	-0.003 8***	-0.003 2***	-0.003 3***	-0.003 6***	-0.002 5***	-0.003 3***
	(-9.48)	(-7.27)	(-8.43)	(-7.02)	(-5.94)	(-6.12)	(-7.13)	(-4.78)	(-6.59)
Year	控制	控制	控制	控制	控制	控制	控制	控制	控制
_cons	0.041 2***	0.164 4***	0.035 2***	0.060 7***	0.131 9**	0.054 4***	0.016 4	0.184 0***	0.011 1
	(5.10)	(3.60)	(4.34)	(5.41)	(2.11)	(1.84)	(1.43)	(2.80)	(0.96)
N	11 040	11 040	11 040	6 073	6 073	6 073	4 967	4 967	4 967
R^2	0.263 7	0.270 7	0.275 9	0.275 5	0.279 0	0.288 4	0.256 5	0.268 7	0.267 6
F	263.143 3	240.676 0	247.032 9	153.536 9	138.270 8	144.366 4	113.884 5	106.963 7	106.373 4

注:***、**、* 分别表示在1%、5%、10%的水平上显著(双尾)

4.3.3.3　高管任期、高管激励与研发投入

如表 4-7 所示,关于高管任期,在全样本下,可知高管任期与研发投入的相关系数为 0.000 6,在5%的水平下呈显著正相关,这说明高管任期对企业研发投入具有促进作用。高管丰富的社会经验和经营阅历有利于加强企业研发投入。任期较长的高管,对工作环境的适应已经让他们能很好地在自己所在行业施展才能,更有助于突破自我,因此,任期与企业研发投入呈正相关,验证了假设 H3。PanelB 表示高管薪酬激励的调节效应,高管薪酬与任期的交互项在5%条件下呈显著正相关,说明高管薪酬激励有助于增加企业研发投入,薪酬激励使任期较长的高管更愿意进行长期性、高风险性的研发投入项目。高管在任时间越长,越有可能享受到研发成功带来的高额回报。验证了假设 H7a。PanelC 表示高管股权

激励对企业研发投入的影响，高管任期与股权激励交互项在1%条件下呈显著正相关，说明高管的股权激励有利于企业高管增加研发投入。研发投入的成功，对于公司价值的提升具有重要的作用，而对于任期长的高管，研发成功后必然引起企业股价的上涨，从而获得更高的回报，因此，企业更愿意增加研发投入。验证了假设H7b。

表4-7 高管任期、高管激励与研发投入的回归结果

	全样本			非高新企业			高新企业		
	PanelA	PanelB	PanelC	PanelE	PanelF	PanelG	PanelH	PanelI	PanelJ
Atenure	0.000 6**	-0.011 0**	0.000 4	0.001 3***	-0.015 2**	0.001 1**	-0.000 1	-0.010 3	-0.000 3
	(1.98)	(-2.04)	(1.11)	(2.85)	(-2.03)	(2.17)	(-0.17)	(-1.36)	(-0.57)
Salary		0.006 0***			0.004 2***			0.007 3***	
		(5.33)			(2.59)			(4.69)	
Stenure		0.000 8**			0.001 2**			0.000 7	
		(2.16)			(2.21)			(1.36)	
Hratio			0.012 1**			0.015 5*			0.010 3
			(2.14)			(1.93)			(1.34)
Htenure			0.005 4***			0.005 5**			0.004 1*
			(3.17)			(2.28)			(1.78)
Lnsize	-0.000 1	-0.002 3***	0.000 3	-0.001 2**	-0.003 2***	-0.000 8	0.001 3**	-0.001 2**	0.001 7***
	(-0.25)	(-5.71)	(0.80)	(-2.39)	(-5.65)	(-1.53)	(2.47)	(-2.12)	(3.07)
Dual	0.005 2***	0.004 8***	0.001 4	0.004 1***	0.003 6***	-0.000 2	0.005 8***	0.005 5***	0.002 7**
	(6.87)	(6.29)	(1.59)	(3.78)	(3.30)	(-0.15)	(5.64)	(5.38)	(2.27)
De_et	-0.056 7***	-0.055 3***	-0.053 9***	-0.055 0***	-0.054 1***	-0.051 9***	-0.055 2***	-0.053 5***	-0.053 0***
	(-27.06)	(-26.62)	(-25.62)	(-18.64)	(-18.44)	(-17.52)	(-18.89)	(-18.47)	(-18.00)
Tq	0.005 0***	0.004 8***	0.005 0***	0.006 0***	0.005 8***	0.005 9***	0.003 9***	0.003 6***	0.003 9***
	(22.63)	(21.67)	(22.48)	(19.09)	(18.48)	(18.82)	(12.70)	(11.98)	(12.73)
Roa	-0.087 8***	-0.110 4***	-0.090 2***	-0.070 8***	-0.090 6***	-0.073 6***	-0.098 8***	-0.124 5***	-0.100 7***
	(-11.58)	(-14.33)	(-11.94)	(-6.42)	(-8.08)	(-6.71)	(-9.74)	(-12.09)	(-9.96)
Area	-0.003 3***	-0.002 3***	-0.003 0***	-0.003 3***	-0.002 6***	-0.003 0***	-0.003 6***	-0.002 3***	-0.003 4***
	(-8.71)	(-6.06)	(-7.99)	(-6.09)	(-4.66)	(-5.43)	(-7.10)	(-4.50)	(-6.74)
Year	控制	控制	控制	控制	控制	控制	控制	控制	控制
_cons	0.037 4***	0.004 0	0.028 0***	0.057 5***	0.043 6*	0.046 9***	0.011 4	-0.032 3	0.003 5
	(4.54)	(0.25)	(3.39)	(5.03)	(1.90)	(4.09)	(0.97)	(-1.43)	(0.30)
N	11 040	11 040	11 040	6 073	6 073	6 073	4 967	4 967	4 967
R^2	0.235 7	0.248 7	0.242 9	0.248 9	0.258 8	0.257 1	0.229 2	0.247 6	0.234 8
F	226.629 9	214.646 8	208.034 6	133.829 9	124.346 8	123.245 9	98.159 8	95.779 3	89.332 3

注：***、**、*分别表示在1%、5%、10%的水平上显著（双尾）

从行业分组的角度来看，非高新技术企业的高管任期与企业研发投入呈正相关，在1%的水平下显著，高管薪酬激励和股权激励与高管任期都在5%水平下显著，且呈正相关，说明在非高新技术企业中，高管薪酬激励与股权激励具有调节作用。在高新技术企业，不能检验在全样本条件下的研究结论。原因是高新技术企业高管人员流动性大，高管任期与企业研发投入不存在相关性。

研究结论：在全样本条件下，高管任期与企业研发投入呈正相关，高管薪酬激励与股

权激励对研发投入都具有正向调节作用。在行业分组研究中,在非高新技术企业中,高管任期与企业研发投入呈正相关,论证了研究假设H3。高管薪酬激励与股权激励具有调节作用,论证了假设H7a、H7b。综上所述,高管教育与企业研发投入呈正相关,高管薪酬激励与高管股权激励具有正向调节作用。验证了假设H3与假设H7a、H7b。

4.3.3.4 高管职业背景、高管激励与研发投入

如表4-8所示,关于高管职业背景,在全样本条件下,在PanelA中,高管职业背景与研发投入的相关系数为0.0350,在1%的水平下呈显著正相关,这说明具有研发、产品设计相关职业背景的高管有助于提高企业研发投入。高管个人思维、行为、认知等特征会影响企业的经营效益与决策,具有研发、设计职业背景经历的人员组成的高管团队,不但能够观察到外部环境的变化,还能够注意到内部环境的不同方面的变化,有助于企业研发投入的增加,验证了假设H4。在PanelB中,高管薪酬与高管职业背景交互项的相关系数为0.0103,在1%条件下呈显著正相关,说明高管薪酬激励具有正向调节作用,高管薪酬激

表4-8　　　　高管职业背景、高管激励与研发投入的回归结果

	全样本			非高新企业			高新企业		
	PanelA	PanelB	PanelC	PanelE	PanelF	PanelG	PanelH	PanelI	PanelJ
Awork	0.0350***	-0.1100***	0.0287***	0.0415***	-0.0934*	0.0351***	0.0244***	-0.1064*	0.0172***
	(18.45)	(-2.79)	(13.17)	(15.71)	(-1.69)	(11.64)	(9.07)	(-1.91)	(5.54)
Salary		0.0065***			0.0061***			0.0073***	
		(8.67)			(6.02)			(6.58)	
Swork		0.0103***			0.0096**			0.0093**	
		(3.69)			(2.45)			(2.35)	
Hratio			0.0103***			0.0131**			0.0043
			(2.66)			(2.42)			(0.78)
Hwork			0.0602***			0.0607***			0.0697***
			(4.63)			(3.33)			(3.85)
Lnsize	0.0002	-0.0021***	0.0005	-0.0009*	-0.0029***	-0.0005	0.0015***	-0.0011*	0.0017***
	(0.42)	(-5.17)	(1.29)	(-1.74)	(-5.23)	(-1.02)	(2.72)	(-1.86)	(3.20)
Dual	0.0053***	0.0049***	0.0022**	0.0040***	0.0035***	0.0006	0.0061***	0.0058***	0.0033***
	(7.11)	(6.53)	(2.55)	(3.78)	(3.26)	(0.53)	(5.93)	(5.67)	(2.83)
Dc_at	-0.0523***	-0.0511***	-0.0502***	-0.0502***	-0.0490***	-0.0478***	-0.0523***	-0.0509***	-0.0505***
	(-25.22)	(-24.81)	(-24.08)	(-17.27)	(-16.99)	(-16.38)	(-17.94)	(-17.65)	(-17.24)
Tq	0.0051***	0.0048***	0.0050***	0.0060***	0.0057***	0.0059***	0.0040***	0.0037***	0.0039***
	(23.20)	(22.16)	(23.04)	(19.53)	(18.84)	(19.30)	(13.06)	(12.27)	(13.03)
Roa	-0.0869***	-0.1103***	-0.0892***	-0.0692***	-0.0909***	-0.0722***	-0.0993***	-0.1248***	-0.1006***
	(-11.64)	(-14.55)	(-11.98)	(-6.40)	(-8.28)	(-6.69)	(-9.87)	(-12.22)	(-10.03)
Area	-0.0037***	-0.0027***	-0.0035***	-0.0037***	-0.0029***	-0.0034***	-0.0040***	-0.0026***	-0.0037***
	(-9.93)	(-7.09)	(-9.23)	(-6.82)	(-5.32)	(-6.30)	(-7.81)	(-5.05)	(-7.33)
Year	控制	控制	控制	控制	控制	控制	控制	控制	控制
_cons	0.0277***	-0.0122	0.0203**	0.0455***	0.0069	0.0374***	0.0049	-0.0398**	-0.0009
	(3.41)	(-1.09)	(2.49)	(4.08)	(0.46)	(3.32)	(0.42)	(-2.41)	(-0.07)
N	11 040	11 040	11 040	6 073	6 073	6 073	4 967	4 967	4 967
R^2	0.2583	0.2723	0.2612	0.2173	0.2881	0.2835	0.2418	0.2607	0.2479
F	255.9560	242.6385	232.8381	154.9761	144.1721	140.9053	105.2776	102.6373	95.9773

注:***、**、*分别表示在1%、5%、10%的水平上显著(双尾)

励有助于企业增加研发投入。在激励制度下，具有技术开发背景的高管对研发投入更重视。验证了假设 H7a。在 PanelC 中，高管职业背景与股权激励交互项的相关系数为 0.060 2，在 1%条件下呈显著正相关，说明高管的股权激励具有正向调节作用，验证了假设 H7b。

在按行业性质分组的回归中，在非高新技术企业和高新技术企业中，高管年龄均值与企业研发投入呈正相关，高管薪酬激励、高管股权激励对企业研发投入具有正向调节作用。说明高管职业背景有助于增加企业研发投入，高管薪酬激励与股权激励对企业研发投入具有调节作用。

研究结论：高管职业背景与企业研发投入呈正相关，高管薪酬激励与高管股权激励对企业研发投入具有调节作用，在高新技术企业与非高新技术企业中都得到了论证。

4.3.3.5 高管学术背景、高管激励与研发投入

如表 4-9 所示，从 PanelA 中可以发现，在全样本条件下，高管学术背景与研发投入的相关系数为 0.049 7，在 1%的水平下呈显著正相关。拥有学术背景的高管在企业战略布局

表 4-9　　高管学术背景、高管激励与研发投入的回归结果

	全样本			非高新企业			高新企业		
	PanelA	PanelB	PanelC	PanelE	PanelF	PanelG	PanelH	PanelI	PanelJ
Averaca	0.049 7***	-0.092 1*	0.042 3***	0.046 4***	-0.076 7	0.039 5***	0.056 7***	-0.096 9	0.048 1***
	(12.69)	(-1.72)	(8.80)	(8.54)	(-1.04)	(6.00)	(10.30)	(-1.26)	(7.02)
Salary		0.007 0***			0.006 2***			0.007 8***	
		(11.33)			(7.23)			(8.97)	
Sacade		0.010 1**			0.008 8			0.010 9*	
		(2.57)			(1.62)			(1.94)	
Hratio			0.020 8***			0.024 8***			0.014 9***
			(5.85)			(4.76)			(3.18)
Hacade			0.071 9*			0.055 8			0.096 8
			(1.68)			(0.87)			(1.59)
Lnsize	0.000 0	-0.002 0***	0.000 3	-0.001 1**	-0.002 8***	-0.000 7	0.001 3**	-0.001 0*	0.001 6***
	(0.01)	(-5.04)	(0.93)	(-2.07)	(-5.06)	(-1.33)	(2.47)	(-1.81)	(2.98)
Dual	0.003 8***	0.003 4***	0.000 5	0.002 9***	0.002 4**	-0.000 8	0.004 1***	0.003 9***	0.001 3
	(4.98)	(4.50)	(0.58)	(2.63)	(2.19)	(-0.64)	(3.97)	(3.82)	(1.15)
De_et	-0.055 2***	-0.054 2***	-0.052 8***	-0.054 1***	-0.053 4***	-0.051 4***	-0.052 8***	-0.051 6***	-0.050 8***
	(-26.51)	(-26.20)	(-25.20)	(-18.45)	(-18.29)	(-17.42)	(-18.20)	(-17.94)	(-17.40)
Tq	0.004 8***	0.004 6***	0.004 8***	0.005 8***	0.005 6***	0.005 7***	0.003 7***	0.003 4***	0.003 7***
	(21.99)	(21.09)	(21.89)	(18.65)	(18.05)	(18.43)	(12.08)	(11.42)	(12.11)
Roa	-0.088 8***	-0.109 5***	-0.090 7***	-0.072 0***	-0.090 1***	-0.074 2***	-0.099 6***	-0.123 5***	-0.101 0***
	(-11.79)	(-14.30)	(-12.08)	(-6.57)	(-8.07)	(-6.79)	(-9.92)	(-12.09)	(-10.08)
Area	-0.003 3***	-0.002 3***	-0.003 0***	-0.003 2***	-0.002 5***	-0.002 9***	-0.003 7***	-0.002 4***	-0.003 5***
	(-8.64)	(-6.12)	(-8.02)	(-5.89)	(-4.63)	(-5.35)	(-7.24)	(-4.66)	(-6.93)
Year	控制	控制	控制	控制	控制	控制	控制	控制	控制
_cons	0.034 5***	-0.016 8*	0.025 9***	0.054 1***	0.008 1	0.044 6***	0.009 6	-0.046 7***	0.002 8
	(4.22)	(-1.75)	(3.15)	(4.76)	(0.61)	(3.90)	(0.83)	(-3.45)	(0.24)
N	11 040	11 040	11 040	6 073	6 073	6 073	4 967	4 967	4 967
R^2	0.246 4	0.257 7	0.251 6	0.256 9	0.264 9	0.262 7	0.245 4	0.261 3	0.249 6
F	240.331 9	225.055 4	218.006 5	139.579 0	128.357 6	126.935 0	107.325 9	102.983 7	96.818 0

注：***、**、*分别表示在1%、5%、10%的水平上显著（双尾）

方面具有更严谨的思维，从而有利于企业战略选择。在经营过程中，学术型高管对公司的战略变化及开展差异化经营有利，学术型高管有利于增加企业研发投入，验证了假设 H5。在 PanelB 中，高管薪酬与高管职业背景均值的交互项为 0.010 1，在 5%条件下呈显著正相关，说明高管薪酬激励具有正向调节作用，高管薪酬激励对学术型人才具有激励作用，物质是满足学术研究的必要条件。因此，增加高管物质收入有助于提高企业研发投入。在 PanelC 中，高管学术背景与股权激励的相关系数为 0.071 9，在 10%条件下呈显著正相关，说明对于学术型高管而言，高管股权激励对企业研发投入具有调节作用。

根据行业性质来分，在分组回归中，非高新技术企业中的高管学术背景与企业研发投入的相关系数为 0.046 4，在 1%条件下显著，说明在非高新技术企业中，高管学术背景有助于企业研发投入的增加。非高新技术企业对人才的需求极其紧迫，因此，在经营过程中，更需要大量的专业型人才。在高新技术企业，高管学术背景与企业研发投入的相关系数为 0.056 7，在 1%条件下呈正相关，高管薪酬激励与学术背景的交互项的相关系数为 0.010 9，在 1%条件下显著。说明高管薪酬激励在高管学术背景与企业研发投入之间具有调节作用。

研究总结，高管学术背景与企业研发投入呈正相关，学术型高管有助于增加企业对研发的投入，在高新技术企业与非高新技术企业中得到了论证。高管薪酬激励与股权激励在高管学术背景与企业研发投入之间都具有调节作用，因此，对于具有学术背景的高管而言，也应该给予其一定的激励，让其更好地为企业工作。在高新技术企业中，高管股权激励效果不明显。高管薪酬激励对企业研发投入具有明显的正向调节作用。而在非高新技术企业中，高管薪酬激励与股权激励不存在调节作用。这说明行业差异影响高管薪酬激励与股权激励的调节作用。

4.3.3.6 女性高管比例、高管激励与研发投入

如表 4-10 所示，关于高管性别，在 PanelA 中，女性高管比例与研发投入的相关系数为-0.006，在 1%的水平下呈显著负相关，女性参与企业经营本身并不会对企业战略选择产生显著影响。在企业高管的决策中，女性高管的思维模式可能引起企业团队对研发投入的削弱，验证了假设 H6。在 PanelB 中，高管薪酬与高管职业背景均值交互项为-0.012 2，在 1%条件下显著，说明高管激励在女性高管与研发投入之间具有促进作用，验证了假设 H7a。在 PanelC 中，女性高管比例与股权激励交互项为 0.052 3，在 5%条件下呈显著负相关。可能的原因是股票波动较大，而女性普遍厌倦风险，不愿意冒险去增加具有不确定性的研发投入。

在分组回归样本中，对于非高新技术企业，女性高管比例与企业研发投入呈负相关，论证了 PanelA 的研究结果。高管薪酬激励和高管股权激励都不具有调节作用。在高新技术企业中，女性高管与企业研发投入呈负相关，论证了研究假设 H6，高管薪酬激励与高管股权激励对企业研发投入都具有调节作用。说明不同行业性质影响女性高管的经营决策。

研究总结：女性高管与企业研发投入呈负相关，高管激励与股权激励具有调节作用，高新技术企业与非高新技术企业的这种调节效应不相同，可能是由不同行业性质引起的。

表 4-10　　　　　　　女性高管比例、高管激励与研发投入回归结果

	全样本			非高新企业			高新企业		
	PanelA	PanelB	PanelC	PanelE	PanelF	PanelG	PanelH	PanelI	PanelJ
Awomen	-0.006 1***	0.165 0***	-0.009 2***	-0.006 6**	0.058 1	-0.008 3**	-0.001 7*	0.295 9***	-0.005 5
	(-2.82)	(3.85)	(-3.65)	(-2.21)	(1.01)	(-2.44)	(-1.69)	(4.65)	(-1.49)
Salary		0.009 9***			0.007 9***			0.011 9***	
		(13.23)			(7.46)			(11.56)	
Swomen		-0.012 2***			-0.004 6			-0.021 2***	
		(-3.99)			(-1.12)			(-4.68)	
Hratio			0.019 7***			0.027 0***			0.013 8**
			(4.87)			(4.52)			(2.57)
Hwomen			0.052 3**			0.026 2			0.061 8**
			(2.54)			(0.87)			(2.23)
Lnsize	-0.000 1	-0.002 4***	0.000 2	-0.001 3**	-0.003 2***	-0.000 9*	0.001 3**	-0.001 3**	0.001 6***
	(-0.39)	(-5.96)	(0.59)	(-2.45)	(-5.75)	(-1.67)	(2.42)	(-2.31)	(3.02)
Dual	0.005 4***	0.004 9***	0.001 7**	0.004 3***	0.003 7***	0.000 1	0.005 9***	0.005 4***	0.002 9**
	(7.07)	(6.43)	(1.99)	(3.91)	(3.42)	(0.08)	(5.66)	(5.21)	(2.45)
De_et	-0.057 0***	-0.055 5***	-0.054 2***	-0.055 4***	-0.054 3***	-0.052 2***	-0.055 3***	-0.053 9***	-0.053 1***
	(-27.23)	(-26.76)	(-25.76)	(-18.80)	(-18.51)	(-17.62)	(-18.89)	(-18.64)	(-18.01)
Tq	0.005 0***	0.004 8***	0.004 9***	0.005 9***	0.005 7***	0.005 8***	0.003 9***	0.003 7***	0.003 9***
	(22.61)	(21.68)	(22.41)	(18.91)	(18.26)	(18.60)	(12.74)	(12.04)	(12.77)
Roa	-0.087 2***	-0.110 8***	-0.089 8***	-0.071 3***	-0.091 9***	-0.074 1***	-0.098 5***	-0.125 1***	-0.100 6***
	(-11.50)	(-14.38)	(-11.88)	(-6.46)	(-8.20)	(-6.74)	(-9.69)	(-12.14)	(-9.93)
Area	-0.003 3***	-0.002 4***	-0.003 1***	-0.003 4***	-0.002 7***	-0.003 3***	-0.003 6***	-0.002 3***	-0.003 5***
	(-8.82)	(-6.15)	(-8.20)	(-6.22)	(-4.86)	(-5.65)	(-7.09)	(-4.45)	(-6.81)
Year	控制	控制	控制	控制	控制	控制	控制	控制	控制
_cons	0.040 4***	-0.045 6***	0.031 4***	0.061 8***	-0.003 6	0.051 6***	0.012 0	-0.093 8***	0.004 1
	(4.87)	(-4.09)	(3.76)	(5.35)	(-0.23)	(4.44)	(1.02)	(-6.10)	(0.34)
N	11 040	11 040	11 040	6 073	6 073	6 073	4 967	4 967	4 967
R^2	0.236 0	0.249 7	0.242 8	0.248 5	0.257 9	0.255 9	0.229 3	0.250 6	0.235 1
F	226.977 5	215.783 0	207.854 8	133.539 4	123.775 8	122.477 0	98.182 7	97.359 3	89.479 8

注：***、**、*分别表示在1%、5%、10%的水平上显著（双尾）

4.3.4　稳健性检验

为了检验模型研究的稳健性。本书在此检验中替换因变量，将研发投入衡量指标用营业收入/资产总额表示。因为研发投入具有滞后性，所以在稳健性检验中，本书将选用2006至2014年的数据来进行稳健性检验。稳健性检验主要在全样本下进行。

4.3.4.1　高管年龄、高管激励与研发投入检验

如表4-11所示，在PanelA中，高管年龄均值与研发投入（Rda）在1%水平下显著。在PanelB中，高管年龄均值与薪酬激励交互项为-0.000 2，在1%条件下呈显著正相关。在PanelC中，高管股权激励交互项（Hratio）为0.000 5，在1%条件下显著，与实证研究结果一致，说明模型真实地反映了研究结果。

表 4-11　　　　　　　高管年龄、高管激励与研发投入的检验结果

	PanelA	PanelB	PanelC
Aage	-0.000 3***	0.003 1***	-0.000 3***
	(-6.34)	(3.73)	(-6.48)
Salary		0.016 6***	
		(6.06)	
Sage		-0.000 2***	
		(-4.14)	
Hratio			-0.012 7**
			(-2.40)
Hage			0.000 5***
			(3.65)
Lnsize	-0.001 2***	-0.002 5***	-0.001 0***
	(-6.74)	(-13.69)	(-5.86)
Dual	0.001 2***	0.000 9**	0.000 4
	(3.54)	(2.55)	(0.97)
De_et	-0.004 5***	-0.003 7***	-0.003 7***
	(-4.76)	(-3.95)	(-3.89)
Tq	0.001 5***	0.001 3***	0.001 5***
	(15.10)	(13.59)	(15.08)
Roa	0.037 2***	0.022 2***	0.036 3***
	(10.88)	(6.45)	(10.63)
Area	-0.002 3***	-0.001 7***	-0.002 3***
	(-13.60)	(-9.95)	(-13.26)
Year	控制	控制	控制
_cons	0.046 9***	-0.150 9***	0.043 9***
	(12.02)	(-3.91)	(11.14)
N	10 900	10 900	10 900
R^2	0.161 9	0.192 5	0.164 6
F	141.932 6	154.535 8	127.715 8

注：***、**、* 分别表示在 1%、5%、10% 的水平上显著（双尾）

4.3.4.2　高管教育背景、高管激励与研发投入检验

如表 4-12 所示，在 PanelA 中，高管教育背景与研发投入（Rda）呈正相关，且在 1% 水平下显著。说明高管教育背景影响企业研发投入（Rda），与实证研究结论一致。在 PanelB 中，高管教育背景与薪酬激励交互项的相关系数为 0.002 4，在 1% 条件下显著相关，说明高管薪酬激励具有调节效应。在 PanelB 中，高管教育背景与企业研发投入的交互项为 0.016 1，在 1% 条件下呈显著正相关。说明高管股权激励具有调节效应。

高管教育背景、高管薪酬激励与高管股权激励在企业研发投入中得到的研究结论与实证研究结果一致，因此，研究结果具有稳健性。

表 4-12　　高管教育背景、高管激励与研发投入的检验结果

	PanelA	PanelB	PanelC
$Aedu$	0.005 7***	-0.029 1***	0.004 6***
	(18.41)	(-4.82)	(12.74)
$Salary$		-0.003 6**	
		(-2.49)	
$Sedu$		0.002 4***	
		(5.60)	
$Hratio$			-0.042 6***
			(-5.43)
$Hedu$			0.016 1***
			(6.51)
$Lnsize$	-0.002 3***	-0.003 4***	-0.002 1***
	(-13.09)	(-18.50)	(-11.87)
$Dual$	0.001 3***	0.001 1***	0.000 2
	(3.96)	(3.22)	(0.49)
De_et	-0.004 6***	-0.003 8***	-0.003 7***
	(-4.91)	(-4.09)	(-3.99)
Tq	0.001 2***	0.001 1***	0.001 2***
	(12.30)	(11.54)	(12.01)
Roa	0.040 2***	0.027 5***	0.039 3***
	(11.92)	(8.04)	(11.69)
$Area$	-0.002 5***	-0.001 9***	-0.002 4***
	(-14.92)	(-11.40)	(-14.23)
$Year$	控制	控制	控制
$\_cons$	0.040 8***	0.119 8***	0.039 7***
	(11.13)	(5.84)	(10.75)
N	10 900	10 900	10 900
R^2	0.183 9	0.204 7	0.189 9
F	165.599 1	166.843 1	151.951 2

注：***、**、*分别表示在1%、5%、10%的水平上显著（双尾）

4.3.4.3　高管任期、高管激励与研发投入检验

如表 4-13 所示，在全样本稳健性检验过程中，如 PanelA 所示，高管任期与研发投入（Rda）呈正相关，相关系数为在 0.000 7，在 1%水平下显著。在 PanelB 中，高管任期与薪酬激励交互项的相关系数为 0.000 7，在 1%条件下呈显著正相关。在 PanelC 中，高管任期与股权激励的相关系数为 0.002 1，且在 1%条件下显著。不同之处为在 PanelC 中，高管股权激励不显著，说明回归结果更理想，调节效应更明显。因此，研究结果具有稳健性。

表 4-13　　　　　　　高管任期、高管激励与研发投入的检验结果

	PanelA	PanelB	PanelC
Atenure	0.000 7***	-0.008 5***	0.000 5***
	(4.57)	(-3.53)	(3.46)
Salary		0.003 5***	
		(6.98)	
Stenure		0.000 7***	
		(3.82)	
Hratio			0.001 0
			(0.41)
Htenure			0.002 1***
			(2.72)
Lnsize	-0.001 4***	-0.002 9***	-0.001 3***
	(-8.38)	(-15.64)	(-7.75)
Dual	0.001 2***	0.000 9***	0.000 3
	(3.63)	(2.81)	(0.66)
De_et	-0.004 5***	-0.003 6***	-0.003 8***
	(-4.72)	(-3.87)	(-3.98)
Tq	0.001 5***	0.001 4***	0.001 5***
	(15.51)	(14.22)	(15.39)
Roa	0.037 9***	0.023 5***	0.037 3***
	(11.09)	(6.84)	(10.92)
Area	-0.002 4***	-0.001 8***	-0.002 3***
	(-14.16)	(-10.48)	(-13.73)
Year	控制	控制	控制
_cons	0.039 2***	0.022 3***	0.036 9***
	(10.54)	(3.06)	(9.85)
N	10 900	10 900	10 900
R^2	0.160 4	0.189 4	0.163 3
F	140.402 7	151.476 2	126.517 4

注：***、**、*分别表示在1%、5%、10%的水平上显著（双尾）

4.3.4.4　高管职业背景、高管激励与研发投入检验

如表4-14所示，为了进一步检验实证分析的结果是否随着参数设定而变化。在全样本稳健性检验过程中，如PanelA所示，高管职业背景与研发投入（*Rda*）的相关系数为0.032 2，在1%水平下显著。在PanelB中，高管职业背景与薪酬激交互项的相关系数为0.000 4，在1%条件下呈显著正相关。在PanelC中，高管职业背景与股权激励的相关系数为0.011 7，且在1%条件下显著。与实证研究结果完全相同，说明研究结果具有稳健性。

表 4-14　　　　　　　　高管职业背景、高管激励与研发投入的检验结果

	PanelA	PanelB	PanelC
Awork	0.032 2***	0.021 9***	0.029 6***
	(15.82)	(5.73)	(13.28)
Salary		0.005 2***	
		(19.84)	
Swork		0.000 4***	
		(3.72)	
Hratio			0.002 4
			(1.39)
Hwork			0.011 7**
			(2.09)
Lnsize	-0.001 3***	-0.002 7***	-0.001 2***
	(-7.53)	(-15.16)	(-7.09)
Dual	0.001 2***	0.000 9***	0.000 6
	(3.63)	(2.82)	(1.47)
De_et	-0.002 9***	-0.001 8**	-0.002 4**
	(-3.09)	(-1.97)	(-2.56)
Tq	0.001 5***	0.001 4***	0.001 5***
	(15.65)	(14.26)	(15.55)
Roa	0.038 1***	0.023 1***	0.037 6***
	(11.26)	(6.80)	(11.12)
Area	-0.002 6***	-0.002 0***	-0.002 5***
	(-15.15)	(-11.56)	(-14.80)
Year	控制	控制	控制
_cons	0.032 3***	-0.006 9*	0.031 0***
	(8.73)	(-1.65)	(8.31)
N	10 900	10 900	10 900
R^2	0.177 5	0.208 5	0.178 9
F	158.572 0	170.815 5	141.252 7

注：***、**、* 分别表示在1%、5%、10%的水平上显著（双尾）

4.3.4.5 高管学术背景、高管激励与研发投入检验

如表 4-15 所示，在全样本稳健性检验过程中，如 PanelA 所示，高管职业背景与研发投入（Rda）的相关系数为 0.016 5，在 1% 水平上显著，与研究结论一致。在 PanelB 中，高管职业背景与薪酬激交互项的相关系数为 0.005 5，在 1% 条件下呈显著正相关，与研究结论一致。在 PanelC 中，高管职业背景与股权激励的相关系数为 0.002 1，在 1% 条件下显著。

为了进一步检验实证分析的结果是否随着参数设定而变化。基于以上的研究分析，稳健性检验结果与实证研究结果一致。说明实证研究结果不随参数的变化而变化，具有稳健性。

表 4-15　　高管学术背景、高管激励与研发投入的检验结果

	PanelA	PanelB	PanelC
Averaca	0.016 5***	−0.060 7**	0.014 2***
	(9.30)	(−2.52)	(6.52)
Salary		0.004 7***	
		(16.98)	
Sacade		0.005 5***	
		(3.10)	
Hratio			0.004 5***
			(2.80)
Hacade			0.025 4
			(1.25)
Lnsize	−0.001 4***	−0.002 7***	−0.001 3***
	(−8.02)	(−14.94)	(−7.50)
Dual	0.000 8**	0.000 5	−0.000 0
	(2.27)	(1.58)	(−0.00)
De_et	−0.004 1***	−0.003 4***	−0.003 5***
	(−4.33)	(−3.68)	(−3.70)
Tq	0.001 5***	0.001 3***	0.001 5***
	(14.75)	(13.46)	(14.68)
Roa	0.037 5***	0.023 6***	0.037 0***
	(10.99)	(6.87)	(10.86)
Area	−0.002 4***	−0.001 8***	−0.002 4***
	(−14.12)	(−10.53)	(−13.77)
Year	控制	控制	控制
_cons	0.038 3***	0.003 4	0.036 2***
	(10.32)	(0.80)	(9.71)
N	10 900	10 900	10 900
R^2	0.165 4	0.191 8	0.167 0
F	145.604 2	153.905 9	129.980 4

注：***、**、* 分别表示在1%、5%、10%的水平上显著（双尾）

4.3.4.6　女性高管比例、高管激励与研发投入检验

如表 4-16 所示，在全样本稳健性检验过程中，如 PanelA 所示，高管职业背景与研发投入（Rda）的相关系数为−0.005 6，在1%水平下呈显著负相关，与研究结论一致。在 PanelB 中，高管职业背景与薪酬激励交互项的相关系数为−0.006 8，在1%条件下呈显著正相关，验证了H6。在 PanelC 中，高管职业背景与股权激励的相关系数为0.010 1，在1%条件下显著。研究结果与全样本研究结果一致，说明研究结果具有稳健性。

表 4-16　女性高管比例、高管激励与研发投入的检验结果

	PanelA	PanelB	PanelC
Awomen	−0.005 6***	0.089 7***	−0.006 2***
	(−5.75)	(4.68)	(−5.46)
Salary		0.006 2***	
		(18.43)	
Swomen		−0.006 8***	
		(−4.97)	
Hratio			0.005 2***
			(2.86)
Hwomen			0.010 1*
			(1.68)
Lnsize	−0.001 5***	−0.002 9***	−0.001 4***
	(−8.62)	(−15.99)	(−8.04)
Dual	0.001 4***	0.001 1***	0.000 5
	(4.08)	(3.16)	(1.27)
De_et	−0.004 8***	−0.003 9***	−0.004 1***
	(−5.05)	(−4.16)	(−4.28)
Tq	0.001 5***	0.001 4***	0.001 5***
	(15.36)	(14.07)	(15.22)
Roa	0.038 4***	0.023 5***	0.037 8***
	(11.23)	(6.82)	(11.06)
Area	−0.002 5***	−0.001 8***	−0.002 4***
	(−14.39)	(−10.71)	(−14.01)
Year	控制	控制	控制
_cons	0.041 9***	−0.011 0**	0.039 7***
	(11.21)	(−2.20)	(10.51)
N	10 900	10 900	10 900
R^2	0.161 3	0.190 9	0.163 5
F	141.373 5	152.962 1	126.716 4

注：***、**、*分别表示在1%、5%、10%的水平上显著（双尾）

5　研究结论与政策建议

5.1　研究结论

本书以我国 2007 年至 2015 年 A 股上市公司为研究样本，通过高阶理论，将高管人力资本划分为高管年龄均值、高管教育背景均值、高管任期均值、高管职业背景均值、高管学术背景、女性高管比例等指标。通过高阶理论与委托代理理论，探索高管人力资本与研发投入之间的关系，在此期间，依据委托代理理论与激励理论，本书引入了高管薪酬激励

与股权激励两项指标。在研究中，主要通过高管人力资本影响研发投入、高管激励影响高管，从而影响研发投入。基于前文的基础理论与分析，本书考虑了高管激励具有调节效应的作用，为了深入地探究高管激励在高管人力资本与研发投入之间的调节作用，本书得出了以下研究结论：

（1）高管人力资本对企业研发投入具有影响。高管作为企业高级管理成员，在企业生产运营中发挥着重要的作用，不仅参与公司宏观战略制定，而且参与微观方面的操作运营，高管个人特征对企业决策具有重大影响，比如会影响企业的研发投入决策、市场定价的决策，促使经营模式转变等。本书通过分析高管个人特征等指标来探究高管人力资本对企业研发的影响。研究表明：高管团队的年龄均值不利于企业研发投入，高管年龄越大，企业研发投入越少；高管教育背景与研发投入呈正相关，学历越高越有助于企业研发投入；高管在位日期越长越有利于企业研发投入；高管职业背景中具有产品设计与开发经历的高管成员越多，越有利于企业研发投入；高管中具有学术研究背景的高管比重越大，越有利于企业研发投入；而女性高管比例与企业研发投入呈负相关。从以上研究成果中可以发现，高管个人特征会影响企业研发投入。为了更深入地研究高管特征在不同行业的异同点，本书进行了分样本研究，将行业类型分为高新技术企业与非高新技术企业。研究结论与在全样本条件下的情况近乎一致。

（2）高管激励在高管人力资本与研发投入之间具有调节效应。从公司治理的角度出发，高管薪酬激励与高管股权激励具有重要的研究意义，高管个人特性决定了高管的不同偏好，部分高管人员喜欢短期的具有实物感的薪酬激励，部分高管喜欢具有增值潜力的长期性股权激励，公司的经营状况也决定了高管选择何种激励行为，对经营状况好的公司，高管更愿意实行股权激励，对经营状况恶化的企业，高管更愿意实行薪酬激励。在现在企业的发展中，只有不断创新的产品才能吸引客户，而创新的一大法宝是研发投入，研发投入具有长期性、高风险性、前期消耗性等特点。在科技信息时代，研发投入是企业维持稳定发展的基石，在企业经营过程中占据一席之地。本书从公司治理角度出发，研究高管激励对高管人力资本与企业研发投入的影响。研究发现，高管薪酬激励与股权激励在高管年龄与企业研发投入、高管教育背景与研发投入、高管任期与研发投入、职业背景与研发投入、学术背景与研发投入、女性高管占比与研发投入等之间都具有调节作用。也论证了所提的研究假设。而高管股权激励在高管年龄与性别方面并没有论证研究假设，可能是由于年长的高管和女性高管更喜欢具实物感的薪酬激励，而不愿意为了不确定性的股权激励加入风险较高的研发投入。总体而言，从研究结果中可以看出高管薪酬激励与股权激励都有助于提高研发投入水平。

高管人力资本对企业研发具有影响，而高管薪酬激励与高管股权激励在此具有调节作用。通过对比分析高新技术企业与非高新技术企业中高管激励的调节作用，为深入研究高管激励在不同行业之间的差距提供了研究经验。

5.2 研究建议

本书在国内外研究的基础上，研究了高管人力资本对企业研发投入的影响、高管激励在高管人力资本与研发投入之间的调节效应。研究表明：高管人力资本对企业研发投入具有显著影响，高管薪酬激励、高管股权激励在高管人力资本与企业研发投入之间具有调节作用。根据以上研究结论，本书给上市公司高管、公司管理、资本市场监管者、投资者如下建议，以优化企业战略管理：

（1）加强高管人力资本建设。目前，我国高管人员体系建设比较薄弱，对高管个人特征的考核机制不够健全，导致高管人员综合素质参差不齐。高管接受教育的程度影响其视野和观念，高管学历背景反映个体认知能力和专业技术水平。在高管团队自身建设中，应提升其学历。具有研发和设计职业背景的高管更有利于企业发展，他们不仅能够观察到外部环境的变化，还能够注意到内部环境的不同方面的变化。具有研发、设计工作经历的高管，应用研发、设计思维进行经营决策；无研发、设计职业经历的高管，应参加具有研发、设计实践项目的学习。学术型高管对公司的战略变化以及开展差异化经营较为有利。这种从教育中获得的道德观念，会全面影响团队内绩效。高管成员应加强学术理论学习，关注社会热点问题。在性别方面，女性高管的思维模式可能引起其看问题的片面性，女性高管应该加强其自身综合素质建设。

（2）加强上市公司激励机制建设。企业的经营决策离不开高管团队，企业在高管培养过程中，应该加强高管整体素质的建设。在高管管理体系建设中，建议在考察高管团队的管理水平时，将高管团队个人特征的"综合管理素质测分"作为考察重点，高管个人特征"综合管理素质测分"越高，越能证明高管具有对其相应工作的胜任能力，从而有利于优化管理团队。其次，对于具有专业特长的高管应该在相应专长上对其加以重用，从而达到人尽其才的目的。最后，要增强相关法律、法规建设，完善高管人员培养体系。在高管培养方面，对年龄较大的高管，应该定期组织相关培训给予其指导；对学历较低的高管应该使其提高学历，并让其参加在职教育，有助于拓展其视野；对在位期间较短的高管，应该实行轮岗管理，使其尽快熟悉企业的每个经营岗位；女性高管较多的企业应该分散女性高管集中度，并定期给予其职业培训指导。在公司治理方面，企业应该加强高管激励机制的建设，高管激励作为一种有效调节所有者与经营者利益冲突的机制，能够有效激励经营者，对公司业绩、价值有显著的改善效果，在激励机制建设上应促使薪酬激励与股权激励相结合，有助于甄选企业内部的优秀人才。

（3）市场监管者应加强监管力度。对监管者来说，监管可以被看成是连续博弈，企业与高管建立良好的经营声誉和遵纪守法声誉极其重要。企业在监管过程中，仅仅从外部监管的角度来监管效果不大，在监管过程中，要提升监管效率，加强监管力度。在薪酬监管方面，企业监管者应该要求上市公司在其年报中披露包括所有薪酬激励信息的薪酬简表。有助于监管者能查询到相关薪酬激励的内容。应加强高管薪酬的业绩信息的披露，由于业绩目标通常都是建立在公司公开信息的基础之上的，有助于监管者了解被监管者的经营业绩。在股权激励方面，应要求企业完善股权激励的披露信息。在我国，股权信息的披露相当匮乏、内容单一，主要披露内容为股票期权和限制性股票两方面。

（4）投资者应重视自我保护。我国资本市场中具有严重的信息不对称性，基于委托代理理论，高管与投资者之间存在委托代理现象，资本市场的信息不对称现象对市场中资源的有效配置具有较大的影响。投资者可能因为实施了错误的资产定价决策与投资不当导致损失，事后信息不对称可能引起"道德风险"，管理者可能因为采取机会主义决策导致投资者利益受损。基于本书的研究，投资者应该谨防此种风险的发生。高管可能为了自身利益而实施具有高风险的研发投入，研发投入是一个具有长期性、高风险性的项目，如果投资失败，会有损投资者的利益。因此，首先机构投资者应该严格要求企业高管在报告中认真披露研发投入费用与研发投入项目，详细分析报表上的生产经营状况，从而减少信息不对称引起的"理想选择"风险。其次,投资者应该要求企业披露高管薪酬激励与股权激励的详细报告,有利于投资者更详细地了解公司经营效益、经营模式。最后,投资者应要求企业加强高管团队建设,高管团队综合素质的提高有助于促进企业经营效益的提高,从而保护投资者的资产安全。

参考文献

[1] 曹阳. 中国上市公司高管层股权激励实施效果研究 [M]. 北京:经济科学出版社, 2008.

[2] 陈运森, 谢德仁. 网络位置、独立董事治理与投资效率 [J]. 管理世界, 2011 (7): 113-127.

[3] 杜兴强, 王丽华. 高管薪酬与企业业绩相关性的影响因素分析——基于股权结构、行业特征及最终控制人性质的经验证据 [J]. 会计与经济研究, 2009, 23 (1): 53-65.

[4] 冯根福, 温军. 中国上市公司治理与企业技术创新关系的实证分析 [J]. 中国工业经济, 2008 (7): 91-101.

[5] 何韧, 王维诚, 王军. 管理者背景与企业绩效:基于中国经验的实证研究 [J]. 财贸研究, 2010, 21 (1): 109-118.

[6] 康艳玲, 黄国良, 陈克兢. 高管特征对研发投入的影响——基于高技术产业的实证分析 [J]. 科技进步与对策, 2011, 28 (8): 147-151.

[7] 康宛竹. 中国上市公司女性高层任职状况调查研究 [J]. 妇女研究论丛, 2007 (4): 23-29.

[8] 李春涛, 宋敏. 中国制造业企业的创新活动:所有制和CEO激励的作用 [J]. 经济研究, 2010 (5): 135-137.

[9] 李华晶, 张玉利. 公司治理与公司创业的契合:高管团队视角的分析 [J]. 经济管理, 2006 (13): 41-43.

[10] 李焰, 秦义虎, 张肖飞. 企业产权、管理者背景特征与投资效率 [J]. 管理世界, 2011 (1): 135-144.

[11] 李玉君. 高科技企业高层管理团队绩效衡量与激励机制研究 [D]. 天津:天津理工大学, 2005.

[12] 刘笠. 我国消费信贷发展存在的问题及基本建议 [J]. 北方经贸, 2002 (8): 56-56.

[13] 刘鑫, 薛有志, 周杰. 国外基于CEO变更视角的公司战略变革研究述评 [J]. 外国经济与管理, 2013, 35 (11).

[14] 刘运国, 刘雯. 我国上市公司的高管任期与R&D支出 [J]. 管理世界, 2007 (1): 128-136.

[15] 吕长江, 郑慧莲, 严明珠, 等. 上市公司股权激励制度设计:是激励还是福利? [J]. 管理世界, 2009 (9): 133-147.

[16] 马文聪, 侯羽, 朱桂龙. 研发投入和人员激励对创新绩效的影响机制——基于新兴产业和传统产业的比较研究 [J]. 科学学与科学技术管理, 2013, 34 (3): 58-68.

[17] 孙海法, 姚振华, 严茂胜. 高管团队人口统计特征对纺织和信息技术公司经营绩效的影响 [J]. 南开管理评论, 2006, 9 (6): 61-67.

[18] 唐清泉,甄丽明. 透视技术创新投入的机理与影响因素：一个文献综述 [J]. 科学学与科学技术管理, 2009, 30 (11)：75-80.

[19] 王华,黄之骏. 经营者股权激励、董事会组成与企业价值——基于内生性视角的经验分析 [J]. 管理世界, 2006 (9)：101-116.

[20] 王燕妮. 高管激励对研发投入的影响研究——基于我国制造业上市公司的实证检验 [J]. 科学学研究, 2011, 29 (7)：1071-1078.

[21] 吴世农,李常青,余玮. 我国上市公司成长性的判定分析和实证研究 [J]. 南开管理评论, 1999 (4)：49-57.

[22] 魏立群,王智慧. 我国上市公司高管特征与企业绩效的实证研究 [J]. 南开管理评论, 2002, 5 (4)：16-22.

[23] 魏明海,柳建华,刘峰. 中国上市公司投资者保护研究报告 [M]. 北京：经济科学出版社, 2010.

[24] 温忠麟,张雷,侯杰泰,等. 中介效应检验程序及其应用 [J]. 心理学报, 2004, 36 (5)：614-620.

[25] 谢凤华,古家军. 团队认知特性、决策过程与决策绩效关系实证研究 [J]. 华东经济管理, 2008, 22 (6)：88-91.

[26] 张建君,李宏伟. 私营企业的企业家背景、多元化战略与企业业绩 [J]. 南开管理评论, 2007, 10 (5)：12-25.

[27] 张宗益,张湄. 关于高新技术企业公司治理与R&D投资行为的实证研究 [J]. 科学学与科学技术管理, 2007, 28 (5)：23-26.

[28] 周泽将,王清. 谁吸引了外国投资者的眼光——基于中国上市公司QFII持股的经验证据 [J]. 投资研究, 2013 (3)：123-138.

[29] 徐经长,王胜海. 核心高管特征与公司成长性关系研究 [J]. 经济理论与经济管理, 2010, 06：58-65.

[30] 文芳,胡玉明. 高管团队特征与企业R&D投资——来自中国上市公司的经验证据 [C] //中国会计学会2007年学术年会论文集（下册）. 2007.

[31] 陈海声,王华宾. 高科技上市公司高管任期、经营绩效与研发投入的相关性研究 [J]. 财会通讯, 2011 (20)：74-78.

[32] 李华晶,邢晓东. 高管团队与公司创业战略：基于高阶理论和代理理论融合的实证研究 [J]. 科学学与科学技术管理, 2007 (09)：139-144.

[33] 张洪辉,夏天,王宗军. 公司治理对我国企业创新效率影响实证研究 [J]. 研究与发展管理, 2010 (3)：44-50.

[34] 牛建波. 董事会特征、股权结构与总经理长期激励——来自中国证券市场的证据 [C] //中国第三届实证会计国际研讨会论文集, 2004.

[35] 刘运国,刘雯. 高管任期与R&D支出——基于我国上市公司的经验证据 [C] //中国会计学会财务成本分会2006年年会暨第19次理论研讨会, 2006.

[36] 姚振华,孙海法. 高管团队研究：从资源整合到过程整合 [J]. 商业经济与管理, 2011 (1)：26-35.

[37] AGHION P, BLOOM N, BLUNDELL R, et al. Competition and innovation: An inverted U relationship [J]. Quarterly Journal of Economics, 2002, 120 (2)：701-728.

[38] BANTEL K A, JACKSON S E. Top management and innovations in banking: Does the composition of the top team make a difference? [J]. Strategic Management Journal, 1989, 10 (S1): 107-124.

[39] BANTEL K A. Top team, environment, and performance effects on strategic planning formality [J]. Group & Organization Management: An International Journal, 1993, 18 (4): 436-458.

[40] BERLE A, MEANS G, PUBLISHERS N. The modern corporation & private property [J]. Journal of Physics D Applied Physics, 1991, 42 (14): 25-49.

[41] BHAGAT S, WELCH I. Corporate research & development investments international comparisons [J]. Journal of Accounting & Economics, 1995, 19 (2): 443-470.

[42] BOWEN D E, SIEHL C. The future of human resource management: March and Simon (1958) revisited [J]. Human Resource Management, 1997, 36 (1): 57-63.

[43] BULAN L, SANYAL P, YAN Z. A few bad apples: An analysis of CEO performance pay and firm productivity [J]. Journal of Economics & Business, 2010, 62 (4): 273-306.

[44] BUSHEE B J. The influence of institutional investors on myopic R&D investment behavior [J]. Accounting Review, 1998, 73 (3): 305-333.

[45] CARLSSON G, KARLSSON K. Age, cohorts and the generation of generations [J]. American Sociological Review, 1970, 35 (4): 710.

[46] CARPENTER M A, FREDRICKSON J W. Top management teams, global strategic posture, and the moderating role of uncertainty [J]. Academy of Management Journal, 2001, 44 (3): 533-545.

[47] CHO T S, HAMBRICK D C, CHEN M J. Effects of top management team characteristics on competitive behaviors of firms [J]. Academy of Management Annual Meeting Proceedings, 1994 (1): 12-16.

[48] COLES J L, HERTZEL M, KALPATHY S. Earnings management around employee stock option reissues [J]. Journal of Accounting & Economics, 2006, 41 (1-2): 173-200.

[49] CORE J E, HOLTHAUSEN R W, LARCKER D F. Corporate governance, chief executive officer compensation, and firm performance [J]. Journal of Financial Economics, 1999, 51 (51): 371-406.

[50] COHEN W M, LEVIN R C. Chapter 18 Empirical studies of innovation and market structure [J]. Handbook of Industrial Organization, 1989: 1059-1107.

[51] CZARNITZKI D, TOOLE A A. Business R&D and the interplay of R&D subsidies and product market uncertainty [J]. Review of Industrial Organization, 2007, 31 (3): 169-181.

[52] DAELLENBACH U S, MCCARTHY A M, SCHOENECKER T S. Commitment to innovation: The impact of top management team characteristics [J]. R&D Management, 1999, 29 (3): 199-208.

[53] DECHOW P M, SLOAN R G. Executive incentives and the horizon problem: An empirical investigation [J]. Journal of Accounting & Economics, 1991, 14 (1): 51-89.

[54] DWYER S, RICHARD O C, CHADWICK K. Gender diversity in management and firm performance: The influence of growth orientation and organizational culture [J]. Journal of Business

Research, 2003, 56 (12): 1009-1019.

[55] EISENHARDT K M. Making fast strategic decisions in high-velocity environments [J]. Academy of Management Journal, 1989, 32 (3): 543-576.

[56] KATZ H R. Evidence of gas hydrates beneath the continental slope, East Coast, North Island, New Zealand [J]. New Zealand Journal of Geology and Geophysics, 1982, 25 (2): 193-199.

[57] FISHMAN A, ROB R. The size of firms and R&D investment [J]. International Economic Review, 1999, 40 (4): 915-931.

[58] FRANCIS B, HASAN L, QIANG W. Professors in the boardroom and their impact on corporate governance and firm performance [J]. Financial Management, 2015, 44 (3): 547-581.

[59] FU X. How does openness affect the importance of incentives for innovation? [J]. Research Policy, 2012, 41 (3): 512-523.

[60] GARICANO L, POSNER R A. Intelligence failures: An organizational economics perspective [J]. Journal of Economic Perspectives, 2005, 19 (4): 151-170.

[61] GERTLER M, HUBBARD R G, KASHYAP A K. Interest rate spreads, credit constraints, and investment fluctuations: An empirical investigation [J]. Social Science Electronic Publishing, 1990.

[62] GOVINDARAJAN R, NARASIMHA R. The role of residual non-turbulent disturbances on, transition onset in two-dimensional boundary layers [J]. Journal of Fluids Engineering, 1991, 113 (1): 759-772.

[63] GOVINDARAJAN V. Implementing competitive strategies at the business unit level: Implications of matching managers to strategies [J]. Strategic Management Journal, 1989, 10 (3): 251-269.

[64] GRIMM C M, SMITH K G. Management and organizational change: A note on the railroad industry [J]. Strategic Management Journal, 1991, 12 (7): 557-562.

[65] HAMBRICK D C, FUKUTOMI G D S. The seasons of a ceo's tenure [J]. Academy of Management Review Academy of Management, 1991, 16 (4): 719.

[66] HAYTON J C. Competing in the new economy: The effect of intellectual capital on corporate entreprenemship in high-technology new ventures [J]. R&D Management, 2005, 35 (2): 137-155.

[67] HAMBRICK D C, MASON P A. Upper echelons: The organization as a reflection of its top managers [J]. Social Science Electronic Publishing, 1984, 9 (2): 193-206.

[68] HILL C W L, SNELL S A. External control, corporate strategy, and firm performance in research intensive industries [J]. Strategic Management Journal, 1988, 9 (6): 577-590.

[69] HIMMELBERG C P, HUBBARD R G, PALIA D. Understanding the determinants of managerial ownership and the link between ownership and performance [J]. Social Science Electronic Publishing, 2000, 53 (3): 353-384.

[70] HITT M A, TYLER B B. Strategic decision models: Integrating different perspectives [J]. Strategic Management Journal, 1991, 12 (5): 327-351.

[71] HOLMSTROM B, MILGROM P. Aggregation and linearity in the provision of intertempo-

ral incentives [J]. Econometrica, 1985, 55 (2): 303-328.

[72] HOLMSTROM B. Agency costs and innovation [J]. Journal of Economic Behavior & Organization, 1989, 12 (3): 305-327.

[73] HUSON M R, MALATESTA P H, PARRINO R. Managerial succession and firm performance [J]. Journal of Financial Economics, 2004, 74 (2): 237-275.

[74] JENSEN M C, MURPHY K J. Performance pay and top-management incentives [J]. Journal of Political Economy, 1990, 98 (2): 225-264.

[75] JL COLES, M HERTZEL, S KALPATHY. Earnings management around employee stock option reissues [J]. Journal of Accounting & Economics, 2006, 41: 173-200.

[76] JR R J B, NUCCI A R. On the survival prospects of men's and women's new business ventures [J]. Journal of Business Venturing, 2000, 15 (4): 347-362.

[77] KANTER R M. Work and family in the united states: a critical review and agenda for research and policy [M]. New York: Russell Sage Foundation, 1977.

[78] KAORU HOSONO, MASAYO TOMIYAMA, TSUTOMU MIYAGAWA. Corporate governance and research and development: Evidence from Japan [J]. Economics of Innovation & New Technology, 2004, 13 (2): 141-164.

[79] KIMBERLY J R, EVANISKO M J. The general theory of cartography under the aspect of semiotics [J]. American Journal of Economics, 2006, 2 (4): 64-68.

[80] LANT T K, MILLIKEN F J, BATRA B. The role of managerial learning and interpretation in strategic persistence and reorientation: An empirical exploration [J]. Strategic Management Journal, 1992, 13 (8): 585-608.

[81] LERNER J, WULF J. Innovation and incentives: Evidence from corporate R&D [J]. Review of Economics & Statistics, 2007, 89 (4): 634-644.

[82] LI Y, KAZEMI H B. Compensation option, managerial incentives and risk-shifting in hedge funds [J]. Ssrn Electronic Journal, 2007.

[83] MECONNEN, JOHN J, HENRI SERVAS. Additional evidence on equity ownership and corporate value [J]. Journal of Financial Economics. 1990, 27 (2): 595-612.

[84] MILLER D. Stale in the saddle: CEO tenure and the match between organization and environment [J]. Management Science, 1991, 37 (1): 34-52.

[85] PAVITT K, ROBSON M, TOWNSEND J. The size distribution of innovating firms in the UK: 1945-1983 [J]. Journal of Industrial Economics, 1987, 35 (3): 297-316.

[86] PEPPER D, SCHUMPETER J A, STIGLITZ J E. Capitalism, socialism and democracy, Capitalism and democracy [M]. South Bend: University of Notre Dame Press, 2014.

[87] RAMASWAMY K, LI M. Foreign investors, foreign directors and corporate diversification: An empirical examination of large manufacturing companies in India [J]. Asia Pacific Journal of Management, 2001, 18 (2): 207-222.

[88] SIMSEK Z. CEO tenure and organizational performance: An intervening model [J]. Strategic Management Journal, 2007, 28 (6): 653-662.

[89] SMITH K G, SMITH K A, OLIAN J D, et al. Top management team demography and process: The role of social integration and communication [J]. Administrative Science Quarterly,

1994, 39 (3): 412-438.

[90] SOETE L L G. Firm size and inventive activity: The evidence reconsidered [J]. European Economic Review, 1979, 12 (4): 319-340.

[91] SUEDFELD P, STEEL G D, WALLBAUM A B C, et al. Explaining the effects of stimulus restriction: Testing the dynamic hemispheric asymmetry hypothesis [J]. Journal of Environmental Psychology, 1994, 14 (2): 87-100.

[92] SUTCLIFFE K M. What executives notice: Accurate perceptions in top management teams [J]. Academy of Management Journal, 1994, 37 (5): 1360-1378.

[93] THOMAS A S, LITSCHERT R J, RAMASWAMY K. The performance impact of strategy-manager coalignment: An empirical examination [J]. Strategic Management Journal, 1991, 12 (7): 509-522.

[94] TIHANYI L, ELLSTRAND A E, DAILY C M, et al. Composition of the top management team and firm international diversification [J]. Journal of Management: Official Journal of the Southern Management Association, 2000, 26 (6): 1157-1177.

[95] TOSI H L, WERNER S, KATZ J P, et al. How much does performance matter? A meta-analysis of CEO pay studies [J]. Journal of Management: Official Journal of the Southern Management Association, 2000, 26 (2): 301-339.

[96] VROOM V H, PAHL B. Relationship between age and risk taking among managers [J]. Journal of Applied Psychology, 1971, 55 (5): 399-405.

[97] WIERSEMA M F, BANTEL K A. Top management team demography and corporate strategic change [J]. Academy of Management Journal, 1992, 35 (1): 91-121.

[98] WU J, TU R. CEO stock option pay and R&D spending: A behavioral agency explanation [J]. Journal of Business Research, 2007, 60 (5): 482-492.